W0088053

Veronika Beci
Die andere Clara Schumann

Veronika Beci

Die andere Clara Schumann

Droste Verlag

Bildnachweis:

Bildarchiv Preußischer Kulturbesitz, Berlin: Abb. 5, 25

Heinrich-Heine-Institut, Düsseldorf: Abb. 1, 9 (Aufnahmen Walter Klein), 10, 11, 15, 16, 21, 23, 26

Robert-Schumann-Haus, Zwickau: Umschlagabbildung sowie Abb. 27, 28 (Aufnahmen Fotoatelier Gärtner): Abb. 2, 3, 6, 13, 14, 17, 18, 20, 22, 24, 29, (Aufnahme Walter Klein): Abb. 4

Stadtgeschichtliches Museum, Leipzig: Abb. 8

Stadtmuseum, Bonn: Abb. 19

Zeitgenössische Quellen: Abb. 7, 12

Die Deutsche Bibliothek – CIP-Einheitsaufnahme

Beci, Veronika:

Die andere Clara Schumann/Veronika Beci. - Düsseldorf: Droste, 1997

ISBN 3-7700-1080-9

© 1997 Droste Verlag GmbH, Düsseldorf

Schutzumschlag: Helmut Schwanen unter Verwendung einer Kohlezeichnung Clara Schumann von Eduard Bendemann (Dresden 1859)

DTP-Satz: RBDV

Druck und Bindung: Clausen & Bosse, Leck

ISBN 3-7700-1080-9

Inhalt

Einleitung

Schon viele Biographien haben den Lebensweg dieser Frau beschrieben – vom unterdrückten Wunderkind, von der bevormundeten Ehefrau zur eigenständigen Person und Künstlerin – und das Versprechen gegeben, Clara Schumann als Frau und Komponistin zu präsentieren, die sich allmählich ihre Emanzipation erkämpft, soweit es die Grenzen der damaligen Gesellschaft und ihr eigenes Schicksal eben zulassen. Um das zu lesiten, müßten sie Clara Schumanns gesamtes Leben zum Gegenstand haben. Die Biographien schließen allerdings meist mit dem Tod des Ehemanns Robert Schumann, 1856, zu einem Zeitpunkt also, da Clara Schumann gerade mal siebenunddreißig Jahre alt wird und noch rund vierzig Jahre zu leben hat, vierzig Jahre, die wie in einem Zeitraffer knapp präsentiert werden.

Weder die Kindheit unter ihrem despotischen Vater Friedrich Wieck noch die Ehejahre mit dem schwierigen Menschen Robert Schumann, der ein zweites Genie an seiner Seite zu ertragen unfähig ist, bieten Clara Schumann die nötigen Freiräume, sich selbst zu entfalten. Der Vater, Pianofabrikant und Klavierlehrer, ist von dem Ehrgeiz besessen, seine Tochter zum zweiten Mozart-Wunderkind, zur perfekt funktionierenden Klaviermaschine heranzuziehen. Während ihrer Ehejahre mit Robert Schumann wird ihr nur halbherzig und nur mit Blick auf die ständig leere Haushaltskasse erlaubt, Konzerte zu geben. Ihre Emanzipation geschieht, wenn überhaupt, in sehr begrenztem Maß erst nach Schumanns Tod. Gerade die zweite Lebenshälfte der Clara Schumann dürfte deshalb nicht nur für Musiker und Musikwissenschaftler besonders interessant sein. Clara Schumann avanciert in den Jahren 1856 bis 1896 zu einer der großen Institutionen der Musikkultur ihrer Zeit. Sie beeinflußt als Pädagogin die jungen Musikergenerationen und bildet auf diese Art eine Verbindung zur

Avantgarde. Sie ist Zentrum künstlerischen Austauschs, von dem ihr Briefwechsel mit Freunden, ihre Äußerungen über Künstler und das aktuelle Musikleben zeugen. Niels Wilhelm Gade, der dänische Avantgardist und Zukunftsvisionär, nennt sie „eine der ersten Freunde" seiner Jugendzeit; der Komponist und – man würde heute sagen – Umweltschützer Ernst Rudorff schwärmt: „Ich empfinde mit tieffster Dankbarkeit bei jeder Berührung, die mir von Ihnen zu theil wird, was es heißt, daß sie noch da sind, zu der ich aufblicken darf als zu einem Gestirn, das unverwandt in derselben Reinheit und Schönheit leuchtet und nicht nur leuchtet, sondern zugleich erquickende Wärme ausstrahlt".

Auf dem Gebiet der Komposition kann sich Clara nicht durchsetzen. Nach Schumanns Tod ist die vielbeschäftigte Mutter von acht Kindern mehr denn je auf Konzerteinnahmen angewiesen, um die Familie durchzubringen. Clara Schumann fehlen Zeit und Muße, ihr zweifellos hohes Kompositionstalent auszufeilen. Aber sie emanzipiert sich als Interpretin. Eine Übersicht ihres Repertoires zeigt die verschiedenen Stadien wachsenden Anspruchs an ihre Konzertliteratur: Da überwiegen in der Kindheit die modisch-brillierenden Fingerbrecher von Czerny, Diabelli oder Herz, nur sporadisch tauchen Namen wie Mozart und Beethoven auf; unter dem zunehmenden Einfluß Robert Schumanns, dem der Vater Friedrich Wieck zunächst noch gewogen ist, bilden die 'Neuen' wie Chopin, Mendelssohn, Thalberg und Henselt den Hauptteil ihrer Konzerte; nach der Hochzeit mit Schumann werden diese Namen um jene von Beethoven und Schumann selbst bereichert; ab 1856 kristallisieren sich die Werke Bachs, Beethovens, Brahms' und Scarlattis (dazwischen immer wieder Schumann und Mozart) als dominierend heraus. Es spricht für Clara Schumanns künstlerischen Geschmack, sich die Werke Bachs aufs Panier geschrieben zu haben – mehr als nur ein Zugeständnis an die aufkeimende Bach-Renaissance. Es ist gleichzeitig ein deutlicher Bruch mit dem Vater, der Czerny für wesentlich bedeutender hält als den Barockmeister, es ist auch ein Abstandnehmen von Robert Schumann, der das Opus Bachs, des 'Riesen', wie er ihn nennt, nur mit einer Art distanziertem Respekt betrachtet, auch wenn er „in den Bachschen Fugen geschwelgt" habe.

Clara Schumann stellt nun höchste Anforderungen an ihre Interpretation: „Mein Streben ist nur, immer mehr das Göttliche in der Kunst empfinden zu lernen, immer würdiger es wiederzugeben, und befriedige ich meine musikalischen Freunde, so ist das mir genug", schreibt sie 1856. Sie will nach dem Tod ihres Mannes ganz in der Kunst und der Kindererziehung aufgehen: „Mein Unglück ist so schwer und groß", bekennt sie im Sterbejahr Schumanns, „aber ich fühle auch mit ganzem Herzen das Glück, das Gott mir in der Kunst, den Kindern und meinen Freunden verliehen". In diesen Worten klingt die neue Orientierung Claras an, in ihnen schwingt zudem das Bewußtsein von Befreiung mit; was sie aus eigener Kraft nie völlig hätte vollziehen können, nämlich sich als künstlerische Persönlichkeit zu sehen, setzt sie mit Hilfe des äußeren Schicksals durch.

Zum Mythos ist Clara Schumann damit noch nicht geworden. Zur Legende wird erst die gealterte Frau, Witwe und Mutter, die große Pädagogin; im Jahr 1865 kann sie mit einem Beethoven-Konzert den Durchbruch zur bedeutendsten Pianistin ihrer Zeit feiern. Der Mythos 'Clara', den eine romantisierende Nachwelt kreiert, bezieht sich auf Clara Wieck als Braut und junge Ehefrau Robert Schumanns. Die legendenmäßig aufbereitete Liebesbeziehung der jungen Pianistin zum erfolgversprechenden Komponisten, der Widerstand, die Intrigen des tyrannischen Friedrich Wieck, seine Tochter von diesem „Viertelfaust" Schumann zu trennen, das Ringen Schumanns um seine Braut, das schließlich zu einer Gerichtsverhandlung führt, durch die die Tragödie beendet wird, die hübsche Geschichte vom frischgebackenen Ehemann, der seiner Clara die Liederfolge op.25, die „Myrthen", als Hochzeitsgeschenk überreicht, das ist das gern gelesene Hauptthema jeder Clara Schumann-Biographie; sogar mit einigem

Recht, liegen die Wurzeln von Clara Schumanns persönlichen und künstlerischen Eigenschaften, auch ihrer Eigenheiten, doch in Kindheit und Jugend. Vor allem ihre Brautzeit prägt das Leben Clara Schumanns: Der geliebte Mann entdeckt sich ihr hier zum ersten Mal als labiler Mensch, erscheint als eine keineswegs starke, wenig lichte Persönlichkeit; der Vater offenbart seine kalte Seite des unverträglichen Despoten.

Aus der historischen Distanz kann man menschliche Qualitäten schlecht bewerten. Wieck ist anscheinend kein sympathischer Charakter. Es sollte nichts beschönigt oder entschuldigt werden, aber das Bild muß ausgetragen bleiben. Es steht fest, daß Friedrich Wieck ein engagierter Pädagoge ist, er arbeitet nach modernsten Methoden, nach Johann Bernhard Logiers Unterrichtsstil, für den sich viele damalige musikalische Größen begeistern. Wiecks Wunsch, die Tochter als musikalisches Wunderkind zu sehen, erscheint in der historischen Rückschau nicht so ungewöhnlich: Wunderkinder sind um 1800 in Mode, vor allem kleine Musikantinnen; Wieck, selbst ein verhinderter Komponist, überträgt seinen musikalischen Ehrgeiz auf Clara, später mit ebensolchem Erfolg auf seine andere Tochter Marie. Von daher ist seine übertriebene Reaktion auf Clara Wiecks und Robert Schumanns Heiratsabsichten psychologisch verständlich: Sein Lebenstraum ist in Gefahr; „mein Gemüth ist jetzt sehr bewegt, den Vater zu sehen, wie er unglücklich ist, wenn er daran denkt, mich einmal zu verlieren", schreibt Clara Wieck 1837 ihrem Bräutigam.

Die Jugendjahre der Pianistin zu übergehen wäre daher ebenso sträflich wie das Verschweigen ihrer späteren Lebensjahre. Ein weiteres darf nicht ausgespart bleiben: die Kompositionen Clara Schumanns, die doch ihre künstlerische Entwicklung dokumentieren. Dieses Buch möchte versuchen, den bisherigen biographischen Schwerpunkt zu verlagern. Es bemüht sich ebenso um Fragestellungen zum Werk Clara Schumanns. Was in zahlreichen Biographien und Einzelstudien erarbeitet wurde, soll hier zusammengetragen sein, um ein möglichst facettenreiches Portrait zu konstruieren. Auf diese

Art soll ein Gleichgewicht in die Lebensbeschreibung einer Komponistin, Pianistin und Frau gebracht werden, die nicht zu Unrecht als die bedeutendste Musik-Künstlerin des 19. Jahrhunderts gesehen werden darf.

„Ein neues Leben begann jetzt für mich"

Am 22. Oktober 1856 bricht Clara Schumann wie gewöhnlich zu ihrer alljährlichen Herbsttournee auf. Ihre Reisewege führen die Pianistin zuerst durch Mitteldeutschland. Frankfurt und Karlsruhe sind weitere Stationen ihrer Tournee und auch das romantische Städtchen Heidelberg ist ein Reiseziel; hier studierte Robert Schumann einst Jura, verlebte das Komponistenehepaar später schöne Ferientage.

1 Clara und Robert Schumann im ersten Jahr in Düsseldorf, 1850. Daguerreotypie von Johann A. Völlner.

Clara Schumanns Bewunderer Niels Wilhelm Gade, ein junger, hoffnungsvoller Komponist, hat die Pianistin in seine dänische Heimat eingeladen. Clara folgt diesem Ruf und fährt im Anschluß an ihre Deutschland-Tournee Anfang November nach Kopenhagen; allein - ohne irgendeine Begleitung. Auch an diese Reise knüpfen sich Erinnerungen. Der Besuch Kopenhagens im Jahr 1842 war Claras erste Konzertreise als verheiratete Frau; damals reiste sie ebenfalls allein in die dänische Hauptstadt. Jetzt ist es ihre erste Tournee als Witwe, denn Robert Schumann ist tot, gestorben im Juli 1856. „Sie glauben gar nicht, mit welchem Kummer ich an das Reisen denke", schreibt die Virtuosin an ihren treuen Freund Joseph Joachim: „Überhaupt wissen Sie nicht, wie mir der Schmerz im Innersten wühlt, wie ich Stunden habe, wo mir aller Lebensmuth schwindet!" Dennoch nimmt sie ihre Tourneetätigkeit auch gerne auf, denn so kann sie ganz für die Musik leben – ihr Traum. Bewußt beginnt Clara Schumann ihr „neues Leben".

Tatsächlich aber führt sie dieses 'andere' Leben schon seit mehr als zwei Jahren, seitdem ihr Mann an einer Psychose erkrankte, die ihn zwang, seine letzten Lebensjahre in einer Anstalt nahe Bonn zu verbringen. Es ist ein selbstbestimmtes Leben, frei von männlicher Bevormundung. Sobald sie den Schock über Schumanns Krankheitsausbruch und seine Einlieferung in die Irrenanstalt Endenich überwunden hat, nimmt Clara Schumann ihr Leben und das ihrer sieben Kinder in die eigenen Hände. Kurze Zeit nach Schumanns Weggang unterrichtet sie bereits wieder Klavier; beinahe täglich musiziert sie gemeinsam mit den Künstlerfreunden Joseph Joachim und Johannes Brahms. Obgleich sie stets betont, daß ihr mit Roberts Tod das Schlimmste im Leben widerfahren ist, obwohl sie ihren Mann zutiefst betrauert, gibt sie sich nach außen hin stark. „Mein Herz ist tot jetzt", schreibt sie, dann aber wieder ist ihr, „als würde mein ganzes Sein Musik", „lebt und webt" sie plötzlich „nur noch in Tönen". Es scheint, als habe Schumanns Entfernung nach Endenich in seiner Frau

eine ungeheure Kreativität freigesetzt. Rasch nimmt sie lang-
gehegte Pläne in Angriff - reisen möchte sie, reisen und musizieren: Im März 1854 kommt Robert in die Heilanstalt, im Juli
fährt Clara nach Berlin, im Monat darauf nach Ostende und
pünktlich zu Beginn der Konzertsaison durchreist sie Mittel-
und Norddeutschland. Sie entwickelt neue Vorhaben; Wünsche, Träume möchte sie sich verwirklichen; so denkt sie
daran, „Orgel so viel zu lernen, daß ich dem Robert ... einige
seiner Sachen darauf vorspielen kann ... wie ich den Robert in
die Kirche locken lassen wollte, und wie er mich dann spielend
an der Orgel finden sollte"!

All das sind Ideen, die Clara Schumann sich während ihrer
Zeit mit Robert nicht hätte vorstellen, geschweige denn reali-
sieren können. Robert Schumann war gegen ein Tournee-
Leben; für seine Kompositionen brauchte er die Ruhe eines
Heims; seine Bedürfnisse hatten absolute Priorität, da mußte
Clara ihr reiseliebiges Virtuosentum zurückstellen. Dann aber,
während der Kranke in der Heilanstalt dahindämmert, 1855,
bereist Clara Schumann England, wo sie erfolgreich konzertiert. Diese Reise ist ein Zeichen, hatte ihr Mann doch gerade
die Idee einer England-Tournee immer wieder boykottiert.

In logischer Konsequenz zieht es die Pianistin auch nach
dem Tod ihres Mannes zunächst nach England. Wieder trägt
ausgerechnet diese Reise hohen Symbolgehalt, wieder scheint
es, als ob Roberts Schicksal, sein Tod, keine Zäsur in Clara
Schumanns Leben bedeutet, weil sie sofort, extrem, ihr neues
Leben lebt, das einer fahrenden Künstlerin. Im Juli stirbt der
Komponist, bereits im August ist Claras zweite Reise nach
England fest geplant: „Jedenfalls gehe ich im April wieder
nach England, wo es mir sehr gut ergangen, Schätze sind dort
ein erstes Mal nicht zu erobern, jedoch sagt man mir allgemein, daß ich der erste Instrumentalist sei, der das erste Mal
in England etwas verdient", vertraut sie ihrer Intima Rosalie
Leser an.

Am 21. April 1857 fährt Clara Schumann nach London.
Sie trifft eine Situation an, die sie nicht erwartete. Die Saison

läuft schlecht. Nur mit Mühe organisiert die Pianistin ein paar mäßig besuchte Konzerte. „Ich habe für diesen Monat erst zwei Engagements, bekomme ich nun, wenns gut geht, noch zwei, so habe ich grade so viel, als mich das Leben kostet", schreibt sie bald nach ihrer Ankunft an ihren Halbbruder Woldemar Bargiel. Es melden sich auch nur wenige Schüler zum Klavierunterricht an. Ihr kleines Publikum jedoch feiert die Virtuosin überschwenglich und gibt Clara Schumann zu verstehen, daß England ihr eine künstlerische Heimat sein wird. Von diesem Augenblick an eröffnet sich der Pianistin vollends der Horizont ihres anderen Lebens; prächtig tut sich ein ausschließliches Virtuosendasein vor ihr auf und schließt damit einen Kreis, der mit den Wanderjahren des Wunderkinds Clara Wieck begann.

I. Teil

(1819-1853)

Kein Wunderkind und kein Kind

Ein musikalisches 'Wundermädchen' will der Musik-
pädagoge und Klavierhändler Friedrich Wieck aus der
Tochter bilden, die ihm von seiner ersten Frau, der Pianistin
Marianne Tromlitz-Wieck am 13. September 1819 geboren
wird, und die den Namen Clara erhält.

Kindliche Pianistinnen sind im Schwange. Wie überhaupt
das Kind ein neues Thema der Zeit ist. Plötzlich entdecken
Komponisten die Welt der Kinder. Lieder und kleine Klavier-
piecen für und über Kinder kommen auf einmal in Mode;
dazu gehören auch Robert Schumanns „Kinderszenen" op.15

*2 Geburtshaus Clara
Schumanns in Leipzig
mit der Pianoforte -
Handlung Friedrich
Wiecks im Erdgeschoß.*

von 1838, die die einfache Welt des Kindes in diffizil durchgebildete Klangvorstellungen transferieren.

Vor allem die bildende Kunst bedient sich des aktuellen Motivs. Das Kinderportrait wird quasi neu entdeckt. Die Kinderbildnisse voriger Jahrhunderte präsentieren das Kind ausschließlich als Erwachsenen en miniature. Anders die Kinderportraits ab der Wende zum 19. Jahrhundert. Eine gewandelte Sicht auf das Kind zeigt sich in den Bildnissen, die Kinder in den ihnen eigenen Bewegungen und der ihnen typischen Mimik darstellen. Bekannt ist, um ein Beispiel anzubringen, Philipp Otto Runges Bild der „Hülsenbeckschen Kinder" von 1805. Das Kind gilt den Romantikern als Topos der Unschuld, als Symbol eines Neuanfangs, den sich das von Französischer Revolution, Napoleonischer Herrschaft und Wiener Kongress gebeutelte beginnende 19. Jahrhundert herbeisehnt. Aufbruch und Neuanfang sind der romantische Leitgedanke, der in all den Frühlingsgedichten, populären Wanderliedern, in Philipp Otto Runges Ölgemälde „Der große Morgen" (1809) und Joseph von Eichendorffs Prosawerken „Ahnung und Gegenwart" und „Aus dem Leben eines Taugenichts" zum Ausdruck kommt. Friedrich Rückerts Gedicht „Aus der Jugendzeit" faßt die Sehnsüchte seiner Epoche zusammen:

„Aus der Jugendzeit, aus der Jugendzeit
Klingt ein Lied mir immerdar;
O wie liegt so weit, o wie liegt so weit,
Was mein einst war!

O du Heimatflur, o du Heimatflur,
Laß zu deinem heiligen Raum
Mich noch einmal nur, mich noch einmal nur
Entfliehn im Traum!"

Das Mädchen an der Schwelle zur Frau, der Junge, halb Mann, zart wie ein Mädchen - solche Motive sind en vogue.

Kein Wunder, daß das Musikleben in dieser Mode nicht zurückstehen will. Pianistische Wundermädchen und -knaben schießen wie Pilze aus dem Boden. Das erotische Moment spielt dabei keine geringe Rolle. Der Zuhörer delektiert sich zum einen an der Gestalt der jungen Interpretin (und es ist bekannt, welch großen Wert Friedrich Wieck auf Claras äußere Erscheinung, auf ein tiefdekolltiertes Ballkleidchen und das passende Accessoires im Haar legte), zum anderen an der Unschuld, mit der die Kleinen sich in ihren Interpretationen selbst entäußern. Herrlich anzusehen, der hübsche junge Felix Mendelssohn, der nichts von Beethovens tragischer 'entfernter' Liebe weiß, oder doch vielleicht erahnt, was natürlich viel reizvoller sich vorzustellen wäre; himmlisch, die leckere kleine Irgendwie, die eine Variation über Mozarts „La ci darem la mano" zum besten gibt - ob sie die Frivolität des Stücks durchschaut, ob sie schon weiß...

Der Hang romantischer Künstler zu jungen Mädchen ist ja sprichwörtlich. Eine „hohe, junge, weibliche Gestalt" wünscht sich der Romantiker, deren „Blicke plötzlich eine neue Welt von blühender Wunderpracht, uralten Erinnerungen und nie gekannten Wünschen in seinem Herz" aufdecken.

So ein Wunderkind zu besitzen ist wie Kapital auf der Bank. Die musikalischen Wunderkinder werden gnadenlos vermarktet. An dem lukrativen Geschäft möchte Friedrich Wieck beteiligt sein. Greift seine Klaviererziehung an der kleinen Clara, dann werden ihm die Musikschüler nur so zufliegen. Allemal eine ordentliche Einnahmequelle! Wieck behält mit seinen Prognosen recht. Claras Können zieht eine reiche Schülerzahl ins Wiecksche Haus. Ein gewisser Robert Schumann ist einer seiner zahlreichen Schüler. Die Mutter Schumanns lockt er mit Hinweis auf sein musterhaftes Töchterchen. Aber Wieck ist nicht bloß scharf kalkulierender Geschäftsmann, man täte ihm mit diesem einseitigen Urteil unrecht; Friedrich Wieck ist ein ambitionierter Pädagoge, und er möchte an seinem Kind verwirklicht sehen, was er selbst nie erreichen konnte, nämlich ein anerkannter Musiker zu werden.

Sein bisheriges Leben bestand aus einer Reihe von Mißerfolgen. Der 1785 in der Nähe von Wittenberg geborene Wieck studierte Theologie, fand allerdings keine Anstellung und war offenbar auch kein begnadeter Prediger, geschweige denn Seelsorger. Er schlug sich also als Hauslehrer durch, ein Beruf, der ihm ebensowenig lag. Erst als er, der leidenschaftliche Musikliebhaber, im Jahr 1817 seine Pianoforte-Fabrik gründete, nahm sein Leben eine entscheidende Wendung. Als Komponist konnte er sich allerdings nie etablieren; seine Kompositionen, Klavierstücke und Lieder, klangen allzu autodidaktisch, zu dilettantisch.

Als Clara Wieck drei Jahre alt ist, beginnt der Vater mit dem Unterricht. Er übernimmt die populäre Unterrichtsmethode Johann Bernhard Logiers. Der in Kassel geborene, in England als Musikdirektor wirkende Logier entwickelt einen Unterrichtsstil, dessen Kernpunkt es ist, vom ersten Unterricht an ein komplexes Bild von Musik zu vermitteln, d.h. der Schüler beschäftigt sich neben dem praktischen Spiel mit Grundsätzen der Harmonielehre. Außerdem entwickelt Logier ein Gerät, den ‚Chiroplast', der, einerseits beweglich am Klavier befestigt, andererseits die Finger der Hand starr hält,

3 Friedrich Wieck,
Claras Vater und
Klavierlehrer, in jungen
Jahren.

Anfängern die richtige Handhaltung begreiflich machen soll. Die „Allgemeine Musikalische Zeitung" berichtet über diese Lehrmaschine und Logiers Schrift „An Explanation and Description of the Royal Patent Chiroplast or Hand Director", und Friedrich Wieck hat diese Studie gelesen, wie auch alle weiteren bis 1827 veröffentlichten Lehrwerke Johann Bernhard Logiers. Übrigens treten sogar die anerkanntesten Pianisten ihrer Zeit, Johann Nepomuk Hummel und Friedrich Kalkbrenner, für Logiers System ein, das in seiner frühen Vermittlung harmonischer Vorgänge einen guten Gedanken hat. Clara Wieck lernt jedenfalls sehr schnell die Tonleitern und einfache harmonische Verbindungen. Aber der Chiroplast, der die Finger einzwängt und ihnen die freie Beweglichkeit nimmt anstatt zu fördern, ist für das kleine Mädchen eine Qual. Es reagiert mit Rückzug, igelt sich ein und hat offenbar beschlossen, niemals sprechen zu wollen. Nicht nur eine frühkindliche Reaktion auf die vergewaltigende Lehrmethode des Vaters, sondern auch auf die Ehestreitigkeiten der Eltern, die bereits vor Claras Geburt Differenzen haben. Friedrich Wieck führt ein gutbürgerliches Familienleben, sauber wie die adretten Leipziger Häuschen rundherum. Dieses bürgerliche Klima ist tief vom patriarchalischen Denken des Familienvorstands geprägt. Die Ehefrau will sich dem Despotismus ihres Mannes plötzlich nicht mehr unterwerfen. Marianne und Friedrich Wieck trennen sich 1824. Die Söhne Alwin und Gustav bleiben bei Wieck. Clara und ihr jüngstes Brüderchen Viktor nimmt Marianne Tromlitz mit in ihre Vaterstadt Plauen. Nach einem einzigen Jahr in der Obhut ihrer Mutter fordert Wieck seine Tochter zur weiteren Ausbildung zurück. Als Frau, die ihren Mann verlassen hat, besitzt Marianne Tromlitz-Wieck keinerlei Rechte an ihren Kindern. Schweren Herzens muß sie die Tochter zu Friedrich Wieck nach Leipzig schicken. Sie kann froh sein, den kleinen Viktor behalten zu dürfen.

In Leipzig beginnt der Vater den Drill zum Wunderkind. Jeder Tag fängt mit dem Spiel kleinerer Stückchen an, dann folgen technische Übungen wie Tonleitern, Läufe, Triller.

Danach ein wenig Musiktheorie. Nachmittags die Übungen und Vorbereitungen der aufgegebenen Stücke. Wieck hält sich punktgenau an sein Lehrkonzept. Daß er seine Tochter stundenlang am Klavier malträtiert, stimmt allerdings nicht. Er teilt seine Stunden am Piano maßvoll ein, mittags geht er regelmäßig mit Clara Wieck spazieren, und genügend Freiraum, sich mit den Brüdern oder anderen Klavierschülerinnen des Vaters zu unterhalten, läßt er ihr auch. Nein, Wiecks Vereinnahmung der Tochter läuft subtiler ab. Ständig ist er in ihrer Nähe. Allein die allzeit präsente Autorität grenzt die kindliche Selbstentfaltung ein. Zweierlei predigt er seinem Wunderkind immer wieder: Fleiß und absolute Pflichterfüllung. „Bedenke, welche Verpflichtungen Du hast", mahnt er die Tochter am Tag ihrer Konfirmation. Pflicht und Fleiß, diese treudeutschen, preußischen Tugenden werden Clara Wieck in Bein und Fleisch übergehen. 'Pflicht' wird ihr Lieblingswort.

Im Laufe der Jahre entwickelt sich Clara Wiecks Klavierspiel enorm; „mein Spiel wurde besser, mein Anschlag gut, fest und sicher, und die Kraft meiner Finger stieg so, daß ich bereits zwei Stunden hintereinander schwere Stücke mit ziemlicher Ausdauer spielen konnte". Mit acht Jahren studiert sie ihr erstes Klavierkonzert ein, Johann Nepomuk Hummels op.73; für ein kleines Kind eine beachtliche Leistung, denn da Finger und Handgelenk in diesem Alter noch zu schwach sind, ist die rein physische Anforderung sehr hoch.

Allmählich hält Wieck die Zeit für gekommen, die Tochter einem kleineren Publikum vorzuführen. Am 9. September 1827 spielt sie Wolfgang Amadeus Mozarts Es-Dur-Konzert (mit kleiner Besetzung) vor einer begrenzten Zuhörerschaft. Stolz berichtet sie Marianne Tromlitz: „Liebe Mutter ... da ich nun ein wenig schreiben kann will ich Dir ein kleines Brifchen schreiben ... auch spilte ich ein Concert aus Es dur von Mozart ... ich hab gar nicht gestokt. Nur meine Kadänz wollte nicht gleich gehen".

Dem Debüt mit Mozarts Klavierkonzert folgen zahlreiche kürzere Auftritte in diversen Salons vor kleinerem Zuhörer-

kreis. Sie spielt jedesmal die Stücke, die ihr der Herr Papa auf-
gegeben hat. Wieck hat eine Schwäche für alles Virtuose und
Bravouröse. Sein künstlerisches Ideal ist der 'Teufelsgeiger'
Niccolò Paganini. Der italienische Violinvirtuose, der seit
Anfang des Jahrhunderts ganz Europa bereist, begeistert sein
Publikum durch sein effektvolles Spiel und sein diabolisches
Äußeres: Lang, hager, schmalschultrig von Figur, ein markan-
tes längliches Gesicht mit tief eingeschnittenen Wangen, einer
schmalen gekrümmten Nase, schmalen Lippen, hoher, breiter
Stirn, langem rabenschwarzen Haar und mit fanatisch aufgerissenen Augen beherrscht er sein Instrument wie kein Zweiter
vor und nach ihm. Die Romantik, die das Wunderbare und
Dämonische liebt, dichtet ihm die Legende an, seine Violine sei
ihm vom Teufel als Gegengabe für seine Seele geschenkt worden. Ein anderer Mythos lautet, Paganini habe seine Geige mit
Saiten aus den Därmen seiner ehemaligen, von ihm aus Eifersucht ermordeten Geliebten bespannt; beim Spiel erleide er
jedesmal Wahnsinnsanfälle. Die Gerüchte um seine dämonische Person werden so sehr geglaubt, daß man ihm nach seinem Tod im Jahr 1840 das Begräbnis in geweihter Erde verweigert.

Nun soll Clara nicht gerade eine Teufelspianistin werden,
aber den Ruhm eines Paganini hält der Vater für erstrebens-
wert. Also spielt Clara Wieck jene Kompositionen, die durch
Bravour und Brillanz, Fingerfertigkeit und Geschwindigkeit
faszinieren. Im Tagebuch Friedrich/Clara Wiecks findet sich
eine Auflistung ihres Repertoires: Sonaten, Variationen und
Etüden von Carl Czerny, diverse Capricen und Variationen,
die Es-Dur-Polonaise von John Field, Walzer von Diabelli,
dazu Werke von Henri Herz, Johann Peter Pixis, Sigismund
Thalberg, Hummel, alles Komponisten des eleganten Stils. Es
ist geradezu typisch, daß der Vater sie bei ihrem ersten öffentlichen Auftritt im Gewandhaus am 20.10.1828 ein vierhändi-
ges Werk von Friedrich Kalkbrenner aufführen läßt, gemeinsam mit einer Demoiselle Emilie Reichold. - Das Programm
dieses Konzerts sagt einiges Grundsätzliche zum Ablauf dama-

liger Konzertabende aus: Die Veranstaltungen bieten mindestens ein ausgedehntes Werk, eine Symphonie, Ouvertüre, manchmal sogar eine einaktige Oper, umrahmt und aufgelockert von Kammermusik, vom Sololied bis zu Werken für Kammerensemble; bei dem reichhaltigen Inhalt beginnen die Konzerte bereits am frühen Abend. Wichtig für den Konzertgeber ist die Frage, wer an einer Veranstaltung teilnimmt; Soloabende sind im 19. Jahrhundert nicht üblich. Auswärtige Konzertgeber (am 20.10.1828 ist es die österreichische Pianistin Caroline Perthaler) müssen darauf achten, lokale Größen der jeweiligen Tourneestadt zur Mitwirkung einzuladen, das sichert schon einmal ein gewisses Stammpublikum. Bei den meisten Konzerten zwischen 1800 und 1850 ist unter den Beteiligten eines der modischen Wunderkinder aufgeführt; Wunderkinder sind eben Publikumsmagneten.

Ist Clara Wieck überhaupt ein Wunderkind, wie sich der Vater einbildet? Sie erfüllt alle Voraussetzungen dazu: ererbte Intelligenz, Talent und ein gewisses gebildetes Klima des Elternhauses. Man hat die Herkunft bekannter Hochbegabter hinterfragt: Hauptsächlich entstammen sie gutbürgerlichen Schichten, oder aber erhalten auf andere Weise eine gewisse Förderung; im Fall Heinrich Schütz', Joseph Haydns oder Pietro Metastasios von seiten kunstbeflissener Herrschaften. In vielen Fällen verlieren sich die kindlichen Höchstbegabungen wieder mit Erreichen des Erwachsenenalters. Die Frage, ob Clara Wieck tatsächlich ein Wunderkind ist, oder ob ihr nur das populäre Etikett übergestreift wird, ist nicht leicht zu beantworten, da Zeugnisse über ihre kindlichen Verhaltensweisen selten sind. Die Kunstwelt um 1800 brütet so viele 'Wunderkinder' ihrer Art aus, daß man schwerlich die 'Spreu vom Weizen' trennen kann. Hochbegabte mögen sie alle gewesen sein, aber ein tatsächliches Wunderkind ist eher eine Jahrhunderterscheinung. Das 18./19. Jahrhundert prägt die Begriffe 'Genie', 'Inspiration', 'Schöpferkraft', die der Künstler nicht mehr wie in früheren Zeiten selbst bestimmt, sondern von denen er mehr oder weniger unwillentlich ergriffen wird.

„Und welche Kraft besitzt das Genie", schwärmen die Romantiker begeistert, „wenn es sich gerade im eigentlich Unbedarften, im Kind, äußert!" Von diesem Publikum wird die kleine Clara Wieck, die am 20. Oktober 1828 zum ersten Mal öffentlich auftritt, bedingungslos als 'Wunderkind' tituliert.

Ihre Kindheit läßt Zweifel an dem Titel aufkommen. O ja, natürlich, sie habe bereits im Alter von acht Jahren kleine Stückchen zu komponieren versucht, das berichtet der Vater in einem Tagebuch, das er im Namen seiner Tochter schreibt, aber Friedrich Wieck erkennt selbst in seiner Notiz, daß diese 'Kompositionen' recht unzulängliche Gebilde sind, wahrscheinlich Reproduktionen der im Logier-Unterricht einstudierten Harmoniefloskeln. Heute ist es schwer zu sagen, ob Clara Wieck sich aus eigenem Antrieb mit Komposition und Klavierspiel befaßt oder ob die Motivation, Grundvoraussetzung einer Hochbegabung, vom Vater erzwungen ist - letzteres dürfte wahrscheinlicher sein. Ein Blick auf Claras eigenständigen schöpferischen Willen bleibt weiter verstellt: Die Jugendkompositionen entstehen zumindest auf Anraten des Vaters, Robert Schumann drängt sie später zur Liedkomposition.

Das Kind Clara ist weder lebhaft, noch besitzt es ein besonderes Aktionsvermögen, vor allem in sozialer Hinsicht nicht. Aus dem Tagebuch und aus den Briefen an ihre Mutter liest sich Claras Kontaktarmut heraus. Clara Schumanns manchmal fragwürdiges Verhalten ihren eigenen Kindern gegenüber läßt Rückschlüsse darauf zu, daß sie gefühlsmäßigen Bindungen distanziert entgegenstand. Möglicherweise ist Clara Wiecks mangelnde soziale Kompetenz auf den frühen Verlust der Mutter zurückzuführen; mit ihrer Stiefmutter, die Wieck 1828 heiratet, kommt sie nicht gut zurecht. Ein schlüssiger Beweis dafür, daß Clara Wieck kein Wunderkind ist, ist auch ihre Kontaktarmut nicht. Interessiert sich Clara Wieck jemals für etwas anderes als das Klavierspiel? Sie besitzt nicht den Willen Höchstbegabter, sich selbst Wissen und neue Interessensgebiete zu erobern. Robert Schumann versucht, Clara die Welt der großen Literatur zu öffnen, kann „seine kleine Braut" dafür jedoch nie entflammen. Clara liest zeit ihres Lebens höchst ungern, die Rechtschreibung bleibt ihr ein Buch mit sieben Siegeln. Sie besitzt wenig Allgemeinwissen und fühlt kein Bedürfnis, da irgendetwas nachzuholen. Clara hat ein gutes Gedächtnis, das allerdings nur Musik aufzunehmen scheint. In kurzer Zeit lernt sie die Tonleitern, berichtet Friedrich Wieck. Es ist belegt, mit welcher Schnelligkeit sie neue Stücke einstudiert. In einem Brief aus den späteren Lebensjahren beschreibt Clara Schumann, daß sie Tonleitern übe und gleichzeitig einen Brief lese. Aber all das sind keine endgültigen Beweise ihrer Höchstbegabung. Der Vergleich mit einem tatsächlichen musikalischen Wunderkind kann nicht ausbleiben. Wolfgang Amadeus Mozart wird immer wieder als Prototyp des genialen Kindes herbeizitiert. Seine Lebensgeschichte trägt wesentlich zur romantischen Schwärmerei von 'Wunderkindern' bei, und dies, seitdem Friedrich Schlichtegroll 1794 eine anekdotische Sammlung zum Leben des jungen Mozart veröffentlicht. Die Musikwelt um 1800 hat mit Wolfgang Amadeus Mozart ihr ureigenstes Phänomen, sie hat es den anderen Künsten voraus; die Wunderkinder der bildenden Kunst sind längst Geschichte: Leonardo, Dürer, Bernini, und auch von der 1741 geborenen Angelika Kauffmann ist um 1800 kaum noch die Rede; die Dichtkunst muß weit zurück auf Torquato Tasso weisen, und an Schiller und Goethe bejubelt man jetzt das Spätwerk, sich kaum darauf besinnend, daß auch sie Frühvollendete waren. Aber das Wunderkind Mozart ist noch faßbar und bildet zusammen mit der Schauerlegende vom geheimnisumwitterten Tod des Komponisten den romantischen Mythos 'Mozart'. Er ist das Vorbild all der Bohrers, Blahetkas, Liszts und Mendelssohns.

Streicht man viel anekdotisches Beiwerk, das den Blick auf das Salzburger Wunderkind verstellt, kristallisieren sich folgende tatsächliche Eigenschaften Wolfgang Amadés heraus, die auf eine frühe Höchstbegabung schließen lassen: Mozart ist ein lebhaftes Kind mit ausgeprägtem Anlehnungsbedürfnis (ererbte und soziale Intelligenz), er spricht früh und zeigt ein ausgeprägtes Fremdsprachentalent, er befaßt sich aus eigenem Antrieb und konzentriert mit Musik und anderen Lernstoffen (Motivation) und versucht, Erlerntes schöpferisch umzusetzen (Kreativität); er war „seinem lebhaften Temparamente nach für jede Kinderey ... empfänglich ... Uiberall zeigte sich ein liebendes zärtliches Gefühl in ihm ... er unterhielt sich oft lange beym Klavier mit Zusammensuchen der Terzen ... Er war in diesen Jahren überaus gelehrig ... als er z.B. rechnen lernte, waren Tisch, Sessel, Wände, ja sogar der Fußboden mit Kreide voll Ziefern geschrieben". Wie anders Clara Schumann! Die Rahmenbedingungen ihres persönlichen Umfelds sind denen Mozarts vergleichbar; dennoch, etwas kann trotz dieser Idealgrundlagen nicht funktioniert haben, denn Clara Wieck entwickelt sich nur wenig zu einem kreativen Menschen, überhaupt nicht zu dem, was wir landläufig unter Genie verstehen. Sie bleibt lediglich Reproduzierende, darin allerdings erringt sie höchste Meisterschaft.

Wer ist Schuld daran, daß Clara Wieck ihr schöpferisches Talent nicht entfalten kann? Allein der Vater? Sicher ist er falsch an ihre Erziehung herangegangen, indem er schon vor Claras Geburt, ohne zu wissen, ob sie Talent hat, die Tochter für die Musik bestimmt; er setzt ihr das musikalische Talent gewissermaßen von außen auf, er verlangt es ihr ab, gegensätzlich zu Leopold Mozart, der, als Wolfgang Amadeus eine musikalische Begabung zeigt, den Sohn spielerisch-ungezwungen an Klavier und Komposition heranführt. Stimmte das Klima im Elternhaus nicht? Friedrich und Marianne tragen ihre Streitigkeiten ziemlich handfest vor ihren Kindern aus. Überhaupt geht es bei den Wiecks derb-lieblos zu. Dann ist Clara Schumanns Stellung als Frau schuld? Die Biographien anderer Komponistinnen dieser Zeit widersprechen dem: Viele von ihnen richten sich trotz Vater, Ehemann, Kindern wie selbstverständlich als Kunstschaffende in ihrer Gesellschaft ein; Pauline Viardot, Johanna Kinkel, sogar Fanny Hensel, die sich durch ihr jüdisch-patriarchalisches Elternhaus wohl stärker begrenzt sehen muß als Clara Schumann, die aber ihre Schaffenskraft auszuleben wußte. Die genannten Künstlerinnen brachten hohe persönliche Opfer, um ihre Kunst ausüben zu können. Sie hatten - namentlich Johanna Kinkel - mit den Ressentiments der Öffentlichkeit zu kämpfen, sie waren dem männlich besetzten Musikleben ausgeliefert; Anfeindungen waren ihr tägliches Brot. Und genau das mag Clara Schumann sich nicht aufbürden. Sie ist erzogen worden, dem Publikum zu gefallen, liebenswert und appetitlich ihre Capricen und Fantasien vorzutragen. Es ist mit der Zeit ihre Natur geworden: Sie kann es sich nicht erlauben, der Öffentlichkeit zu mißfallen. Ist Clara Wieck dem Sprung vom Kind zur Frau zum Opfer gefallen? Konnte sie ihr Kompositionstalent nicht bis in die Frauenjahre hinüberretten? Wahrscheinlich. Wie so viele Biographien kleiner Genies enden Clara Schumann-Biographien meist mit ihrem Eintritt ins reife Alter. Das Leben der Pianistin Leopoldine Blahetka (*1809) beispielsweise kann von ihren ersten Auftritten 1816 bis zum Jahr 1833, ihrem vierundzwanzigsten Lebensjahr, lückenlos dokumentiert werden. Dann verläuft sich ihre Spur im französischen Kurort Boulogne, wo Blahetka erst im Jahr 1885 stirbt. Fünfzig Jahre leere Seiten!

An Clara Schumanns Scheitern als musikalisches Genie haben alle schuld. Versagt hat hier die Gesellschaft im Kleinen und Großen. Claras Potential wird mißbraucht, vom Vater, von Robert Schumann, die 'es ja nur gut' mit ihr meinen, von Konzertleben, Publikum und Kritikern, die ihr den Stempel Wunderkind aufdrücken und damit Erwartungen an das Mädchen stellen, die es nicht erfüllen kann. Clara antwortet schließlich - wie meist in ihrem Leben, wie schon das Kleinkind mit Sprachentäußerung - mit Rückzug und Distanz. Bedauerlicherweise zieht sie sich als reife Frau von der Komposition zurück; sie verweigert den musikalischen Ausdruck. Das Kind Clara Wieck, das der Vater von Konzert zu Konzert, von Stadt zu Stadt, nach Weimar, Erfurt, Gotha, Kassel,

Frankfurt, endlich Paris (1832) weitertreibt, reagiert mit Krankheiten und passivem Widerstand. Friedrich Wieck wundert sich einmal über „kindische Empfindlichkeit - und einen sonderbaren Hang, sich nie in der Gegenwart und am Gegenwärtigen zu freuen". Hat er vergessen, daß Clara ein Kind ist? Darf sie es nicht sein? Des öfteren notiert er in Claras Namen ins Tagebuch, daß Clara „faul, nachlässig, unordentlich, eigensinnig, unfolgsam etc. sey". Auf die vermeintliche Aufsässigkeit der Tochter, die doch nicht mehr als typisch kindliches Benehmen ist, reagiert Wieck mit cholerischen Wutausbrüchen und nicht nur verbaler Gewalt.

Clara Wieck ist allerdings nicht ausschließlich ein armes Kinderopfer, das stillschweigend unter dem Diktat des Elternhauses leidet. Sie ist ein schwieriges Kind mit dem Hochmut von ihrem Talent Überzeugter. Sie ist launisch, den einen Tag liebenswert und charmant, den anderen Tag störrisch und mißmutig, wie Robert Schumann bezeugt. Eigensinn, Neid, ungebremste Energie, zuweilen Jähzornsanfälle, das ist ein Teil ihres Charakters. Im reifen Alter erinnert sie sich einmal: „Ich war in meiner Jugend sehr heftig", und Robert Schumann dokumentiert in seinem Leipziger Tagebuch: „Clara zeigt jetzt großen Eigensinn gegen ihre Stiefmutter", befiehlt „wie eine Leonore - aber sie kann auch bitten wie ein Kind und schmeicheln", „Clara ist eigensinnig und weinerlich, ein Tadel ... würde von gutem Einfluß auf ihre Launen sein". Im Laufe der Jugendjahre legt sich Claras unbewußter Widerstand. Sie wird die gehorsame Tochter. Sie ist ja auf den Konzertreisen in die Fremde von ihrem Vater abhängig.

Was ist sie ihrem Vater, wenn sie nicht Kind sein darf und kein Wunderkind ist? Hier kommt die peinliche Frage nach den finanziellen Beweggründen des Unternehmens 'Wunderkind' wieder zum Vorschein. Mehr als einmal läßt Wieck in seinen Briefen an seine zweite Frau, Clementine Fechner, durchblicken, daß Claras Spiel vorteilhaft für seinen Pianoforte-Handel wie für sein Renomee als Klavierlehrer ist. Clara Wieck sorgt also nicht nur direkt mit den Einnahmen aus ihren Konzerten für ihren Vater, sondern auch indirekt als Aushängeschild seiner sonstigen Geschäfte. Eine Klavierstunde bei Friedrich Wieck kostet um die 2 Taler. Auf einer Konzertreise während der Wintersaison erspielt Clara ihrem Vater zwischen 300 und 400 Taler. Der erste von Clara Wieck als Konzertgeberin bestrittene Auftritt am 8. November 1830 im Gewandhaus (auf dem Programm: Kalkbrenner, Herz, Czerny und eine eigene Komposition) bringt 30 Taler ein. Im Namen Claras notiert Wieck nach dem Konzert ins Tagebuch: „dem Vater ... habe ich für seine Mühe 20 Taler gegeben und es thut mir leid, daß er nicht mehr nehmen wollte, aber die Meinigen werde ich von nun an mehrere Male im Kuchengarten frei halten". Eine ziemliche Vereinnahmung des Kindes durch den Vater. Von den 30 Talern darf sie immerhin ein Drittel behalten - was davon allerdings nach den „mehreren Malen im Kuchengarten" für sie persönlich übrigbleibt, entzieht sich der Kenntnis. Dem Mädchen bleibt nur eines angesichts der väterlichen Autorität: sich zu fügen.

Sich fügen, einfügen müssen wird Clara Schumanns Trauma. Als Kind darf sie nicht Kind sein, sondern williges Wundermädchen, das sie nicht ist, als Frau darf sie nicht Künstlerin sein, sondern mütterliche Frau, die sie nicht ist. Stets wird ihr eine Rolle gegeben, die sie nicht ausfüllen kann, obwohl sie sich darum bemüht. Ungenügen ist die Tragik ihres künstlerischen Schaffens.

Das erste Lebensjahrzehnt Clara Wiecks verläuft eintönig zwischen endlosen Übungen und kleinen Auftritten. 1828 heiratet der Vater zum zweiten Mal. Bisher war Clara der Mittelpunkt in Wiecks Leben. Eifersüchtig erlebt sie jetzt, wie Clementine Fechner-Wieck ihr den ersten Rang im Leben des Vaters streitig macht, wie neugeborene Halbgeschwister ihr Stück für Stück die Aufmerksamkeit des Vaters entziehen. Von da an ist ihre frühe Kindheit vom schlechten Verhältnis zu ihrer Stiefmutter, der unterkühlten Beziehung zu ihren Geschwistern und dem nur sporadisch möglichen Zärtlichkeitsaustausch mit der leiblichen Mutter überschattet. Clara führt ab sofort einen harten Kampf um die Liebe zum Vater, den sie noch als reife Frau weiterführt. Sie verdoppelt ihre Anstrengungen beim Klavierstudium. Ihr Fleiß und ihr Können sollen ihr den Vater zurückgewinnen. Wieck, als guter Pädagoge in erster Linie ein firmer Psychologe, durchschaut Claras Verfassung und nutzt sie bedenkenlos für sich. Er spielt Clementine gegen Clara aus: Mit Liebesentzug und Wutanfällen presst er das letzte Körnchen Talent aus seiner Tochter heraus. Das Kind leidet unter dem Druck, den der aufbrausende Vater ständig auf es ausübt. Ein Bild, das sich anhand der Zeugnisse von der elfjährigen Clara aufdrängt, ist das einer emotionsarmen, apathischen Puppe mit Interesse für nichts außer Musik. Das Histörchen von Clara, die unbeeindruckt ihre Tonleiterübungen abspult, während der Vater in einem seiner berühmten Jähzornsanfälle den Bruder züchtigt, läßt eine erschütternde Einsicht über Claras Seelenleben zu. Sie ist - in einem einfachen Wort - ein gekränktes Kind. Aber sie ist jetzt immerhin fleißig, sie hat ja vor allem gelernt, sich zu fügen. Ihr Repertoire kann sich sehen lassen. Ihren ersten öffentlichen Auftritt 1830 schmückt sie u.a. mit dem „Rondo brillant" für Klavier und Orchester von Kalkbrenner. Beethoven steht auf ihrem Programm. Variationen von Herz. Czerny. Ein beachtenswertes Repertoire für ein kleines Mädchen. Wer sich mit der Clara Wieck jener Jugendzeit befaßt, der vermißt Impressionen ihres Privatlebens, eingehendere ihrer Persönlichkeit, die in einem Unverhältnis zu den gut dokumentierten Übungsprogrammen und Konzertdaten stehen. Farbe hat Clara Wiecks Leben bis dahin nicht. Das ändert sich schlagartig, als ein Jurastudent mit krausen Ideen an Friedrich Wiecks Tür klopft, um Schüler des großen Lehrmeisters zu werden.

Robert Schumann hat lange mit der Entscheidung gerungen, was er aus seinem Leben machen will. Er hat eine unstillbare Neigung zur Literatur. Soll er Dichter werden wie sein bewundertes Vorbild Jean Paul? Da ist aber noch die Musik, die er nicht weniger liebt als die Dichtkunst. Und als wäre das nicht schon Zwiespalt genug, verlangt die Familie von ihm, er solle Jura studieren, um anständig sein Brot verdienen zu können; schließlich habe er früh den Vater und Versorger verloren; von ihm hänge damit auch das Wohlergehen der Mutter ab. Gehorsam tritt Schumann 1828 seine Studienzeit an. 1829 verläßt er das heimische Sachsen und immatrikuliert sich an der Heidelberger Universität. Seine Zukunft scheint in vorgeschriebener Bahn zu verlaufen. Jetzt muß das Schicksal eingreifen! Tatsächlich: Robert Schumann gerät an einen Mentor von beeindruckendem Charisma. Im romantischen Heidelberg „wo...der Waldhauch von den Bergen erfrischend durch die Straßen ging und nachts die Brunnen auf den stillen Plätzen rauschten...der Student freier" aufatmete, erinnert sich Joseph von Eichendorff an seine Studienzeit, wirkt Anton Friedrich Justus Thibaut „mit den lang herabwallenden...Locken...und mit seiner propagandistischen Liebe und Kenntnis von der Musik der alten tiefsinnigen Meister". Der Jura-Professor hat eine heimliche, große Geliebte - die Musik. Er wäre selbst gerne Musiker geworden, aber sein Leben wollte es anders. Thibaut begnügt sich mit geselligen Musizierabenden unter gleichgesinnten Kollegen und Studierenden. Außerdem verfaßt er einige Gedanken zur Musik, von denen die „Reinheit der Tonkunst" ein gefragtes musiktheoretisches Buch wird.

Robert Schumann ist einer der Studenten, die sich um Thibaut versammeln, musizieren und diskutieren. In diesem Kreis erhält Schumann den wesentlichen Anstoß, sich von der Juristerei weg der Musik zuzuwenden. Als der enthusiastische Student einem Konzert Paganinis beiwohnt, faßt er endgültig den Entschluß, der „Paganini des Klaviers" zu werden. Er kehrt nach Leipzig zurück, zu einer tiefbestürzten Familie. Es bedarf der Fürsprache Wiecks, die Mutter von dem neugewählten Beruf zu überzeugen. Wiecks Renommee ist in Leipzig bereits so groß, daß Christiane Schumann ihrem Sohn die Erlaubnis zum Klavierstudium erteilt.

„Meine verehrteste Frau!...Mein Vorschlag vor allen Dingen wäre also: Ihr Herr Sohn verläßt Heidelberg - das warme, seine Phantasie noch mehr erhitzende - und kehrt wieder in unser kaltes plattes Leipzig ein...Ich mache mich anheischig, Ihren Herrn Sohn, den Robert, bei seinem Talent und seiner Phantasie binnen drei Jahren zu einem der größten jetzt lebenden Klavierspieler zu bilden, der geistreicher und wärmer wie Moscheles und großartiger als Hummel spielen soll. Den Beweis dafür führe ich mit meiner eigenen 11jährigen Tochter, die ich eben anfange der Welt vorzustellen".

Schumann wohnt im Haus des Pädagogen. Mit dessen kleiner Tochter freundet er sich bald an. Clara Wieck ist von diesem großen, begabten Burschen angetan. Der Zwanzigjährige ist stets zu Späßen aufgelegt. Wirre Phantasien sprühen in seinem Kopf herum, die die kleine Wieck begeistern. Noch mehr die Capriolen und Neckereien des unbändig-genialen Schumann. Es spricht aus Clara Wiecks Briefen und Notizen: Das Mädchen lebt auf. Und erstaunlicherweise entdeckt sich an dieser 'Tastenmaschine' eine gehörige Portion Humor. Endlich ist da ein Mensch, der sich nicht um die Pianistin Wieck, sondern das Kind Clara bemüht. Der sie offenbar gern hat und nichts von ihr fordert. Schumann erzählt ihr Märchen. Er spielt mit ihr alle Kinderspiele. Er albert mit ihr herum. Wahrscheinlich erfährt Clara Wieck jetzt erst die menschliche Nähe, die ein Kind ihrer Art braucht. Hier wird der Grundstein für Clara Wiecks Liebe zu Robert Schumann gelegt. Mit Robert verbindet sie außerdem das musikalische Talent. Dem strengen Wieckschen Lehrplan entflieht Clara für kurze Momente im vierhändigen Spiel und Improvisieren mit dem „lieben Herrn Schumann". Friedrich Wieck kann sich Schumanns mitreißender Art ebensowenig entziehen. Die übersprudelnden Ideen des Schülers hält er allerdings für leicht überspannt. „Tollkopf", nennt er Robert Schumann und zeigt sich besorgt „über zu viel Phantasie". Andererseits muß Wieck das enorme Talent und die fähige musikalische Urteilskraft des 'Tollkopfs' anerkennen. Das Verhältnis zwischen Lehrer und Schüler ist außerordentlich gut; für Schumann ist 'Meister Raro', wie er den Lehrer in respektlos-liebevoller Manier zu nennen pflegt, eine Art

Vaterfigur. Künstlerisch laufen ihre Ansichten oft auseinander, was der positiven Beziehung der beiden keinen Schaden zufügt. Wieck besteht auf elegante Virtuosenkompositionen, beim Klavierspiel auf technische Perfektion. Schumann mit seiner „zügellosen Phantasie...von der Wichtigkeit eines reinlichen, präcisen, egalen, deutlichen u. rhythmisch bezeichnenden u. endlich eleganten Spieles zu überzeugen", ist Wiecks Lehrziel. Schumann dagegen will tief inspirierte Werke schaffen; eine empfundene Interpretation erscheint ihm wichtiger als eine vollkommene. „Ich kenn' euch schon und euren neumodischen Enthusiasmus", läßt Schumann seine Meister-Raro-Figur sagen, womit er Friedrich Wiecks Musikanschauung auf den Punkt bringt.

Richtung Paris

Die Erholungsstunden und Amüsements dauern für Clara Wieck nur kurze Zeit. Der Vater verlangt immer mehr von ihr. Da sie inzwischen in ihrer Heimatstadt als tüchtige Pianistin bekannt ist, drängt es Friedrich Wieck, seine Tochter einem weiteren Kreis von Zuhörern vorzustellen. Die Konzertreisen führen zunächst durch deutsche Städte. Erst klappert das Vater/Tochter-Gespann die Konzertsäle der näheren Umgebung ab - Friedrich Wieck emsig bemüht, in Dresden und anderswo die Werbetrommel für seinen Goldschatz zu rühren -, dann ziehen sie immer weitere Kreise. Wiecks Methode ist die übliche jedes Impresario. Er hofft auf Mundpropaganda und auf die Empfehlungen berühmter und hochgestellter Persönlichkeiten.

Weihnachten macht sich der Vater mit seiner kleinen Klavierspielerin auf nach Dresden, das Clara auf ihren späteren Konzerttourneen immer wieder besuchen wird. Während Wieck sogleich losgeht, um Unterstützung für die geplanten

Konzerte zu finden, sitzt Clara im Hotelzimmer über ihren Noten. Freilich, wenn der Vater das Instrument aussuchen geht, oder Empfehlungsschreiben einholen will, dann muß Clara mitgehen. Friedrich Wieck zeigt ihr den Zwinger, die Frauenkirche und das Theater - die Semper-Oper ist noch nicht erbaut -, all die herrlichen Barockbauten der Stadt. „Florenz des Nordens", nennen die Bewohner sie stolz. Das Musikleben Dresdens erlebt in diesen Jahren allerdings einen gewaltigen Einbruch. Die reiche Operntradition des 18. Jahrhunderts findet mit Carl Maria von Weber ihre Fortsetzung im 19. Jahrhundert. Der Komponist der deutschen Oper „Der Freischütz" kann seine Opernpläne leider nicht zur Gänze verwirklichen; er stirbt bereits im Jahr 1826. Seine Nachfolger verstehen es nicht, die Dresdner Musikkultur aufrecht zu halten. Erst runde zwanzig Jahre später, unter Hofkapellmeister Richard Wagner, erholt sich das Musikleben allmählich. Im Jahr 1830 tummeln sich in Dresden eher mittelmäßige Musikexperten, die durchreisenden, auswärtigen Künstlern das Leben mit neidischem Intrigenspiel erschweren. Von einem kleinen Wunderkind lassen sie sich schon gar nicht die Butter vom Brot nehmen. So darf Friedrich Wieck eines Morgens in seiner Frühstückszeitung lesen, Clara Wieck sei keine zwölf Jahre alt, sondern bereits sechzehn, kein Wunderkind mehr, ergo Friedrich Wieck ein Betrüger. Wieck macht seiner Wut in einem seiner formidablen Jähzornsanfälle Luft, tobt gegen das musikalisch unbedarfte Dresden und macht gegenüber einheimischen Kunstfreunden kein Hehl aus seinen Gefühlen. Das ist natürlich Wasser auf den Mühlen seiner Kontrahenten; selbst der wohlmeinendste Kritiker reagiert beleidigt auf die Hochmütigkeiten des Pianofabrikanten. Bei all den Schwierigkeiten, auf die Wieck stößt, kommt Claras Konzert erst am 10. Januar zustande: Am 25. spielt sie vor und nach einer kurzen Oper im Theater, am 27. im Hotel de Bologne. Die Konzerte sind sehr gut besucht, Clara Wieck erhält viel Beifall, der Vater viele Talerchen. Der auswärtige Erfolg bestärkt Friedrich Wieck in seiner Bestrebung, die Konzert-

tourneen im nächsten Winter auszudehnen. Das bedeutet für das Mädchen: monatelanges Üben.

Am 25. September 1831 bricht der Vater mit einer wohl-präparierten Clara Wieck zur ersten größeren Konzertreise nach Weimar auf. Sein Plan heißt: zunächst wieder ein Emp-fehlungsschreiben von höchster Institution besorgen, das einem in der Stadt Tür und Tor öffnet. In Weimar ist das Goethe; so führt er sein dressiertes Mädchen dem Dichterfür-sten vor. Johann Wolfgang von Goethe ist solche plötzlichen Besuche und Vorführungen längst gewöhnt; Möchte-gern-Dichter, angehende Theaterschreiber, Eltern mit angeblich genialen Kindern stürmen beinahe täglich die Wohnung des großen Mannes, dessen Empfehlungen Berge versetzen kön-nen. Goethe, der einiges ertragen kann, beispielsweise eine überkandidelte Dichterin Bettina von Arnim, die ihrem Idol in kindischer Albernheit auf den Schoß springt, den daher nur weniges noch in Erstaunen zu versetzen mag, zeichnet Clara mit lobenden Worten und einem kleinen Bronzeportrait von sich aus, Präsente, die er so und ähnlich in solchen Fällen zu verteilen pflegt. Wieck ist gerührt. Clara tangiert es wahrscheinlich wenig; sie, die ihre Schwierigkeiten mit Lesen und Schreiben hat, wird von Goethe kaum einen Begriff haben. Sie spielt dem alten Dichter halt ihre eintrainierten Stückchen vor, wie der Vater es von ihr verlangt. Wieck bildet sich zuviel auf das Weimarer Intermezzo ein: Goethe nennt dem Musikerfreund Zelter gegenüber das ungleiche Pärchen „ein merkwürdiges Phänomen". Da Goethes Musikgeschmack bekanntermaßen auf die vergangene Epoche begrenzt bleibt, wird er sich über das Herz-Programm der kleinen Brillantistin wenig gefreut haben. Für Friedrich Wieck ist wahre Meinung ohne Bedeutung; er hat erreicht, was er wollte. Schlitzohrig sorgt er dafür, daß überall bekannt wird, Goethe habe seine Clara empfangen. Eine Einladung des Großherzogs läßt nicht lange auf sich warten, auch dies eine willkommene Reklame. Das Konzert, das sie daraufhin im Stadthaus geben, ist voll besetzt. Wieck zählt in Gedanken bereits die Einnahmen, während Clara den Beifall von annähernd 500 Zuhörern entgegennimmt.

Von Weimar aus geht es nach Erfurt, schon damals die bedeutendste Stadt des Thüringer Beckens. Friedrich Wieck steht der unüberwindlichen Schwierigkeit gegenüber, ein geeignetes Instrument zu finden. Es gibt schlechterdings keins. Da das eigene Piano nicht transportiert werden kann, müssen sich Pianisten auf ihren Konzertreisen die passenden Instrumente vor Ort anmieten, meist mit Glück, aber, wie man sieht, manchmal ergebnislos. Mit der nervösen Bemerkung „für Clara's Spiel ist dieses Publikum und seine Instrumente doch wirklich zu schlecht", streicht Wieck Erfurt aus seinem Konzertplan. Clara Wieck freut sich über die paar Tage Ruhe, die ihr die erfolglose Instrumentensuche eingebracht hat. Mit dem Herrn Papa flaniert sie über den Anger, lutscht an einer geschenkten Vanillestange und genießt den Anblick der historischen Gebäude. Wieck hat sich unterdessen schriftlich bei seinem Leipziger Bekannten, dem mittlerweile als Kapellmeister in Kassel wirkenden Geigenvirtuosen Louis Spohr, gemeldet. Spohr gilt als einer der größten deutschen Komponisten seiner Zeit. Wenn sie in Kassel sind, wird Wieck auch von ihm eines der Empfehlungsschreiben abstauben, an denen sein Herz hängt.

Vorerst gastieren die Wiecks in Gotha, Residenzstadt des Herzogtums Sachsen-Coburg. Hier erlebt Clara Wieck zum ersten Mal, was es heißt, nicht das einzige Wunderkind zu sein, sondern eine Rivalin am Klavier zu haben. Kurz zuvor ist Leopoldine Blahetka in Gotha aufgetreten, eine aus Guntramsdorf gebürtige Österreicherin. Sie ist im gleichen Alter wie Clara, hat aber weitaus mehr Konzertroutine als die Leipzigerin. Ihr erstes öffentliches Konzert gibt sie mit neun Jahren in Wien; von ihrem Vater, dem Journalisten und Redakteur der „Wiener Theater-Zeitung" wird ihr Alter damals mit sieben Jahren angegeben, ein kleiner Betrug, aber durchaus gängige Praxis.

Joseph Blahetka geht ebenso methodisch vor wie Friedrich Wieck, um die Tochter der Welt zu präsentieren: In Wien feiert Leopoldine Blahetka erste Triumphe; als „das Interesse des musikalischen Wiener Publikums ... sich für dieses Kind mit jedesmaligem Auftreten desselben" steigert, „ermunterte" man „es zu einer Kunstreise, welche sie im Sommer des Jahres 1821 unternahm, u. sich in Prag, Karlsbad, Teplitz wiederholter Malen mit dem größten Beifall vor den höchsten Herrschaften u. dem Publikum hören ließ" referiert der Vater in einer Biographie seiner Tochter. Ab 1825 schließen sich Tourneen durch Deutschland, Ungarn und erneut nach Prag an. 1832 führen ihre Kunstreisen schließlich aus dem deutschsprachigen Raum hinaus nach Holland, Belgien, England und Frankreich.

Im Vergleich mit Kritiken zu Clara Wieck ergibt sich für Leopoldine Blahetka eine positivere Bewertung. Schon die „Wiener Allgemeine Zeitung" von 1824 tituliert sie „musikalisches Wundermädchen", die „Didaskalia" von 1825 hält sie für die „werdende musikalische Angelika Kaufmann"; „Zauberhände" und „Zaubergewalt ihrer zehn Finger" („Didaskalia" 1825) sind wiederkehrende Metaphern der Kritiker. „Der Komet" erklärt 1831 rundweg: „Fräulein B., unstreitig die erste, jetzt lebende Claviervirtuosin - zugleich geistvolle Componistin". Das 'Geistvolle', 'Inspirierte', 'Seelenvolle' und 'Tiefsinnige' wird an Blahetkas Vortrag gelobt, was Wieck nicht zugestanden wird. Clara Wiecks Spiel sei dagegen 'kraftvoll', 'elegant', 'virtuos', Lob, das doch einiges vermissen läßt. Nun sind die Voraussetzungen beider Künstlerinnen sehr verschieden: Während Clara Wieck allein auf den Vater als Lehrer angewiesen bleibt und erst spät so etwas wie Horizont erfährt, zählt Blahetka Czerny, Kalkbrenner und Moscheles zu ihren Lehrern; mit Frédéric Chopin verbindet sie eine inspirierende Künstlerfreundschaft und es wird ihr sogar einmal die Ehre zuteil (1828!) neben Paganini aufzutreten, worüber Friedrich Wieck - hat er es gewußt? - sicher vor Neid zersprungen wäre.

Zurück zu den Wiecks. Über Arnstadt geht es zu Spohr nach Kassel. Der Kapellmeister zeigt sich sehr zuvorkommend. Er lobt Claras erste Kompositionsversuche wegen ihrer Originalität. Von ihrem „großartigen, gebundenen Spiel" ist er hingerissen. Spohr erweist sich als hilfreiche Hand. Er übergibt Wieck nicht nur das Empfehlungsschreiben, sondern ermöglicht Clara darüber hinaus die Teilnahme beim Hofkonzert. Der Kurprinz ist dermaßen entzückt (über die Musik oder die reizende Clara?), daß die Wiecks zur „prinzlichen Tafel" und zum anschließenden Ball geladen werden. Wieck ist rundum zufrieden. Wie ehrenvoll, dieses Hofkonzert. Und der Kurprinz hat sich nicht lumpen lassen; insgesamt 23 Dukaten ließ er Clara für ihre Bemühungen zukommen!

Auf den weiteren deutschen Stationen ihrer Konzertreise, Frankfurt, Darmstadt und Mainz, Städte, in denen Clara im reifen Alter als Pianistin gefeiert wird, erleben die Wiecks einige Rückschläge. Friedrich Wieck bemerkt an den Publikumsreaktionen, daß sein Variationen/Fantasien-Programm um einige anspruchsvollere Stücke zu erweitern ist. Auch er will seine Tochter ein 'tiefsinniges Wundermädchen' genannt wissen und nicht bloß unentwegt hören, sie habe „Kraft wie zehn Knaben". Wieck weist Clara an, sich u.a. mit Chopins Werken zu befassen. Er hat dabei auch schon eine Kunstreise nach Paris im Sinn, denn Chopin ist zu dieser Zeit einer der Größten in Paris. Es ist sicher von Vorteil, einige Stückchen des Modernen im Repertoire zu haben. Friedrich Wieck ist mit der Wahl Chopinscher Werke sicherlich von Robert Schumann beeinflußt. Dieser geniale Wirrkopf von Schüler - und Wieck kennt sehr wohl das geniale Potential Schumanns - bringt nicht nur den Kopf seiner Clara durcheinander, sondern rüttelt kräftig an Wiecks gefestigter Musikanschauung. Mit dem berühmt gewordenen Bonmot seines alter ego 'Eusebius' über Chopin („Hut ab, ihr Herrn, ein Genie!") begeistert Schumann seinen Mentor für Chopins „Mozart-Variationen" op.2, die Clara sofort einzustudieren hat.

Mit Chopin im Gepäck treten Vater und Tochter Wieck 1832 ihre Reise nach Paris an. Vier Tage und Nächte sind sie per Kutsche unterwegs von Mainz bis in die Seine-Metropole. Es ist Mitte Februar und eisig kalt. Clara, das darf man nie vergessen, ist ein zartes Mädchen von zwölf Jahren. „Gott, welche Reise, welche Strapazen in diesen vier Nächten bis nach Paris", jammert Wieck, nachdem sie sich im Hôtel de Bergère auf dem Montmartre einquartiert haben. Eine solche Reise mag man sich heute kaum vorstellen: den ganzen Tag über in einer schlecht gefederten Kutsche, durchgeschüttelt und trotz Reiseplaids kalt bis ins Mark; Übernachtungen in Poststationen mit meist erbärmlichen Zimmern (Kakerlaken und Flöhe muß man hinnehmen) zu überteuerten Preisen, die ein karges Frühstück beinhalten; Weiterfahrt morgens zwischen 5 und 6 Uhr nach wenigen Stunden Schlaf. Kein Wunder, daß Clara in den ersten Tagen in der französischen Hauptstadt erschöpft und wie benommen wirkt.

Paris in der ersten Hälfte des 19. Jahrhunderts - eine blühende Kulturstadt, ein Tempel der Künste. Vor allen Dingen ist Paris eine für damalige Begriffe liberale Stadt. Nach der willkürlichen Regentschaft Napoleons durchlebte Frankreich ein wahres Wechselbad zwischen restaurativen und freiheitlichen Bewegungen. Die 'Charte constitutionelle' von 1814 gewährte zwar Rechtsgleichheit und garantierte die Ansprüche des Bürgertums, aber die drei Parteien der Ultraroyalisten (Adelsherrschaft), Monarchisten (konstitutionelle Monarchie) und Independenten (Freiheitliche Partei) standen sich nach wie vor uneinig gegenüber. Die Regierung unter Ludwig XVIII. – und ab 1824 unter Karl X. –, zunächst neutral, stützte sich schließlich auf die Royalisten und löste damit scharfe Auseinandersetzungen um die zunehmenden reaktionären Bestimmungen aus. Die Spannungen zwischen Liberalen und Reaktionären eskalierten in der Juli-Revolution von 1830. Die Regierung wurde gestürzt; Bourbonenkönig Karl X. dankte ab. Die Liberalen erhoben Louis Philippe von Orléans zum neuen Staatsoberhaupt. Unter Louis, dem sogenannten 'Bürgerkönig', erlebt Frankreich bis zur Revolution von 1848, zumindest aber in den Anfangsjahren seiner Regentschaft, ein freiheitlich-großbürgerliches Staatssystem. In diese gedankenfreie Atmosphäre zieht es alle bedeutenden Kunstschaffenden Europas, hauptsächlich jene, die in ihrer reaktionären Heimat verfolgt werden. Frédéric Chopin beobachtet von hier aus die Revolutionen in seinem Vaterland Polen, die Dichter des 'Jungen Deutschland', Heinrich Heine, Ludwig Börne, kommen als Exilanten. Den Opernkomponisten Giacomo Meyerbeer zieht es nach Paris, nicht nur, weil er hier ideale Bedingungen für seine Bühnenwerke findet, sondern weil er als Jude in Frankreich weniger Ressentiments ausgesetzt ist als in Deutschland oder Italien. Endlich lockt Paris sie alle mit ihrer sprichwörtlichen Lebenslust: „Wer lange leben will, der bleibe in Deutschland ... Wer aber Herz genug hat, die Breite des Lebens seiner Länge vorzuziehen, der komme nach Paris. Jeder Gedanke blüht hier schnell zur Empfindung hinauf, jede Empfindung reift schnell zum Genusse hinan. Geist, Herz und Sinn suchen und finden sich - keine Mauern einer traurigen Psychologie hält sie getrennt. Wenn man in Deutschland das Leben destillieren muß, um zu etwas Feurigem, Erquicklichen zu kommen, muß man es hier mit Wasser verdünnen, es für den täglichen Gebrauch trinkbar zu machen", schreibt Ludwig Börne in seinen Pariser Schilderungen.

Paris ist ein Muß für jeden angehenden Pianisten; nirgendwo wirkt die künstlerische Atmosphäre geballter und konzentrierter als in der Seine-Metropole. Wer in Paris Erfolg hat und vor der kritischsten aller Zuhörerschaften besteht, der wird überall anerkannt und hat sein Glück gemacht. Wieck ist kein schlechter Pädagoge. Er ahnt, daß es Clara an vielem, vor allem an Feingefühl fehlt. In Paris, so hofft er, mag sie sich den letzten Schliff als Pianistin holen.

Wieck erwartet von einigen Pariser Bekannten ein wenig Hilfe bei der Konzert-Organisation, hauptsächlich weil weder Vater noch Tochter französisch sprechen. Wo bekommt man hier einen geeigneten Saal? Welche Salons würden sich der kleinen Deutschen öffnen? Was ist die wirkungsvollste Reklame fürs Pariser Publikum? Aber Friedrich Wieck überschätzt seine spärlichen Kontakte, sein eigenes Organisationstalent und selbst seinen kleinen Götterliebling. Clara Wieck? Wer soll das sein? Aha, ein Mädchen aus Deutschland mit einigem Talent? Bah, davon gibt's so viele, hören wir uns lieber Paganini, Chopin und Kalkbrenner an, das sind die Stars am Pariser Konzerthimmel! Es bleibt Wieck nichts anderes übrig, als seine Tochter in zweitrangigen Häusern und einigen wenigen Salons zu präsentieren. Die zur Verfügung stehenden Instrumente liegen Clara Wieck nicht, haben entweder einen zu schweren Anschlag oder sind alt und verstimmt; oft ist Claras Spiel nur Hintergrundmusik und wird nicht weiter beachtet.

Von der Pariser Kritik bleibt die Pianistin unentdeckt. Chopin, von dem sich Wieck manches erhofft hat und der von der „jungen, klavierspielenden, liebenswürdigen" Leopoldine Blahetka schwärmt, übersieht die Wiecks geflissentlich. Sogar in Paris lebenden Deutschen ist Clara Wieck eine unbekannte Größe. Kein Wort über Wiecks bei Heinrich Heine, Ludwig Börne oder anderen. Wenn Börne ein Konzert besucht, dann bestimmt in den ersten Häusern Paris', nicht in einem heruntergekommenen Musiksaal - falls der Literat Musik überhaupt registriert: „Gestern war ein schönes Konzert im italienischen Theater", schreibt er beispielsweise, „wobei mir, wie gewöhnlich, das letzte Musikstück am besten gefiel; denn ich bin immer froh, wenn ein Konzert zu Ende ist". Vater und Tochter ihrerseits besuchen mit größtem Interesse Chopins Konzerte. Zu einem seiner Auftritte, den er in einem kleineren Saal gibt, finden sich etwa 400 Leute ein, die so beengt stehen, daß Clara, schier erdrückt von den drängelnden Körpern, weder Chopin sehen, noch sein Spiel recht verfolgen kann.

Für Clara ist der Parisaufenthalt ein Gratwandel zwischen Qual und Abenteuer. Einerseits muß sie üben, spielen und wieder spielen bis die Finger schmerzen, und traditionellerweise finden die Konzerte erst spät am Abend statt, so daß Clara Wieck ständig übermüdet ist, andererseits lernt sie die musikalischen Größen ihrer Zeit kennen: Chopin, Meyerbeer, die Komponisten ihrer Leib- und Magenstücke: Herz, Pixis, Kalkbrenner, genauso Felix Mendelssohn und Ferdinand Hiller, von denen später noch die Rede sein wird. Das Pariser Stadtbild macht ebenfalls einen überwältigenden Eindruck auf Clara. Die prächtigen Boulevards existieren zwar noch nicht, genausowenig der Eiffelturm (sie werden erst 1855 und 1889 erbaut), dennoch ist die Stadt von pompöser Schönheit; Hauptanziehungspunkte sind Notre Dame de Paris, die Tuilerien und der Ort der einstigen Bastille. Neben den touristischen Erlebnissen erwartet die junge Virtuosin ebenfalls ein tragisches Abenteuer. Friedrich Wieck setzt für den 9. April ein Konzert an. Es soll der Glanzpunkt ihres Parisaufenthalts sein. Der Saal ist gemietet, Billetts werden verkauft ... da bricht die Cholera aus. Panik bemächtigt sich der Bewohner. Wer es sich leisten kann, verläßt fluchtartig die Stadt. Zurück bleiben wenige Unerschrockene, darunter einige, die Wiecks Konzert besuchen. Die Unkosten werden gerade so gedeckt. Vier Tage nach dieser 'Pleite' verabschieden sich Vater und Tochter vom „schwarzen Paris", wie der französische Dichter Daudet die Metropole bissig nennt.

„Eine Menge kleiner Tonstücke"

Bereits im April 1832 kehren Vater und Tochter nach Leipzig zurück. Unterwegs, in Frankfurt, erkrankt Clara. Der unerquickliche Parisaufenthalt ist anscheinend viel zu anstrengend für ein Kind gewesen. Einige Tage verspätet kommt das Pärchen zu Hause an: Clara erschöpft, aber froh, wieder in den heimischen Trott zurückfallen zu dürfen, Friedrich Wieck enttäuscht über den künstlerischen und finanziellen Mißerfolg seiner Unternehmung. „Paris ist ein teures Pflaster", resümiert Ludwig Börne trocken. Friedrich Wieck kann dem nur seufzend zustimmen. Immerhin darf Clara Wieck jetzt behaupten, in Paris gespielt zu haben; außerdem kann sie eigene Kompositionen vorweisen, einige Capricen, die in Paris als op.2 gedruckt wurden.

Daheim in Leipzig erwartet Robert Schumann die beiden, sehnsüchtig, möchte man beinahe meinen. Das erste, was er registriert, ist eine Veränderung Claras, die sowohl die Person als auch ihre Kunst betrifft: „Clara ist hübscher und größer, kräftiger und gewandter geworden ... Sie spielte die neuen Capricen, mir kam's vor wie ein Husar". Clara Wiecks Spiel muß in der Pariser Zeit noch kräftiger geworden sein. Ihre Stärke sind nach wie vor die brillanten, geläufigen Stücke, in denen sie mit ihrer perfekten, kraftvollen Schnelligkeit glänzen kann. Ihr Repertoire weist weiterhin Stücke von Pixis, Herz und Thalberg auf, die auf die äußere Bravour berechnet sind, aber plötzlich stehlen sich Beethoven, Bach und Chopin in ihre Programme hinein.

Hat Schumann den alten Wieck endlich zu den Großen hinführen können? Oder hat Wieck entdeckt, daß das zeitgemäße Bach- und Beethoven-Faible sich auszahlen könnte? Sicher eine Erkenntnis, die Wieck in Paris gewonnen hat. Wie dem auch sei, gewiß ist, daß Clara Wiecks Interpretationen bereichert werden. Das 'Seelenvolle' und 'Tiefsinnige' ist nun auch in ihr Spiel eingezogen. Sie studiert Bachs Fugen und Chopins Etüden, Werke, von denen noch die greise Virtuosin immer wieder aufs neue fasziniert ist. In den folgenden Jahren wird Chopin - unter Einfluß Robert Schumanns - der Kernpunkt ihres Repertoires: Nach den Mazurken und einigen Etüden übt sie das e-Moll Konzert ein und präsentiert es 1834 ihrem Publikum. In ihrem Hochzeitsjahr 1840 widmet sie sich dem zweiten Chopinschen Klavierkonzert, dem wunderschönen in f-Moll.

Schumann hat mit seinem Einfluß auf Vater und Tochter Wieck mehr ausgelöst, als er ahnen kann. Friedrich Wieck, den Schumann in der Figur 'Meister Raro' literarisch verewigt, steht den neuen romantischen Ideen des Schülers aufgeschlossener denn je gegenüber. Und Clara Wieck, in Schumanns figürlicher Vorstellung 'Chiara' genannt, komponiert emsig.

Ihr op.1 entstand bereits 1831. Polonaisen in typischer Bravour-Manier, so wie sie Clara aus ihrem Pixis-Herz-Programm kannte. Schon die in Paris erschienenen „Capricen" lassen Neues erahnen, einen Zugang zur Komposition, der nicht nur auf das ihr geläufige Studienmaterial rekurriert, sondern eigenwilligen Ausdruck verspricht.

Angeregt vom Vorbild ihres Schwarms Robert, für dessen 1831 vollendete „Papillons" op.2 sich Clara begeistert, und aus dem unermüdlich neue Geniestreiche herausbrechen, komponiert Clara in rascher Folge mehrere Werke, darunter auch ein Klavierkonzert, dessen Rondo sie stolz neben einem eigenen Capriccio und einer selbstverfaßten Mazurka im Jahr 1833 der Öffentlichkeit vorstellt.

Ihre Kompositionen haben Chopins und Schumanns Werke gleichermaßen zum Vorbild. Die „Soirées Musicales contenant" op.6 stehen ganz im Zeichen Chopins. Die „Quatre Pièces caracteristiques", Charakterstücke also, wie sie Schumann in Vollendung komponiert, und das ihm gewidmete op.3 sind eindeutig von Robert inspiriert. Robert Schumann seinerseits verfaßt 1832 „Impromtus über ein Thema von Clara Wieck".

Es finden sich weitere Hinweise als diese, die auf die immer enger werdende Künstlergemeinschaft Schumanns und Wiecks hindeuten. Beide komponieren 1832 Capricen, dann dedizieren sie sich gegenseitig ihre Kompositionen; schließlich komponiert Schumann die „Phantasiestücke" op.12, während Wieck gleichzeitig die Arbeit an ihren „Quatre pièces" beendet; in den „Davidsbündlertänzen" op.6 (1837) zitiert Schumann aus Wiecks ein Jahr zuvor komponierten „Soirées Musicales" op.6; den ersten Kulminationspunkt erreicht die gemeinsame Arbeit 1839 mit Wiecks „Trois Romances" op.11 und Robert Schumanns „Drei Romanzen" op.28. Wie die „Phantasie-stücke" op.12 die allgemeine Atmosphäre der Wieckschen Charakterstücke op.5 aufgreifen, atmen Schumanns „Davids-bündlertänze" denselben Klanghauch der „Soirées Musicales".

Clara		Robert
Caprices op.2	1832	Capricen von Paganini op.3
Romances varie	1832	Impromtus über ein Thema
Dedié à Mons.		von Clara Wieck
R.S. op.3		
	1833	Sonate. Clara zugeeignet
Quatre pièces	1834-36	Phantasiestücke op.12
op.5		
Soirées		
Musicales	1836	
op.6		
	1837	Davidsbündlertänze op.6
		(Zitate aus C.W. op.6)
Trois Romances	1839	Drei Romanzen
op.11		op.28

Die vier Charakterstücke tragen teils programmatische Titel: Das erste Stück ist der „Hexensabbat", ein Allegro furio-so, das letzte Stück heißt „Geisterballett", diesmal ein Allegro ma non troppo. Beiden Piècen hat Clara Wieck erklärende Benennungen zugegeben; der Sabbat ist ein Impromtu, das

Geisterballett eine Scène fantastique. Beide Programmstücke zeichnen sich durch markante Rhythmik und originelle Passagen aus, in vielen kleinen Details an Robert Schumanns „Papillons" erinnernd, obwohl völlig selbständig erdacht. In den Rahmenstücken op.5 wird vor allem mit scharfem Dynamikwechsel und vollem Ausschöpfen eines mehr als vier Oktaven umfassenden Ambitus gearbeitet. Die kompositorische Hauptidee von Le Sabbat und Geistertanz ist also der Kontrast von hell zu dunkel, von laut zu leise. Geistertanz führt den Kontrast subtiler vor als Le Sabbat, denn hier werden rhythmische und melodische Motive der vorhergehenden drei Nummern gegeneinander gestellt. Die Rückbesinnung des Finales auf die Anfangsszenerie, das kennt man von Robert Schumann, das dokumentieren am deutlichsten die „Papillons".

Typisch für die Pianistin Clara Wieck ist die Virtuosität der Rahmenstücke sowie des zweiten Charakterstücks, der „Caprice à la Boléro" (Presto); in schnellen und glänzenden Kompositionen liegt ja bekanntlich Claras interpretatorische Stärke. Da verwundert die dritte Nummer der „Quatre pièces". Eine Romanze! Ein gemäßigtes Andante con sentimento! 'Gemäßigt' ist im Vergleich mit den phantastischen Rahmennummern das rechte Wort: Wieck verzichtet auf extreme Klangwirkungen; keine plötzlichen Dynamikwechsel, kein zu weit auseinanderbrechender Tonumfang, statt dessen weiche Phrasierungen, runde Melodik, con anima, Romantik pur. Wie schon im „Caprice" zwischen e-Moll und E-Dur, schwankt die Harmonie in der „Romanze" zwischen H-Dur und h-Moll.

Beruht die Wirkung der Rahmenstücke auf klaren Kontrasten, so ist das Merkmal der mittleren Charakterstücke die Verschleierung. Damit gehört Wiecks op.5 mit den Markenzeichen 'Phantastik', 'Geheimnis', 'Seele' in die erste Reihe romantischer Kompositionen. Angemerkt sei, daß Robert Schumann im Jahr 1835, zur Entstehungszeit von Wiecks op.5, ausführlich über Berlioz' „Symphonie fantastique" berichtet,

jenem geheimnisvollen, grotesken und makarben Orchester-
werk des französischen Meisters.

Die „Soirées Musicales" sind um einiges gedanklich
anspruchsvoller als op.5. Die äußere Bravour ist zugunsten
echten Ausdrucks zurückgenommen, d.h. die Melodik steht im

5 Clara Wieck, „Souvenir de Vienne" op.9, Autograph, Thema ist die österreichische Nationalhymne.

Vordergrund. Dennoch bleibt Wieck bei der einmal für gut befundenen Aufteilung in brillante Eröffnungs- und Schluß-stücke und besinnliche Mittelsätze. Eine Toccatina bildet den Beginn, am Ende stehen eine Polonaise und zwei Mazurken im Stil Chopins. Alle hier gewählten Gattungen der Klaviermusik entsprechen dem aktuellen Geschmack: Die Polonaise ist als polnischer Volkstanz zwar seit dem 16. Jahrhundert und als Instrumentalstück seit dem 18. Jahrhundert bekannt, aber erst unter Frédéric Chopin und in seinem Gefolge Robert Schumann wird sie zu einem populären selbständigen Musikstück; der zweite polnische Tanz, die Mazurka, ist bis zur Romantik ausschließlich als Volks- oder Gesellschaftstanz bekannt. Mit Chopin avanciert die Mazurka zur Kunstmusik. Chopins erste Polonaise entsteht 1817; des Mazur bedient er sich 1827 für sein „Rondeau à la Mazur" op.5, seine erste Mazurka komponiert er 1825, drei Jahre später vollendet er zwei Hefte mit Mazurken.

Modische Gattungen sind auch Notturno und Ballade, die Mittelsätze der „Soirées Musicales". John Field, Chopin und andere übertragen das Nachtstück, das ursprünglich für eine größere Besetzung gedacht ist, auf das Klavier; die Ballade, mit einer langen Gattungsgeschichte, existiert als autonomes Klavierstück ebenfalls erst seit der Romantik - Chopin ist ihr Wegbereiter. Notturno und Ballade sind die beliebtesten Klaviergattungen der Romantiker; sie versprechen hohen Stimmungsgehalt; in ihnen, namentlich der Ballade, lassen sich die romantischen Ideen von 'Geheimnis', 'Schauer', 'Düsternis', 'Beseeltheit' etc. am ehesten verwirklichen.

Clara Wiecks „Notturno", ein Andante con moto, steht im üblichen 6/8 Takt. Die Tonart F-Dur ist gebräuchlich. In typischer Manier führt die Klavierunterstimme mit auf- und abwogender Achtelreihe in die Nachtstimmung ein, während die Oberstimme zweieinhalb Takte darauf einsetzt, dolce, ebenfalls in Wellenbewegung. Das Auf und Ab wiederholt sich in der Unterstimme. Der Mittelteil durchbricht das anfängliche Kompositionsprinzip. Die fließende Bewegung fällt an mehreren Stellen zusammen. Völlig kehrt die Anfangs-Gestik auch mit Wiedererreichen des Tempo primo und der Tonika F-Dur letztendlich nicht zurück. Im Ganzen zeigt sich Wiecks „Notturno" inniger, expressiver und kompositorisch stärker durchgeführt als etwa die vergleichbare „Romanze" aus op.5.

Die nachfolgende dreiteilige „Ballade" bleibt im gewählten Zeitmaß Andante con moto und beginnt im tonverwandten d-Moll. Im Mittelteil ist die Tonika D-Dur erreicht. Der Schluß-teil arbeitet mit rhythmischen und melodischen Motiven des Anfangs.

Aus op.6 spricht überdeutlich eine talentierte Komponistin. Die „Soirées" sind Klaviermusik von Rang und lassen Weiteres erwarten. Schumann vergleicht die Stücke op.6 klarsichtig mit „Knospen ... ehe sie die Farbenflügel in offener Pracht auseinander treiben, zur Betrachtung fesselnd und bedeutend, wie alles, was eine Zukunft in sich birgt". In seiner Besprechung der „Soirées" lobt er sie „seltsam verschlungene Arabesken" von „träumerisch, vertieftem Wesen". Dem Konzertpublikum bleiben Clara Wiecks Kompositionen verschlossen. Man(n) will die Pianistin Clara Wieck, keine Komponistin - falls Frauen überhaupt komponieren können, das gilt ja noch nicht als bewiesen!

Robert Schumann bildet da keine Ausnahme. Richtig, er ist entzückt über Clara Wiecks Kompositionen. Sie eifert ihm nach, das ist klar und das schmeichelt ihm. Aber er schließt sich nicht aus dem allgemeinen Vorurteil gegenüber Frauen-kompositionen aus. Seine Kritiken zu Werken diverser Komponistinnen (einschließlich Clara Wiecks) sind durchweg herablassend-nachsichtig geschrieben. Die Kritik zu einer Sonate von Delphine Handley leitet er folgendermaßen ein: „Tritt nur näher, zarte Künstlerin, und fürchte dich nicht vor dem grimmigen Wort über dir! Der Himmel weiß, wie ich in keiner Hinsicht ein Menzel, sondern eher wie Alexander bin, wenn er nach Quintus Curtius sagt: „Mit Frauen kämpfe ich nicht; nur wo Waffen sind, greife ich an"."

Frauenkompositionen scheinen ihm bestenfalls von „lieblicher Mädchenklugheit" zu sein, eben keine Werke von Beethovenscher, titanischer Kraft. Seine kurze Rezension zu Claras Soirées spricht zwischen den Zeilen aus: Frauenkompositionen lassen tiefe Inspiration und echte genialische Phantasie vermissen, es sind halt nur Knospen, keine Blüten. Wie Friedrich

Wieck den Kompositionen gegenüber steht, ist nicht bekannt. Er sieht sie zumindest als nötig im Rahmen einer allgemeineren Ausbildung seiner Clara. Daß es der Tochter an Allgemeinbildung fehlt, erkennt er nun klarer als zuvor. Ab 1834 - Clara ist immerhin schon fünfzehn - erhält sie Unterricht in Englisch und Französisch. Der Vater plant weitere Konzertreisen, da sind Sprachkenntnisse von Vorteil, das hat Wieck aus dem Pariser Fiasko von 1832 gelernt. Auf ihren späteren Englandreisen, deren erste 1856 und letzte 1888 stattfinden, kann die Pianistin auf dieses Sprachwissen zurückgreifen. Daneben wird Clara in Instrumentation und Gesang ausgebildet. Kenntnisse auf weiteren Gebieten hält Friedrich Wieck für unnütz. Seine Tochter ist und bleibt Musikerin. Das dafür notwendige Handwerkszeug gibt er ihr gerne mit, alles andere braucht sie nicht zu wissen.

Wieck hat eine zweite Lehre aus dem Pariser Mißerfolg gezogen, nämlich daß Clara sich um die immer populärer werdende Musik Beethovens bemühen soll. Robert Schumann ist nicht schuldlos an diesem Plan! Seit Jahren versucht er, Wieck für Beethoven und die übrigen 'Klassiker' zu gewinnen. 1837 triumphiert sie in Berlin mit ihrem Beethoven-Vortrag. Der 'Klassiker' befindet sich auch auf ihrer nächsten Tournee nach Prag in ihrem Repertoire. Die Kritiker sind voll des Lobs für die junge Pianistin. Nun heißt es nicht länger, sie hätte Kraft genug, aber ihr fehlte das Tiefsinnige, nein, jetzt lobt die Fachwelt überschwenglich ihr durchgeistigtes Spiel! Die mühevolle, quälende Zeit des Studiums beginnt sich endlich auszuzahlen. Clara Wieck steht vor ihrem Durchbruch als Pianistin von Weltrang.

Im Davidsbund

Sehr zum Ärger Friedrich Wiecks spielt Clara mehrmals Werke Robert Schumanns. Der „Carnaval" zum Beispiel hat riesigen Erfolg. Clara Wiecks Einsatz für Schumann und Wiecks Zorn haben ihren Grund: Seit ungefähr zwei Jahren sind Robert Schumann und Clara Wieck ein Liebespaar. Die Liebesgeschichte beginnt damit, daß sich Clara und Robert künstlerisch enger zusammenschließen. Die gegenseitigen Widmungen und Werkzitate sprechen zunächst vom künstlerischen Respekt voreinander. Seinen „Doppelgänger" nennt der Komponist die junge Virtuosin scherzhaft. Schumann bezieht sich dabei allerdings weniger auf die Komponistin als vielmehr die Pianistin Clara Wieck, die mehr als andere geeignet scheint, seine Kompositionen zu interpretieren. Sie versteht sich dagegen sehr selbstbewußt als Kompositions-Kollegin Schumanns. Dessen Scherz vom Doppelgänger (ausgehend von einer E.T.A. Hoffmann-Erzählung) greift Clara Wieck ernsthaft auf: Sie ist Schumanns Doppelgänger, an Talent ebenbürtig, Musikschaffende wie er! Im Juli 1833 berichtet sie ihm von der Komposition eines Doppelgängerchors. Einen Monat später schreibt sie in ihrem Widmungsbrief zu den Variationen op.3: „Sie werden übrigens auf dem Titel dieser meiner Romanzen bemerken, daß mein Doppelgänger nicht vergessen ist, ohne daß ich ihn bestellt habe. Sollte dieß vielleicht ahnden lassen, daß meine Doppelgängercompositionen mehr versprechen werden?" Robert Schumann bemerkt bald, daß Clara „gewachsen ist", ein „feines, hübsches Gesichtchen" hat und ihm „höher und fremdartiger" erscheint. Ihm wird wohl kaum entgangen sein, daß das pubertierende Mädchen für ihn schwärmt, was ihm nicht wenig schmeichelt.

Friedrich Wieck ist nicht sehr erbaut von Claras Jungmädchenschwärmerei, wenn er auch noch keine echte Gefahr in Robert Schumann wittert. Nachdem Clara gemeinsam mit ihrer besten Freundin Emilie List konfirmiert wurde, schickt Wieck seine Tochter nach Dresden. Vielleicht kuriert die Entfernung zu Schumann die junge Pianistin von ihrer ersten Verliebtheit, so hofft der Impresario Wieck. Clara soll bei einem dortigen Musikpädagogen ihre theoretischen Studien fortsetzen. Ein paar bescheidene Stunden hat sie bereits 1833 bei Musikdirektor Dorn genießen dürfen, allerdings keinen Kompositionsunterricht, um Gottes Willen, bloß eine Übersicht über Kontrapunkt und Harmonielehre.

Von Dresden aus schickt Clara Wieck ihre sehnsüchtigen Wünsche an Robert: daß er an sie denken möge und den „festen Entschluß fasse, nach Dresden zu kommen" - deutlicher kann eine Fünfzehnjährige ihren Gefühlen wohl kaum Ausdruck geben. Der 'ferne Geliebte' in Leipzig wird immer hellhöriger; „Clara ist in Dresden und entwickelt sich immer genialer; ihre Briefe ... sind merkwürdig geistvoll", vertraut er seiner Mutter an.

Für ihn gehört Clara Wieck schon längst mit zu seinem exklusiven 'Davidsbund'. Der 'Davidsbund' ist weniger eine musikalische Bewegung als vielmehr eine literarische Idee Robert Schumanns. Zum Davidsbund zählt Schumann nicht nur befreundete Musiker seiner Umgebung wie etwa Felix Mendelssohn (im Davidsbund unter dem Namen Meritis) oder Friedrich und Clara Wieck (Meister Raro und Chiarina/Zilia), sondern auch den entfernten Chopin, das große Vorbild Paganini, Beethoven gehört dazu und auch der Dichter Jean Paul. Der Davidsbund ist Schumanns Bestätigung, die Legitimation seiner neuen Ansichten über Musik. Er steht damit den Gegnern seiner Rezensionen und seiner Musik nicht allein gegenüber (wie es tatsächlich ist, denn Schumann ist musikalischer Einzelgänger), sondern hat den Davidsbund als vermeintlichen Rückhalt: „Seht her, da gibt es Viele, die es so meinen wie ich, da gibt es einen ganzen Bund, die so sind wie ich, Chopin und Mendelssohn und Wieck!" Besonders Felix Mendelssohn fühlt Robert Schumann sich tief verbunden.

Schumanns musikalisches Ideal ist eine 'poetische Musik', die fähig ist zu erzählen, zu sprechen. Hohe Ausdruckskraft ist Grundelement einer solchen Musik. Schumann, der der Dichtkunst sehr nahe steht und sich seit seiner Jugend in schriftstellerischen Arbeiten versucht, geht davon aus, daß 'wahrer Musik' dieselben künstlerischen Bedingungen zugrunde liegen wie literarischer Sprache: Empfindung, Bilderreichtum, Phantasie. Seine Musik beruht auf einer tiefen Verwandschaft zu lyrischen Empfindungen; sein musikalisches Werk ist bildbezogen, genau wie ein Poem. In den Werken des jungen Komponisten Felix Mendelssohn Bartholdy glaubt Schumann seine poetische Musik gefunden zu haben. „Und wenn auch den Davidsbündlern die meisten Jugendarbeiten Mendelssohns wie Vorarbeiten zu seinen Meisterstücken ... vorkommen, so findet sich doch im einzelnen so viel Eigentümlich-Poetisches, daß die große Zukunft dieses Komponisten allerdings mit Sicherheit vorauszubestimmen war", schreibt Schumann zu Mendelssohns „Sonate" op.6. Zu den „Capricen" op.33 des Berliner Komponisten zieht er beschreibend direkte Vergleiche zur Literatur: „die mittlere" der Capricen „vor allem liebe ich ... und halte sie für eine Genie ... Da spannt und tobt nichts, spukt kein Gespenst, neckt nicht einmal eine Fee; überall tritt man auf festen Boden, auf blumigen deutschen; ein Waltscher Sommerflug über Land aus Jean Paul ist es". Die „Fugen" op.35 scheinen ihm „nach Dichterweise ausgeführt". Schumann gibt einer natürlichen, empfindungsreichen Musik den Vorzug; Mendelssohns Werke erscheinen ihm „lauter und empfindungsschön". Die beiden Komponisten verbindet mehr als eine ähnliche Musikanschauung. Beide entstammen der bürgerlichen Gesellschaft; Schumann, dessen Vater eine Buchhandlung besaß, der mittleren Schicht, Mendelssohn Bartholdy, Sohn eines Bankiers, Enkel des Philosophen Moses Mendelssohn, dem Großbürgertum. Für beide bildet ihre soziale Einbindung Basis ihres Selbstbewußtseins als bürgerliche Musikschaffende der Romantik. Und so weit ihre Schaffensbedingungen voneinander abweichen - der erfolgreiche

6 Felix Mendelssohn Bartholdy, Roberts und Claras Freund ,Meritis', um 1846.

Mendelssohn, das pianistische Wunderkind, der Förderer einer Bach-Renaissance, mit vierundzwanzig Jahren Düsseldorfer Musikdirektor, 1835 Gewandhausdirigent, Gründer des Leipziger Konservatoriums, ab 1842 preußischer Generalmusikdirektor einerseits, der zeitlebens unpopuläre Schumann andererseits - in einem Punkt sind sie gleich: Beide sind Außenseiter; Mendelssohn steht trotz Ruhm und Anerkennung als konvertierter Jude am Rand der Gesellschaft, Robert Schumann bleibt ein musikalischer Einzelgänger, am Rand der Musikgesellschaft gewissermaßen.

1835 kommt Felix Mendelssohn nach Leipzig und löst bei Robert Schumann und Clara Wieck wahre Begeisterungsstürme aus. Schumann berichtet in den „Schwärmbriefen" seiner Neuen Musikzeitung sofort von seinem Eindruck über den neuen Dirigenten: „Da hättest du den Meritis mit dem Mendelssohnschen g-Moll-Konzert spielen sehen sollen: Der setzte sich harmlos wie ein Kind ans Klavier hin, und nun nahm er ein Herz nach dem anderen gefangen und zog sie in Scharen hinter sich her". Von nun an gehört Mendelssohn endgültig zu den Davidsbündlern und zum engsten Freundeskreis Claras und Roberts. In seinem „Carnaval" op.9 setzt Schumann dem Davidsbund ein Denkmal. Einzelne Nummern tragen Namen der Mitglieder: „Eusebius und Florestan" (=Robert Schumann), „Chiarina", „Chopin" und „Paganini" tauchen auf; hinter den „Papillons" verbirgt sich ein Rückblick auf die „Papillons" op.2 und damit auf Jean Paul, dessen Roman „Flegeljahre" die Komposition inspirierte. Am Schluß erklingt der „Marsch der Davidsbündler gegen die Philister".

Ein Name des Davidsbunds ist noch unbekannt: Estrella. Wer ist Estrella? Niemand anderes als Ernestine von Fricken, eine Schülerin Wiecks und im Jahr 1834 Schumanns Geliebte. Ja, die enge künstlerische Verbindung mit Clara Wieck hindert Schumann nicht daran, sich in Liebesdingen anderweitig umzusehen. Die Tochter des Hauptmann Freiherr von Fricken, eine hübsche und liebenswerte Achtzehnjährige, reist im April 1834 nach Leipzig, um bei Friedrich Wieck Klavierunterricht zu nehmen. Da sie bei Wiecks wohnt, freunden sie und Clara sich rasch an. Clara vertraut ihr an, daß Schumann ihr „der Liebste unter all unserer Bekanntschaft" sei. Ernestine, die anscheinend wegen eines Liebesverhältnisses in ihrer Heimat Asch vom Vater zu Wieck in Pension geschickt wurde, betrachtet den Komponisten von nun an mit besonderem Interesse. Schumann, empfänglich für alles Liebenswerte, ist Ernestine ganz und gar nicht abgeneigt. Eine Zeitlang hat er die Qual der Wahl, denn Claras beste Freundin Emilie ist auch nicht zu verachten: „Dazu sind noch in unseren Kreis zwei herrliche weibliche Wesen gekommen, die eine ... die sechzehnjährige Tochter des amerikanischen Consuls List, Emilie ... die andere, Ernestine ... ein herrlich reines, kindliches Gemüth, zart und sinnig ... richtete die Zukunft an mich die Frage: Wen würdest du wählen? - ich würde fest antworten: diese". Er verlobt sich mit Ernestine-Estrella. Clara ist gekränkt: „Du sprachst immer nur mit ihr, wenn sie kam und mit mir triebst Du bloß allerlei Kurzweil. Das schmerzte mich nun doch nicht wenig", erinnert sie sich später; 1834 schreibt sie dem „lieben Herrn Schumann" vorwurfsvoll: „Ist das aber erlaubt, Herr Schumann, so wenig Aufmerksamkeit für eine Freundin zu haben und ihr nicht einmal zu schreiben".

Aus der Verlobung wird zum Glück nichts. Laut offizieller Version ist die Herkunft Ernestines, einer Adoptivtochter Baron von Frickens, zu undurchsichtig, Schumanns Mutter mit dem Verlöbnis nicht einverstanden. Wahrscheinlicher ist, daß Schumann von Ernestines Vergangenheit erfahren hat und sie deshalb als seine Ehefrau, die er sich als tugendhaft und rein vorstellt, nicht mehr in Frage kommt. Seine Liebschaft mit ihr setzt er dennoch bis zum Jahr 1838 fort - ohne Claras Wissen. Clara unternimmt inzwischen eine Wintertournee, die über Magdeburg, Schönebeck, Halberstadt, Braunschweig, Hannover nach Hamburg führt. In den letztgenannten Städten feiert sie ihre größten Erfolge. In Braunschweig verliebt sie sich - oder glaubt es zumindest - in den jungen Cellisten Theodor Müller. Dem schiebt Friedrich Wieck allerdings sogleich einen Riegel vor, und so bleibt die Verliebtheit eine Episode. Natürlich sorgt Clara dafür, daß Robert Schumann von ihren neuen Gefühlen erfährt; soll er doch eifersüchtig werden, soll er doch wissen, daß er für sie nicht der einzige Mann auf der Welt ist!

Schumann besinnt sich tatsächlich erneut auf die kleine Wieck, hält sie jetzt für genial und geistvoll. In ihren Augen glaubt er „einen heimlichen tiefen Strahl von Liebe" zu sehen. An Claras sechzehntem Geburtstag gestehen beide einander ihre Zuneigung. Der emphatische Schumann kann sein Glück nicht verbergen. Friedrich Wieck ahnt rasch, daß Claras Schwärmerei für Schumann größere Ausmaße angenommen hat. Anfänglich ist Wieck gar nicht gegen eine Beziehung der beiden.

1837 steht erneut eine längere Konzertreise Friedrichs und Claras ins Haus. Ihre erste Station ist Berlin, das sie Anfang Februar erreichen. Clara Wieck darf ihre hier lebende Mutter, nun eine verheiratete Bargiel besuchen. Der Vater begleitet sie. Während die Pianistin bei der Mutter sitzt oder anderswo Besuche macht, spielt Friedrich Wieck seine Rolle als Konzert-impresario. Mit den üblichen Schwierigkeiten: Erst einmal müssen die Konzerte polizeilich genehmigt werden, „fünfmal muß eine Anzeige Censur passieren", schimpft Wieck, „großes Concert ist hier gar nicht zu geben, denn das würde ein Halbes Menschenleben kosten"; dann die Kritiker, die Clara nichts gönnen und schon im voraus Stimmung gegen sie machen. Das Publikum zeigt sich aller Intrige zum Trotz von der bezaubernden Pianistin begeistert.

Am 27. März reisen Vater und Tochter weiter nach Hamburg, wo Clara Wieck am 1., 8. und 12. April auftritt. In Bremen gastieren sie vom 17. bis 27. April, von dort geht es über Hannover und Braunschweig heimwärts. Von Bach stehen Fugen auf ihrem Programm, Notturnos, Etüden und Mazurken von Chopin, Capricen und Lieder ohne Worte von Mendelssohn. Mit Adolph Henselts Variationen über eine Arie aus Gaetano Donizettis Oper „Liebestrank" darf sie brillieren, mit ihren Kompositionen, den „Soirees musicales" und „Bravour-Variationen über 'Der Pirat' von Vincenzo Bellini" glänzen. Nur eines darf sie nicht - Werke Robert Schumanns spielen, da Wieck inzwischen herausgefunden hat, daß sich die beiden verheiraten möchten, und er dies um jeden Preis unterbinden will! Das stellt das Verhältnis zwischen Vater und Tochter auf eine harte Probe. Wieck beschimpft Clara im Tagebuch und in Briefen als faul, undankbar, sie habe „jede Spur von Eitelkeit verloren", solle ihr Virtuosentum lieber aufgeben! Überhaupt sei die ganze Konzertreise für die Katz gewesen, Berlin sei ein „Sündenpfuhl", die Musiker voll „lügenhafter Bosheit ... Hinterlist ... entsetzlicher Gemeinheit ... Schamlosigkeit"!

Zurück in Leipzig sieht Clara Wieck ihren Robert kaum. Er glaubt manchmal, ihre Liebe verloren zu haben und ist tief deprimiert. Er kann nicht ahnen, daß Friedrich Wieck jede Begegnung, jedes schriftliche Lebenszeichen untergräbt, daß er Clara Briefe Roberts vorenthält und ihr unaufhörlich predigt, ihre Tochterpflichten zu erfüllen. Als Clara Robert endlich heimliche Briefchen über Eingeweihte schicken kann, entschließt sich Robert zu einem gewagten Schritt; er bittet Wieck um Claras Hand: „Finden Sie mich ... bewährt, treu und männlich, so segnen Sie dieses Seelenbündnis". Wieck lehnt ab. Seine Argumente gegen eine voreilige feste Bindung sind auch keine haltlosen Forderungen eines despotischen Patriarchen und Beutelschneiders des emanzipationsfeindlichen 19. Jahrhunderts, wie es manche Clara Schumann-Literatur detailreich schildert, sondern noch heute verständliche Vorbehalte besorgter Eltern: Tatsache ist, Clara Wieck ist sehr jung und viel jünger als Schumann; Tatsache ist, daß Robert Schumann kein regelmäßiges Einkommen besitzt, daß er Neigungen zeigt, die bedrohlich werden können, seine Vorliebe für Alkohol beispielsweise; Tatsache ist, daß Wiecks beginnende Karriere durch die Heirat mit Schumann schlagartig unterbrochen wäre, denn Robert läßt in seinen Äußerungen durchblicken, daß er seine Zukünftige nicht als Virtuosin reisen lassen wird. Friedrich Wieck fordert daher berechtigterweise, die beiden sollten noch einige Jahre mit dem endgültigen Schritt warten und Schumann in dieser Zeit ein Kapital ansammeln, das ein einigermaßen gesichertes Leben böte. Er rät seinem Lieblingsschüler zu einer großen Komposition, einer Sinfonie etwa, die in der Mode läge und sich gut verkaufen ließe; kleinere Werke, wie Schumann sie bis dato komponiert hätte, brächten zu wenig ein. - Doch, die Figur des bösen, eifersüchtigen Wieck eignet sich natürlich besser zur wirkungsvollen Clara-Robert-Romantik als der reale Tatbestand, ein verzeihlicher, da so leicht durchschaubarer Kunstgriff der Clara Schumann-Romane.

Clara Wieck sieht die Gründe des Vaters ein. Sie fügt sich Friedrich Wieck, sie will noch einige Zeit abwarten, denn sie kennt selbst Schumanns finanzielle Lage. Sie beschwört den Geliebten um Geduld: „Zweifeln Sie noch an mir? Ich verzeih es Ihnen, bin ich doch ein schwaches Mädchen! ja schwach: aber eine starke Seele hab ich - ein Herz, das fest und unveränderlich ist ... Vater hab ich versprochen heiter zu sein und noch einige Jahre der Kunst und Welt zu leben. So manches werden sie von mir hören, mancher Zweifel wird sich bei Ihnen regen, wenn sie dies oder jenes erfahren, doch dann denken Sie

- Alles das thut sie ja für mich". Die Pianistin weiß genau, daß sie jetzt erst am Beginn ihrer Karriere steht; mit Beethoven und Chopin im Repertoire hat sie Erfolg. Langsam zahlen sich all die endlosen Übungsjahre aus - für Vater und Tochter.

Clara Wieck hat inzwischen mit Schumanns unkontrollierten Gefühlsausbrüchen Bekanntschaft gemacht. Seine exzessiven Alkoholphasen erschrecken sie. Übereilt fordert Schumann Claras Hand. Mit pathetischen Liebesschwüren und Selbstmorddrohungen wendet er sich brieflich an Clara und Friedrich Wieck. Überlegte, klare Diplomatie wäre Friedrich Wieck gegenüber sicher angebrachter gewesen. „Sie haben unsere Zukunft in der Hand", „vernichten oder segnen Sie", „ein Unglück geschieht, wenn Sie nein sagen", ist der Tenor aus Schumanns Briefen. Logischerweise fühlt sich Friedrich Wieck erpresst. Die Fronten zwischen den Männern verhärten sich, vor allem da Wieck sieht, daß Robert zwar schöne Worte über die Zukunft schreibt, aber de facto nichts für eine gesicherte Existenz unternimmt. Die Tochter weiß das ebensogut wie ihr Vater; sie bittet den Geliebten: „Auch ich hab über die Zukunft nachgedacht und das recht ernstlich. Das Eine muß ich Dir doch sagen, daß ich nicht eher die Deine werden kann, ehe sich nicht die Verhältnisse noch ganz anders gestalten ... doch aber will ich ein sorgenfreies Leben führen und ich sehe ein, daß ich unglücklich sein würde, wenn ich nicht immerfort in der Kunst wirken könnte ... Also, Robert, prüfe Dich, ob Du im Stande bist, mich in eine sorgenfreie Lage zu versetzen". Gleichzeitig versucht sie, zwischen beiden Männern zu vermitteln. Den Vater will sie milde stimmen. Vielleicht wird doch noch alles gut?

Gewiß, meint ihr Vater zu ihren zagen Vermittlungsversuchen, Robert Schumann zeigt in einigen seiner Unternehmungen Zielstrebigkeit, seine „Zeitschrift für Musik" ist ausbaufähig und erzielt regelmäßige, wenn auch nicht hohe Gewinne. Aber diese verteufelte Phantasie! Nach dem Selbstmord seiner Schwester Emilie, nach dem plötzlichen Tod seines Bruders und seiner Schwägerin im Jahr 1833, warf es Schumann da nicht derart aus der Bahn, daß er einmal bekannte: „In der Nacht ... kam mir auf einmal der fürchterlichste Gedanke, den je ein Mensch haben kann ... der, den Verstand zu verlieren". Solche Vorstellungen übersteigen das Maß normaler Trauer und Erschütterung. Nein, Schumann ist Wieck zu labil! Dieser 'Tollkopf' und 'Viertelfaust' ist dem geradlinigen Wieck einfach zu fremd, außerdem unvermögend und viel zu willensschwach. Er imponiert ihm auch nicht mehr länger als Künstler, da er offenbar unfähig ist, Großes zu schaffen. Die psychologischen Biographien sehen den Grund in Wiecks übertriebener Eifersucht, die Ausdruck eines gestörten Selbstwertgefühls sei. Und dann: Wieck will seinen 'Goldesel' Clara nicht so mir nichts, dir nichts einem anderen überlassen, hier geht es um materielle Vorteile oder Verluste. Der Streit um Clara ist in der Tat in erster Linie ein Streit um Besitz, so nüchtern und erschreckend prosaisch diese Wahrheit auch sein mag. Es dreht sich ums Geld. Clara ist eine Kapitalanlage. Für beide Männer. Eine Eheschließung im 19. Jahrhundert ist immer eine ökonomische Aktion, sogar wenn Mann und Frau einander lieben, was wohl in den wenigsten Fällen die Voraussetzung ist. „Glauben Sie mir", schreibt Robert an Clara über ihren Vater, „er wirft Sie dem Ersten Besten zu, der Geld und Titel genug hat". Robert seinerseits rechnet fest mit Claras Kapital, das sie in die Ehe einbringt. Aber dem schiebt Wieck einen Riegel vor: 2000 Taler brauche seine Tochter jährlich, die solle Schumann erst einmal beibringen, ihr Kapital behalte er vorerst zurück! Robert wiederum exerziert seinem Clärchen vor: Dein Vermögen 4.000 Taler, mein Vermögen 10.040 Taler, zusammen 14.040 Taler macht 560 Taler Zinsen jährlich plus 824 Taler Jahreseinnahmen, also alles in allem ein Jahreseinkommen von 1.384 Taler - „Bin ich nicht ein Rechenmeister"! Wieck präsentiert eine Gegenrechnung: Von Claras Kapital will er 2.000 Taler behalten, gegen Zahlung von weiteren 1.000 darf sie ihre Sachen und Instrumente mitnehmen, außerdem soll Robert Clara 8.000 Taler überschreiben.

Und er geht noch weiter. Friedrich Wieck verrennt sich in ein wütendes Intrigenspiel: Er spielt Clara gefälschte Briefe zu, in denen er Schumann verleumdet und zahllose Affären andichtet, er versucht, jeden Kontakt zwischen den beiden zu unterbinden. Zu dem Zweck jagt er die Tochter von Konzert zu Konzert; er schreckt nicht vor verbalen Attacken und Drohungen gegen Clara zurück, die diese in große Angst und Unsicherheit stürzen und tatsächlich für einige Zeit das Verhältnis zwischen Clara und Robert trüben. Ja, er versucht sogar, sie mit anderen Männern, dem Cellisten Carl Banck beispielsweise, zusammenzubringen. Soll sie sich verlieben! Vielleicht wird's was und der unselige Schumann ist, sozusagen auf natürliche Art und Weise, aus dem Spiel! Als ihre leibliche Mutter, in zweiter Ehe mit dem unbedeutenden Musiker Adolph Bargiel verheiratet, sich hinter Clara stellt, verhärtet sich Friedrich Wiecks Herz nur noch mehr. Es sei doch eindeutig, daß seine Tochter systematisch gegen ihn aufgehetzt werde, tobt er.

Mitten in den Brautgelddisput hinein unternimmt Wieck eine weitere Tournee mit Clara. „Nun muß ich mich trennen von dem was mir das Liebste. Leb denn wohl - keine Minute, wo ich nicht Deiner gedenke", schreibt das Mädchen verzweifelt am Tag vor seiner Abreise an den Geliebten. Sieben Monate würde die Trennung dauern. Mitte Oktober 1837 wird die Konzertreise nach Wien angetreten. Die erste Station ist Dresden, wo Clara höchst eigenmächtig Schumanns „Carnaval" spielt. Weiter geht es nach Prag. Dort läßt sich die Pianistin in drei Konzerten hören, jedesmal mit triumphalem Erfolg. Im Dezember sind Vater und Tochter in Wien. Überall schreit ihnen die Begeisterung entgegen; so viel Erfolg beim Wiener Publikum wird Clara erst wieder 1856 und dann noch einmal 1868 zuteil werden, als sie die Stadt gemeinsam mit Johannes Brahms besucht. Vielleicht hat Clara Wieck zum Zeitpunkt ihrer Tournee von 1837 bereits die Idee, Schumann als Redakteur zur „Wiener Musikzeitung" zu bringen. Sie ist sich darüber im klaren, daß sie die Initiative für den unrealistischen Schumann ergreifen muß. Das Wiener Publikum ist so freundlich zu ihr! Die Kritik überschwenglich! Der große österreichische Lyriker und Dramatiker Franz Grillparzer verfaßt ein Gedicht „Clara Wieck und Beethoven"! Sollten die Wiener nicht auch ihren Robert ins Herz schließen? Sie tut, was sie kann, seinen Namen überall bekannt zu machen. Den Dichter Grillparzer lädt sie mit dem Hinweis ein: „In diesen Tagen spiele ich mehreren Kennern den Carnaval von Robert Schumann vor, ein schönes lebendiges Bild in Tönen, darf ich Sie dazu einladen". Dem weltberühmten „Paganini des Klaviers", Franz Liszt, den sie eben kennenlernte, spielt sie Schumanns Kompositionen vor: „Ich hatte noch das Glück, die junge und höchst interessante Pianistin Clara Wieck kennen zu lernen", erinnert sich Liszt später, „ihr Talent entzückte mich".

Der Briefwechsel mit Robert wird immer intensiver. Das Liebespaar beschließt im März 1838, sich auch ohne das Einverständnis Wiecks zu binden; „also Deine Hand", schreibt Robert, „es ist beschlossen, reiflich von mir bedacht, mein sehnlichster Wunsch, unser Ziel - Wien". Im Mai ist Clara wieder in Leipzig. Das böse Spiel um sie geht weiter. Jetzt verlangt Wieck, Schumann solle in einer anderen Stadt sein Glück machen, dann gäbe er seine Einwilligung. Daraufhin reist Schumann im Herbst nach Wien. Aber - Erfolg hat er nicht. Eine Sinfonie hat er ebenfalls noch nicht zustandegebracht. Wunderschöne Klavierstücke, ja, die „Kreisleriana", die „Kinderszenen", Noveletten, Romanzen, alles sehr innig, sehr intim, aber nichts für den Konzertsaal, nichts, das sich verkaufen ließe! Schumann ist enttäuscht und will wenigstens die Heirat mit Clara gerichtlich erzwingen. Clara Wieck, des jahrelangen Hin und Hers müde, stimmt schließlich zu.

Friedrich Wieck versucht eine letzte Probe und schickt Clara ganz allein auf eine Konzertreise nach Paris. Wieder bleiben dem Paar nur ihre Briefe, in denen sie sich immer wieder ihre Liebe versichern. „Mein Herz spricht noch so vieles", „ich liebe Dich ja", „ich geh mit Dir wohin Du willst und in den Tod", schreibt Clara; „Du hohes, liebliches Mädchen

Du", „mein Clärchen", „Du meine Geliebteste", antwortet
Robert. Eine Frau kann im 19. Jahrhundert nicht ohne Begleitung reisen oder ausgehen, ohne ihren 'guten Ruf' aufs Spiel
zu setzen; Künstlerinnen reisen daher stets in Begleitung der
Väter, Ehemänner, Freundinnen, zumindest mit einer extra
gemieteten Begleiterin. Und so fährt Clara in Begleitung einer
„fremden Französin" über Hof, Nürnberg, Ansbach, Stuttgart
und Karlsruhe nach Paris. Entgegen dem väterlichen Willen
hat sie Kompositionen Schumanns dabei und spielt sie in
jedem ihrer Konzerte.

Die Auftritte lassen sich gut an, trotz diverser organisatori-
scher Schwierigkeiten, mit denen Clara zum ersten Mal persönlich konfrontiert wird. Eine reisende Frau mit nur weiblicher Begleitung ist der Willkür aller ausgesetzt. Mietet sie ein
Zimmer, gibt man ihr das schlechteste, mietet sie einen Flügel,
gibt man ihr den schlechtesten. Die eingesessenen Musikgrößen der jeweiligen Konzertstadt haben leichtes Spiel mit der
auswärtigen, weiblichen Konkurrenz, die man schlichtweg
nicht ernst nimmt. In Nürnberg erwartet Clara die erste
Schwierigkeit dieser Art: „das Orchester hat abgesagt zu spielen ... alle Briefchen ... muß ich selbst schreiben; Freibillete her-
umschicken, Stimmer, Instrumententräger besorgen und dabei
studieren". Das alles unter den Augen der Französin, die
Clara im Verdacht hat, eine Spionin des Vaters zu sein, der
sich ihrer Vermutung nach in Leipzig köstlich über die Schwierigkeiten seiner Tochter amüsiert. Von Stuttgart aus wird
Clara von einer neuen Freundin, Henriette Reichmann begleitet, kann also Distanz zur väterlichen Agentin wahren. In Paris
angekommen trifft sie auf Emilie List. Mit Pauline Garcia,
einer französischen Sängerin, die sie im Sommer '38 in Leipzig
kennenlernte und ins Herz schloß, wohnt sie zusammen im
Hôtel Michadière, Rue Michadière Nr.7. Damit hat sie wenigstens Freundinnen um sich. Doch mit der Organisation und
allem anderen fühlt sich Clara bald überfordert: „Recht viele
Sorgen drücken mich jetzt und das wegen meines Aufenthalts
hier ... Sonderbar ist es, daß jetzt alle hiesigen Clavierspieler

und Spielerinnen Concerte angesetzt haben! Wollen sie mich vielleicht abschrecken".

Dennoch ist ihr Auftritt in Paris erfolgreich. Die Kritiken sind erfreulich und sie schlemmt in musikalischen Genüssen, die ihr Oper und Konzert bieten. Heinrich Heine, Giacomo Meyerbeer, die überragenden französischen Opernkomponisten Daniel-Francois-Esprit Auber und Jaques Fromental Halevy ... alles Bewunderer Clara Wiecks. Frédéric Chopin schreibt über sie an einen Freund: „Wenn Clara Wieck Dir gefallen hat, so ist es gut - denn sie spielt, wie man es nicht besser kann - wenn Du sie sehen solltest, grüß sie von mir".

Paris bedeutet auch die Möglichkeit, Geld für die gemeinsame Zukunft mit Schumann zu beschaffen. Durchschnittlich 500 Taler erspielt sich Clara Wieck pro Konzert; genau kann man ihre Einkünfte nicht errechnen, denn oft erfolgt die Entlohnung auf Soireen etc. nicht in Barem, sondern üblicherweise in wertvollen Geschenken. Am Stuttgarter Hof beispielsweise wird ihr ein „schöner werthvoller Schmuck, ganz nach ihrem Geschmack" überreicht. Schumann legt ihr Vermögen jedenfalls auf 4.000 Taler fest.

Der Weg scheint geebnet ... „noch einmal trete ich im Verein mit Clara vor Sie mit der Bitte um ihre Einwilligung", schreibt Schumann an Wieck.

„Frauenliebe und -leben"

Ein voller Saal im Stadthaus zu Weimar. So etwa können wir uns die Szene vorstellen: die Luft, drückend
unter den Gerüchen und Ausdünstungen der Menschen, erfüllt
mit heimlichem Getuschel. „Sie heiratet jetzt ihren Komponisten" - „Ja, ja, der Vater mußte klein beigeben" – „was für eine
romantische Liebesgeschichte!" – „Haben Sie gehört, die
Großherzogin hat sie hier in Weimar empfangen und soll zu ihr
gesagt haben: ich wünsche Ihnen, daß Sie geliebt werden, wie
Sie es verdienen, ist das nicht hübsch?" Wohl unter solchen
oder ähnlichen Gesprächen erwarten die Menschen, die sich am
5. September 1840 zu einer Soiree versammelt haben, das
Erscheinen der Pianistin Clara Wieck. Sie alle treibt die Neu-
gier - wie sieht das Mädchen aus, dessen Liebesgeschichte sogar
die fürstlichen Herzen rührt, die „anmuthsreiche, unschulds-
volle Herrin" des Klaviers, wie Franz Grillparzer gedichtet hat!
Seit Anfang August reist Clara Wieck in Begleitung einer
Tante kreuz und quer durch Thüringen, glücklich wie noch
nie. Am 1. August hat das Gericht sein vorläufiges Urteil
gesprochen: Robert Schumann darf Clara Wieck heiraten. Der
Vater hat noch etwa eine Woche Zeit, Widerspruch einzulegen,
dann ergeht das endgültige Urteil. Und so reist die junge Frau
unruhig wegen der langen Wartezeit, aber unendlich froh
Richtung Jena, wo sie am 8. August ein Konzert gibt. In Jena,
das in besseren Zeiten einmal Hauptstadt des Herzogtums
Sachsen-Jena war, nach seiner Einverleibung ins sächsisch-wei-
marische Reich jedoch zu einem unbedeutenden Kleinstädt-
chen schrumpfte, in Jena, vor dessen Toren der große Korse
Napoleon Bonaparte 1806 über die preußische Armee trium-
phierte, leben Musikenthusiasten ersten Ranges. So klein die
Stadt auch sein mag, die den heiligen Georg stolz im Wappen
führt, sie bereitet Clara Wieck einen überwältigenden Empfang. „Das Publikum hat ganz gewaltig geschrieen und

geklatscht, und das hat mir viel Freude gemacht", lacht die junge Braut. Ermutigt von so viel überschwenglichem Lob reist sie weiter nach Weimar.

Das Großherzogpaar hat hohen Besuch. Die Kaiserin von Rußland ehrt Weimar mit ihrer Anwesenheit. In ihrem Gefolge und zu ihrem Empfang bereit befinden sich mehrere höchste Fürsten und Fürstinnen, die Prinzessin von Preußen ist gleichfalls präsent. Daß die bezaubernde Wieck mit ihrem interessanten Liebesschicksal in Weimar gastiert, ist ein Glücksfall. Schließlich muß man der russischen Majestät etwas bieten. Daher kommt es, daß die Pianistin am Abend des 11. August am Hofe vor erlauchter Zuhörerschaft Beethoven vorspielen darf. Für Clara Wieck eigentlich eine Tortur, denn wie bei allen Staatsempfängen dient die Musik nur zur musikalischen Garnierung höfischen Prunks. „Bei lebhafter Konversation" und unter dem schrillen Gebell der Schoßhündchen sämtlicher Damen, allen voran der kleine Bologneser der Prinzessin von Preußen, absolviert Clara Wieck ihr Pensum. Nach dem offiziellen Akt findet sich allerdings ein kleiner Kreis zusammen, das Herzogpaar mit Kindern, die Prinzessin mit Bologneserhündchen, und widmet sich huldreich der Klavierspielerin, die dem geliebten Robert daraufhin schreiben kann, „der Abend war schön", „ich bin glückselig", trotz Konversation und Gebell.

Nach elf anstrengenden Konzerttagen erhält Clara Wieck endlich die Nachricht, das Urteil vom 1. August sei rechtskräftig. Mit Schumann macht sie den 12. September als Hochzeitstag aus. Inzwischen reist sie weiter. Es geht nach Gotha, wo sie ein Wohltätigkeitskonzert gibt; Wohltätigkeitskonzerte sind die beste Eigenreklame; auf jeder Konzertreise plant sie eines für Arme, Kranke oder Waisen ein, das hat der Vater auch so gehalten. Im Moment fühlt sie in ihrem Glück das rechte Bedürfnis, wohltätig zu sein.

Heute, am 5. September, tritt sie im Weimarer Stadthaus auf. Mehr als glücklich ... überglücklich. Gestern ist sie in der Residenzstadt angekommen, und wer steht zu ihrem Empfang

7 Ludwig van Beethoven. Clara interpretierte vorzugsweise die Klavierwerke des von ihr verehrten Komponisten.

bereit? Der „liebe Robert"! Er hat es vor Sehnsucht nicht mehr ausgehalten und sitzt nun unten im Saal, mitten in dem Menschengewühle. Die Soiree beginnt. Clara Wieck spielt Beethoven, eine Etüde von Henselt, Liszt, Chopins B-Dur-Mazurka und etwas von Thalberg. Nach den letzten Takten wird ihr doch etwas anders zumute; „das war mein letztes Konzert als Clara Wieck, und wehmütig ward mir ums Herz". Sie will eine gute Frau sein, ihrem Robert eine „gehorsame Cläre", aber läßt sich dieser fromme Wunsch wirklich mit ihrem Dasein als Künstlerin und gefeierte Virtuosin vereinen?

An einem schönen Septembertag findet in Leipzig der Polterabend statt, an dem Schumann seiner Braut die Liedkomposition „Myrthen" überreicht. Den Tag darauf - es ist der 12. September - wird das Paar in Schönefeld bei Leipzig getraut. Die Freunde von Robert Schumann sind versammelt, Claras „liebste, beste" Emilie List ist gekommen, die Mutter ist auch da, es wird gegessen, getrunken, getanzt - nur einer fehlt zum vollendeten Glück, das ist der verbitterte Friedrich Wieck.

Ein Tag nach der Hochzeit. Robert Schumann überreicht seinem „Herzensweib" ein Ehe-Tagebuch, in das „kömmt genau hinein, was Du vorzüglich studiert, was Du componiert, was Du Neues kennen gelernt hast ... dasselbe findet bei mir statt ... das Schönste und Herzigste aber ... Deine und meine schönen Hoffnungen, die der Himmel segnen wolle". Eines wird aus Robert Schumanns Tagebuch-Überlegungen sonnenklar: Haus- und Ehestandsdinge, Kinder, Clara als „von ganzer Seele ergebenes Weib" sind seine primären Anforderungen an ihre Beziehung; die Kunst gerät ein wenig ins Hintertreffen. Tatsächlich. Nach ungefähr einem halben Jahr ihrer Ehe beklagt sich Clara Schumann zum ersten Mal. Robert kümmere sich nicht genug um sie, sie könne, um ihn nicht bei der Arbeit zu stören, kaum Klavier spielen. Robert dagegen ist sehr entzückt von dem „lieben Weib", das Beethoven studiert, seine Symphonien ordnet, „nebenbei Goethes Leben" liest, „auch Bohnen schneidet, wenn's sein muß" und außerdem mit ihrem ersten gemeinsamen Kind schwanger geht.

Was er von seiner Frau erwartet, hat er ihr musikalisch ausgedrückt: „Frauenliebe und -leben". Adalbert von Chamissos Gedichte von Robert Schumann vertont. Schumann vollendet den Liederzyklus op.42 in seinem Hochzeitsjahr 1840. Ausgerechnet, ist man versucht auszurufen, denn Chamissos Texten wird heutzutage ein frauenfeindlicher Unterton vorgeworfen. Die Vorwürfe laufen allerdings in eine falsche Richtung: Sie beziehen sich allein auf die Gefühlswelt der Gedichte, die als zu schwärmerisch-naiv aufgefaßt werden und die ein klischeehaftes Bild weiblicher Gefühlswelten äußern, mit denen sich Frauen nicht mehr identifizieren können und wollen: „darfst mich nied're Magd nicht kennen,/hoher Stern der Herrlichkeit".

„Er, der Herrlichste von allen" - der Ausdruck mutet modernen Ohren wirklich pathetisch an, aber die vermittelten (Frauen-) Gefühle stimmen prinzipiell. Was jedoch nicht länger akzeptabel ist, und worauf sich die Vorwürfe gerechtfertigterweise beziehen sollten, ist die Definition der Frau in ihrem Verhältnis zum Mann: Mit der Beziehung zum Mann beginnt die Entwicklung vom Mädchen zur Frau („nach der Schwestern Spiele/ nicht begehr' ich mehr"), findet sie Erfüllung und Bestätigung („wie hätt' er doch unter allen/ mich Arme erhöht und beglückt" ... „Hier an meinem Bette hat die Wiege Raum" ... „O wie bedaur' ich doch den Mann,/ der Mutterglück nicht fühlen kann"), und mit dem Tod des Mannes endet das Frauenleben:

„Du schläfst, du harter, unbarmherz'ger Mann,

Es blicket die Verlass'ne vor sich hin,
die Welt ist leer,
Geliebt hab' ich und gelebt,
ich bin nicht lebend mehr.

Ich zieh' mich in mein Inn'res still zurück,
der Schleier fällt"

Eine eigenständige Entwicklung, nicht nur einseitig auf Gattin und Mutter bezogen, wird der Frau nicht zugegeben. Die Frau existiert bloß als Spiegelbild des Mannes, das ist die Auffassung des gesamten 19. und beginnenden 20. Jahrhunderts: Die Frau ist die Ergänzung zum Mann. Weibliches und männliches Prinzip (eine Lieblingsvorstellung des vorigen Jahrhunderts) bilden ein Ganzes; das Männliche gilt als stark, aktiv, nach außen wirkend, vernunftbegabt, das Weibliche als schwach, passiv, anlehnungsbedürftig und naiv-gefühlsselig. Und weil es so anlehnungsbedürftig sei, könne das Weibliche nur neben dem Mann existieren, alleine nicht, wogegen das Männliche sehr wohl ohne Weibliches sein kann.

Die bildende Kunst des 19. Jahrhunderts bietet das anschaulichste Material zur Idee 'aktiver Mann/passive Frau'. Weibliche Portraits sind meist Heimportraits; Frauen sind im Haus, bei typischen Tätigkeiten häuslicher Pflichterfüllung dargestellt. Noch oder gerade zur Jahrhundertwende 1900 entstehen beispielhaft weibliche Genreszenen wie Carl Molls Ölgemälde „Frühstück" von 1903. Die offene Landschaft ist dagegen männlich dominierter Raum. Nur wenige Bilder nehmen die Frau aus ihrem passiven Raum hinaus und stellen sie in eine ungewohnt aktive Umgebung. Solche Bilder, wie Klimts „Pallas Athene" von 1898, die in triumphierend-kraftvoller Haltung ihre Waffen, Speer, Helm und Ägis zur Schau stellt, oder „Judith" (Klimt, 1901), die in sinnlicher Gebärde das abgeschlagene Haupt des Holofernes an ihre nackte Seite hält, wirken dämonisch, bedrohlich, hauptsächlich in ihrer dunklen Erotik beunruhigend, und müssen so vor allem auf den männlichen Betrachter wirken. In Bezug auf die weibliche Ausbildung bedeutet die Aktiv/Passiv-Theorie, daß die Frau auf einen Lebensbereich beschränkt bleibt, der keine Stärke und Aktivität im Sinne geschäftlicher Konkurrenz und Karrierestrebens von ihr fordert; die Frau bleibt an das Haus gebunden.

Ihre Ausbildung beinhaltet hauptsächlich haushälterische Lernstoffe wie Kochen, Pflegen und Handarbeiten. Auch Grundbegriffe des Rechnens und Schreibens werden als für die Haushaltsführung unerläßlich angesehen. Mit einigen Allgemeinkenntnissen, genügend, eine halbwegs vernünftige Konversation zu führen, ist Frau als Frau bereits vollkommen ausgestattet. Jedes Wissen, das darüber hinausreicht, gilt bei einer Frau als obskur: Spezifisches Fachwissen, auch wenn sie es beherrscht, wird ihr doch niemals zuerkannt. Gemäß dieser Auffassung von Frauenbildung erwartet Friedrich Wieck von seiner Tochter lediglich die wichtigsten Lernstoffe, damit sie ihre Profession als Pianistin verfolgen kann. Ihm wäre wohl nie die Idee gekommen, Clara über das Klavierspiel hinaus z.B. in Komposition unterrichten zu lassen. Robert Schumann bildet mit seiner Meinung über aktive Frauen keine Ausnahme. Er ermuntert Clara Schumann zwar zur Liedkomposition und sie darf - anders als etwa Fanny Hensel, deren Vater ihr zunächst verbietet, an die Öffentlichkeit zu treten - ihre Werke veröffentlichen, aber Schumann behält sich vor, sie in allem anzuleiten, um die Kontrolle über ihre künstlerische Sprache nicht zu verlieren. Clara Schumann soll weiterhin seine kunstverwandte Seele sein, aber die Ehefrau darf sich niemals zur beruflichen Kontrahentin des Ehemanns auswachsen. Clara ihrerseits behauptet schon vor der Ehe eine in musikalischen Fragen selbstbewußte Position; in aller Deutlichkeit teilt sie dem „theuren Robert" mit, daß sie über das Hausfrauendasein hinaus die Kunst nicht aufgeben werde. Das von vornherein diffizile Verhältnis der Eheleute Schumann gründet in Clara Schumanns Ansprüchen auf eine freie Persönlichkeit. Die Bräutigamsbriefe offenbaren die schwierige Beziehung zwischen Robert und Clara: Robert nennt sie wiederholt „Kind", „liebes Kind", kritisiert oberlehrerhaft ihr Verhalten, gibt sich beleidigt, wenn sie die Autorität ihres Vaters höher einschätzt als seine. Und Clara? - Fügt sich nicht, sie widerspricht: „Im Ernst aber, bin ich ein kleines Kind, das sich zu dem Altar führen läßt wie zur Schule? Nein, Robert! Wenn du mich Kind nennst, das klingt so lieb, aber, aber wenn du mich Kind denkst, dann tret ich auf und sage: Du irrst". Sie lehnt sich auf: „Ist es Robert, der mich so verkannte, der meinen Worten so einen unschönen Sinn unterlegte - hab ich das verdient? Ja, ich weiß, daß Dir noch viele schöne und vielleicht auch so gute Mädchen als ich zu Gebote stehn und bessere Hausfrauen als man von einer Künstlerin es glaubt ... Du glaubst, ich trage noch unerreichbare Wünsche in mir? Ich habe nur zwei Wünsche, Dein Herz und Dein Glück ... Meine Phantasie kann mir kein schöneres Glück vorstellen, als der Kunst fortzuleben", und Clara fordert gerechtfertigte Anerkennung als Künstlerin: „Nun aber noch eine Frage, sei mir aber nicht bös, lieber Robert. Ich kenne Dich doch ganz genau, aber das Eine - warum vermeidest Du jede Gelegenheit, meiner in Deiner Zeitschrift zu erwähnen".

Das Problem der berufstätigen Frau entwickelt sich zum ersten Streitpunkt der Schumanns. Robert Schumann möchte seine Frau als kluge Hauswirtschafterin und Mutter sehen. Er will ihr ein aufreibendes Konzertleben ersparen. Er verbietet

Clara, sich zu sehr vor dem Publikum zu produzieren. Clara Schumann betont dagegen ihr Künstlertum. Immer wieder schreibt sie ihrem Bräutigam, daß sie nicht von der Kunst lassen werde. Sie berichtet ihm von ihren Konzerten, obwohl sie weiß, daß der „Herzens-Robert" ungern davon hört. Clara Wiecks Sorge gilt der Frage, ob sie nach der Heirat ihre „Kunst vergraben" müsse. „Meine Phantasie kann mir kein schöneres Glück vorstellen, als der Kunst fortzuleben", schreibt Wieck 1837 an Schumann, doch schränkt sie im gleichen Atmenzug ein: „aber im Stillen, um Dir und mir manche angenehme Stunde dadurch zu machen". Clara Wieck ist hin- und hergerissen zwischen eigenen Wünschen und den Erwartungen, die ihr Zukünftiger an sie stellt; als Braut gibt sie nach, wenn auch nur mit ironischem Beigeschmack: „Ich tröste mich immer damit, daß ich ja ein Frauenzimmer bin, und die sind nicht zum componieren geboren". 1839 vertraut sie resigniert ihrem Tagebuch an: „Ich glaubte einmal das Talent des Schaffens zu besitzen, doch von dieser Idee bin ich zurückgekommen, ein Frauenzimmer muß nicht componieren wollen - es konnte es noch keine, sollte ich dazu bestimmt sein? das wäre eine Arroganz, zu der mich blos der Vater in früherer Zeit verleitete". Sie beklagt sich zunehmend darüber, wie wenig der Bräutigam ihre künstlerischen Verpflichtungen akzeptiert: „Du hast mir heute weh gethan, daß Du mir nicht einmal zum Concerte ein freundliches Wort schriebst".

Als Ehefrau muß sie ihre Wünsche völlig zurückstellen: Während Robert komponiert, darf Clara Schumann ihn mit ihrem Klavierspiel nicht stören. Sie verzeichnet diese Szene larmoyant in ihrem Tagebuch: „Mein Klavierspiel ... kommt wieder ganz hintenan, was immer der Fall ist, wenn Robert componiert. Nicht ein Stündchen vom ganzen Tag findet sich für mich".

Das Schicksal kommt Clara zu Hilfe; da die finanzielle Lage im Haus Schumann sich zuspitzt, sieht sich Robert genötigt, seiner Frau das Konzertieren zu erlauben und sie auf den Konzertreisen zu begleiten. Zunächst beschränkt sich das

Ehepaar auf Auftritte in der Heimatstadt. Am 31. März 1841 veranstaltet die Pianistin im Leipziger Gewandhaus ihr erstes Konzert als verheiratete Frau. Stolz läßt sie auf die Programmzettel ihren österreichischen Titel einer k. und k. Kammervirtuosin unter ihren neuen Namen drucken. Ebenso gute Eigenreklame ist, daß das Konzert einem guten Zweck dienen soll, nämlich dem Pensionsfonds des Orchesters; bei 20 Neugroschen Eintrittspreis eine spendable Geste. Das Programm des Abends ist wie üblich ziemlich ausgedehnt. Eine Arie und ein ganzes Paket Klavierstücke bilden den Anfang. Clara Schumann spielt insgesamt fünf Werke: Chopin, Schumann, ein „Lied ohne Worte" von Felix Mendelssohn Bartholdy und ein Stück Scarlattis. Nach einer Pause erklingt der zweite Teil des Programms, der nach Robert Schumanns erster Symphonie, der sog. Frühlingssymphonie, dirigiert von Felix 'Meritis' Mendelssohn, diverse Klaviermusik, zwei Lieder Schumanns („Die Löwenbraut", Chamisso, und „Widmung", Rückert) und eine Liedkomposition Clara Schumanns bringt: ihre Vertonung von Robert Burns Gedicht „Am Strande".

Clara Schumann ist auch in den Jahren zuvor schon als komponierende Pianistin an die Öffentlichkeit getreten, in diesem Konzert stellt ihr Erscheinen als Komponistin aber eine besondere Demonstration dar: Es besagt, daß sie auch in Zukunft „der Kunst zu leben" gedenkt und nicht als verheiratete Frau von der Musikbühne abtreten wird. Es dokumentiert ebenso eine veränderte Kunstauffassung: Als Clara Wieck spielte sie ihre virtuosen Eigenkompositionen, 1841 wählt sie mit Absicht eine Liedvertonung, abseits aller Virtuosität. Sie hat sich damit Robert Schumanns Musikanschauung zu eigen gemacht, die der Komponist in den Maximen seiner „Musikalischen Haus- und Lebensregeln", einer Sentenzensammlung zur Musik, aufgestellt hat: „Such' es nie in der Fertigkeit, der sogenannten Bravour", „laß dich durch den Beifall, den sogenannte große Virtuosen oft erringen, nicht irre machen. Der Beifall der Künstler sei dir nicht werth", „spiele, wenn du älter wirst, nichts Modisches". In einem Atemzug mit Schumann

lehnt die Pianistin, die nur wenige Jahre zuvor mit Kompositionen Henselts, Pixis und anderer brillierte, das Virtuosentum
ab und tritt für die „wahre, heilige Kunst" ein. „Mir wird das
ganze mechanische Virtuosentum verhaßt ... Etüden von Henselt ... Thalberg, Liszt usw. sind mir ganz zuwider geworden".
Selbst der Musik Louis Spohrs, den sie als Clara Wieck tief
verehrte, kann eine Clara Schumann nichts mehr abgewinnen.

Das Konzert vom 31. März ist ein berauschender Erfolg.
Robert und Clara Schumann dürfen sich bestätigt fühlen. Der
Zeitpunkt ihres 'Comeback' liegt für Clara ideal. Die laufende
Konzertsaison neigt sich dem Ende, Veranstalter planen
bereits die kommende Winter-Stagione. Prompt ergehen viele
Einladungen an die Pianistin für die Spielzeit 1841/42. Mit
einiger Ruhe darf Clara Schumann also erst einmal die letzten
beschwerlichen Monate ihrer Schwangerschaft überstehen,
Zeit genug, sich intensiv auf das anstrengende Konzertieren
vorzubereiten und ein geeignetes Repertoire auszutüfteln.

Der letzte Augustabend. Es ist schwül, drückend. Am 1.
September entlädt sich die Hitze in einem Spätsommergewit-
ter. „Unter Blitz und Donner" wird das erste Kind von Robert
und Clara Schumann geboren: Marie. Clara Schumann
genießt das „häusliche Glück" zu dritt. Wenn das Kleine unruhig wird, spielt sie ihm etwas vor. Robert Schumann komponiert ein Wiegenlied. Volle zwei Monate kann die Pianistin sich
ausschließlich dem Töchterchen widmen, das damit mehr mütterliche Aufmerksamkeit erhält als alle seine nachgeborenen
Geschwister. Dann startet Clara Ende November ihr Konzertleben in Weimar mit einer Wohltätigkeitsveranstaltung
zugunsten des Musikerpensionsfonds. Nur Tage nach ihrem
Konzert vom 21. November spielt sie vor der Großherzogin im
Weimarer Schloß. Die Weimarer Konzerte knüpfen an das
Programm vom 31. März in Leipzig an; sie bringen Schumanns „Frühlingssymphonie", einige seiner Lieder und verschiedene Klavierstücke, vorgetragen von der Pianistin. Unter
den Gästen der Großherzogin befindet sich Franz Liszt, den
seine Kollegin sofort zur Teilnahme an ihrem Leipziger Kon-

zert am 6. Dezember einlädt. Da das Konzert zwei so berühmte Künstlerpersönlichkeiten zusammen aufbietet, wird es ein riesiger Erfolg. Vor allem eine Komposition Franz Liszts für zwei Klaviere versetzt das Publikum in rasende Begeisterung. Mehr als der frenetische Beifall des Publikums erfreut die handfest ökonomisch denkende Clara Schumann, daß der Saal des Gewandhauses bis zum Bersten voll ist. 900 Menschen zählt sie und rechnet schnell nach: Gut und gerne kommen mehr als 2.000 Groschen zusammen, also an die 700, vielleicht 800 Taler. Abzüglich der Saalmiete, der Präparationskosten, der Summe fürs Orchester, der Beteiligung für die übrigen Mitwirkenden bleibt für sie ein Reingewinn von ein paar hundert Talern, zwei-, dreimal mehr als der Jahresverdienst eines einfachen Arbeiters! Dazu kommt die Aussicht auf den Ertrag von Roberts neuen Kompositionen, einer Ouvertüre und seiner zweiten Symphonie, die im Konzert des Nikolaustags 1841 uraufgeführt werden. Den Coup gilt es zu wiederholen! Bereits am 13. Dezember schlägt das Virtuosengespann erneut zu, wieder mit horrenden Einnahmen und stürmischem Applaus belohnt.

Nach Weihnachten beteiligt sich Clara Schumann an weiteren Konzerten mit befriedigendem Erfolg. Ihre Gedanken sind längst bei einer bevorstehenden Tournee. Aus Norddeutschland war die dringende Bitte gekommen, doch wieder einmal in Hamburg, Bremen und anderswo zu gastieren; man sehne sich nach Clara Schumanns Spiel und Robert Schumanns Kompositionen. Schumann nimmt sich einige Wochen Urlaub von seiner „Neuen Zeitschrift", packt seine Partituren zusammen und fährt mit seiner Frau los Richtung Braunschweig.

Es ist Februar. Die Harzlandschaft sieht in diesen frostklaren Tagen aus wie mit Zucker bestäubt. Gebieterisch heißt der Braunschweiger Löwe, das Wappentier des Herzoghauses, das in einem Bronzedenkmal verewigt die Stadt übersieht, seine musikalischen Besucher willkommen. Doch der Aufenthalt des Ehepaars ist zu kurz, um rechten Anklang beim Publikum und

Gefallen an der herzoglichen Feste zu finden. Die Reise geht rasch weiter nach Bremen. Das hier stattfindende Konzert wird ebenso lau aufgenommen wie jenes in Braunschweig. Schumanns Symphonie wird mäßig beklatscht, Claras Spiel kühl zur Kenntnis genommen. Die Schuld liegt weder bei den Künstlern, noch beim Bremer Publikum, das entgegen der gewohnt norddeutschen Art bei guter Musik völlig aus sich

8 Der alte Konzertsaal im Leipziger Gewandhaus, vor 1850.

herausgehen kann. Schuld sind vielmehr ein leidlich einge-
spieltes Orchester unter mittelmäßigem Dirigat, das an den
neuen Klängen der 2. Symphonie notwendig scheitern muß,
und ein gänzlich unzureichender Flügel, auf dem „das arme
Klärchen" „nach Kräften schön" spielt. Dafür bleibt in Bremen Zeit, die Atmosphäre der Stadt zu genießen. Clara liebt
es, durch die schmalen Gassen der Wohnviertel zu schlendern,

von denen heute nur noch das Schnoorviertel steht, nachdem der unsinnige Weltkrieg alle anderen ausradierte. Sie erinnert sich an das fünfzehnjährige Dingelchen, das sie war, als sie mit dem Papa hier gastierte und der alte Wieck ihr in einem der unzähligen, schnurrigen Kaffeehäuser Zuckerkringel bestellte. An der Seite Schumanns kostet sie eine ganz andere Spezialität Bremens: Apostelwein aus dem Ratskeller.

Bis zu diesem Zeitpunkt verläuft die gemeinsame Tournee ohne Bitterkeit. Das ändert sich jedoch bald. Die Pianistin hat eine Einladung zu einem Konzert in Oldenburg erhalten. Wohlgemerkt: nur die Pianistin hat eine Einladung, nicht ihr komponierender Ehemann! Schumann ist sehr beleidigt und, als Clärchen die Einladung ziemlich eigenmächtig annimmt, tödlich gekränkt. Clara ist zu allem Überfluß auch noch stolz darauf, vor dem oldenburgischen Großherzog gespielt zu haben! Wenn sie es wenigstens über sich brächte, mit ihm zu leiden! Als sie Anfang März endlich in Hamburg sind und Clara mit „Liedern ohne Worte" von Mendelssohn und Liszts Fantasie über Donizettis Oper „Lucia di Lammermoor" mehr Applaus empfängt als er für seine Symphonie, kommt es zu ernstlichen Differenzen. Schumann treibt es nach Hause, ihm ist plötzlich wieder bewußt geworden, daß er sein Talent nicht als Claras Reisebegleiter vergeuden darf; er braucht Ruhe zum Komponieren. Als Grund schiebt er vor, er könne nicht länger der „Neuen Zeitschrift" fernbleiben. Clara zieht es weiter in die Ferne. Sie denkt nicht daran, jetzt aufzuhören, ausgerechnet jetzt, wo sie mitten im Konzertfieber ist. Von Hamburg aus, dieser Stadt, die allem Fremden offen gegenübersteht, ist der Sprung in internationale Gewässer nicht weit; Hamburg bietet sich geradezu als Ausgangspunkt für einen Abstecher nach Kopenhagen an. Diese Chance soll sie sich entgehen lassen? Zum ersten Mal in ihrer Ehe wird beiden klar, daß keiner von ihnen auf seine Kunst verzichten kann. Der Komponist reist nach Leipzig zurück; die Pianistin mietet sich eine Begleiterin und setzt ihre Tournee in Kiel fort. Aber nun kommt es Schlag auf Schlag: Während Robert depressiv an seinem Leipziger Schreibtisch kauert, Marie auf den Knien, dumpf vor sich hinbrütend, liegt Clara krank in irgendeinem Zimmer in der Hafenstadt. Ein eben erst angesetztes Konzert muß sie in letzter Minute absagen. Dadurch verliert sie das enttäuschte Publikum und eine Menge Geld. Mit ihrer unbezähmbaren Energie rafft sich die Kranke auf, um mit der Fähre, die nur alle paar Tage nach Dänemark ausläuft, nach Kopenhagen überzusetzen.

Es ist März. Der Frühling zeigt sein tückisches Janusgesicht. Mit Stürmen und Fluten übertost das Meer die Kieler Förde. Das Dampfschiff läuft in dieser Woche nicht mehr aus. Clara Schumann fühlt sich wie zerschlagen. Um durch pures Warten keine Unkosten anzuhäufen, schiebt sie kurzfristig Konzerte in Lübeck und Hamburg zwischen. Zu kurzfristig. Es ist wenige Tage vor Ostern, „kein Mensch wollte von Musik wissen ... der Kummer verließ mich keine Minute, dazu kam, daß ich vom Robert, der mich doch schon in Kopenhagen glaubte, keine Nachricht bekam, seit beinah 14 Tagen nichts vom Kinde wußte - oh, es war zum Verzweifeln!" Es müßte jedoch mit dem Teufel zugehen, wenn diese zähe Frau die nächsten Tage nicht durchstehen würde. Und wirklich! Am Abend des 19. März findet sich eine kämpferische Pianistin an Bord eines Dampfschiffs, das sich durch die immer noch aufgepeitschten Meereswellen gräbt. Die Frau hält sich zwar krampfhaft an der Reeling fest, zweifelnd, ob sie jemals wieder festen Boden betritt, aber auf dem direkten Weg nach Kopenhagen.

In Kopenhagen angekommen, beginnen die ermüdenden Konzertvorbereitungen. Sie muß eine polizeiliche Genehmigung besorgen, Plakate, Programmzettel bestellen, den Zeitschriften ihre Konzertankündigungen zusenden, den Saal mieten ... niemand ist da, der ihr hilft, nicht einmal irgendeine Freundin, mit der sie sich wenigstens austauschen könnte. Die bezahlte Begleiterin, die wie ein Hündchen hinter ihr her trottet, ist kein vollwertiger Ersatz, das Orchester ist unter aller Würde, „die Musiker hier sind reine Handwerker", schreibt sie dem kindhütenden Ehemann, „ich brächte gar zu gern Deine Symphonie zur Aufführung ... wenn ich nur das Orchester zu mehreren Proben vermöchte", es „ist hier noch sehr unkultiviert". Standhaft kämpft sich die junge Frau durch die organisatorischen Probleme, und als ihr erstes Konzert im königlichen Theater stattfindet, sind Trübsal und Streß wie weggeblasen. Die Kopenhagener sind dermaßen begeistert von ihrem Spiel, man möchte fast glauben, sie hätten noch nie eine Virtuosin wie Clara Schumann zu Ohren bekommen. Irgendjemand vertraut ihr an, daß das hiesige Publikum kaum etwas von Chopin gehört habe, den polnischen Komponisten aber sehr verehre. Clara greift den Tip schnell auf und nun hören die Dänen Chopins Mazurken, Walzer und Polonäsen in so vollendeter Interpretation, daß Clara bei jedem ihrer Konzerte und Soireen überfüllte Häuser vorfindet. Clara Schumann öffnet Chopins Musik die Tore Skandinaviens!

Am 5. April spielt sie bei Hofe; am 17. April in einem Wohltätigkeitskonzert. Ihre eigenen Konzerte finden am 3., 6., 10. und 14. April statt. Alles in allem bringt sie die erstaunliche Summe von 940 Talern netto zusammen.

Ein ziemlich kleiner Mann klopft kurz nach Clara Schumanns Ankunft an ihre Hotelzimmertür. Ein kleiner Mann mit kindlichen Pausbacken und lausbübisch-gutmütigen Augen. Fast hätte die Pianistin den „nichtssagenden" Herrn hinauskomplimentiert, aber ehe es dazu kommt, hat sich der Mann bereits vorgestellt. Es ist Niels Wilhelm Gade, der wahrscheinlich berühmteste dänische Komponist überhaupt. Gade! Clara Schumann faßt sich an den Kopf. Mit Robert hat sie doch unlängst in Gades Ouvertüren geschwelgt. „Dem hätte ich diese Ouvertüre nicht angesehen. Wieder ein Beweis, daß man den Menschen nicht nach seiner äußeren Erscheinung beurteilen muß." 1839 hatte der zweiundzwanzigjährige Komponist an einem Ouvertüren-Wettbewerb teilgenommen. Die Juroren des Prix erkannten seiner Ouvertüre „Nachklänge von Ossian" den ersten Preis zu. Ermutigt von seinem überraschenden Sieg will der junge Mann seine erste Symphonie c-

Moll nach Leipzig zu Felix Mendelssohn schicken. Clara
Schumann hört die Symphonie, an der Gade gerade arbeitet;
Gade spielt ihr Auszüge daraus vor. Über Claras Vermittlung
gelangt die Symphonie c-Moll wirklich nach Leipzig und
Mendelssohn führt sie auf. Gade, der sich bis dahin als Geiger
der Königlichen Kapelle über Wasser gehalten hatte, komponiert nun kräftig weiter. „Er wird in meinem Konzert eine neue
Ouvertüre von sich aufführen", berichtet Clara ihrem Stroh-
witwer, „sie ist ganz heiteren Charakters". Beinahe täglich treffen sich der aufstrebende Komponist und die Pianistin. Bei
einem dieser Treffen, bei dem sie sich gegenseitig Werke
Roberts vorspielen, erzählt Gade seiner gebannten Zuhörerin
die Musikgeschichte Kopenhagens. Der Bischof Absalon
erbaute in dem kleinen mittelalterlichen Örtchen eine Burg und
damit eine Schutzfeste für die nun siedelnden Händler und
Seeleute. Als Hafenstadt ideal an der Grenze zwischen dem
europäischen Festland und Skandinavien gelegen, wuchs
Kopenhagen rasch zu einer bedeutenden Kulturstadt interna-
tionaler Größe. An den frühbarocken Königshof Christian IV.
zog es so berühmte Komponisten wie den Thüringer Heinrich
Schütz oder den Lautenvirtuosen John Dowland. „Die königliche Kapelle besteht noch heute und wird noch weitere hundert, zweihundert Jahre bestehen", erzählt Gade mit sichtli-
chem Stolz. Er wirft sein schulterlanges helles Haar zurück
und fährt sich mit der Hand über die kindlichen Wangen.
Dann spricht er weiter, erzählt vom Opernhaus, das König
Frederik IV. 1701 erbauen ließ, von den Konzerten im Schloß
Charlottenburg, den 'musikalischen Clubs', die sich im Laufe
des 18. Jahrhunderts bildeten, und zum Schluß von dem
königlichen Theater, das 1748 errichtet wurde. „Wir in
Deutschland wissen doch recht wenig über die dänische
Musik", gibt Clara Schumann zu.
    Gade bleibt der herausragendste Musiker, der Clara Schu-
mann in Kopenhagen begegnet und mit dem sie sich befreun-
det. Zu ihrem dänischen Bekanntenkreis gehört sonst nur der
Dichter Johan Ludvig Heiberg, der Wegbereiter des dänischen

Realismus, samt schaupielernder Gattin, die Clara sehr hübsch, interessant und lieblich findet. Heibergs führen den deutschen Gast durch die Residenzstadt. Der Stadtkern besteht aus dicht aneinandergeschmiegten hohen Giebelhäusern. Die Wohnviertel schlängeln sich um die verschiedenen Kirchen Kopenhagens. Vier, fünf hochspitzige Kirchtürme kann Clara Schumann zählen. Ihr Lieblingsspaziergang führt zum Meer hin, das die Stadt von mehreren Seiten eng umschlingt. Je weiter man vom Stadtkern zum Hafen kommt, desto breiter und ausladender werden die Plätze und Märkte. Es ist nicht wie heute, da die Stadt durch Kais und Mauern vom großen Gewässer abgeschirmt ist, zu Clara Schumanns Zeiten reichen die Plätze bis dicht ans Meer hin, so daß die Straßen oft überflutet sind.

Den Spaziergängen und Gesprächsabenden im Haus der Heibergs schließt sich manchmal ein anderer Dichter an. Er ist häßlich, findet die Pianistin - Kopenhagen scheint mit schönen Männern nicht eben gesegnet zu sein -, aber er „besitzt ein poetisches, kindliches Gemüt", sein längliches Gesicht zieren ein Kinnbart, eine lange Nase und strähniges, wangenlanges Haar, aber er schreibt Gedichte, den Roman „Der Improvisator" und seitenlange Märchen mit Titeln wie „Die Prinzessin auf der Erbse", „Die kleine Meerjungfrau" und „Das häßliche Entlein" ... es ist: Hans Christian Andersen. Die Bekanntschaft mit Andersen bewegt Clara Schumann zutiefst. Von ihm wird sie am meisten sprechen, als sie wieder daheim ist. Robert Schumann wird von ihrer Begeisterung dermaßen angesteckt, daß er mehrere Gedichte des Dänen vertont und ihm die Lieder op.40 widmet.

Am 18. April verläßt Clara Schumann Dänemark und die neuen Freunde. Über Kiel und Hamburg fährt sie bis Magdeburg, wo Schumann sie mit heißer Sehnsucht erwartet, um sie auf der letzten Wegstrecke nach Leipzig zu begleiten. Dort wartet die kleine Marie ebenso sehnsüchtig; „das Schönste war ... die roten Bäckchen meines Engelchens, die ich wieder küssen konnte".

Das Zweitschönste ist mit Sicherheit das finanzielle Ergebnis der ausgedehnten Konzertreise. Trotz doppelter Reisekosten und gemieteter Begleitung, trotz der teuren Überfahrten und Hotelzimmer bleibt ihnen ein Nettogewinn von sage und schreibe 100 Louisdor! Damit läßt sich's gut leben und zwar so gut, daß Clara und Robert Schumann sich im Juli 1842 einen Urlaub in Böhmen gönnen können. Im darauffolgenden Jahr - Schumann hat gerade drei Quartette geschrieben und ist dabei, sein Quintett op.44 zu vollenden - weiß die Pianistin sicher, daß sie zum zweiten Mal Mutter wird.

Rückblick aufs Glück

Felix Mendelssohn hat in Leipzig eine Musikschule eröffnet; Robert Schumann wirkt dort seit Anfang 1843 als Lehrer. Gleichzeitig arbeitet er an einer größeren Komposition; Clara spielt hie und da ein wenig Klavier, aber an systematisches Üben ist nicht zu denken. Die kleine Marie hat Glück ... die Mama widmet sich voll und ganz ihrer Erziehung. An vielen Abenden wird gemeinsam mit den Freunden musiziert. Die skandalumwitterte Sängerin Wilhelmine Schröder-Devrient gastiert während der Wintersaison in Leipzig, Felix Mendelssohn Bartholdy ist aus dem Schumann-Kreis nicht wegzudenken, Ferdinand David, Violinist, Komponist und Intimus Mendelssohns, sucht das Ehepaar Schumann des öfteren auf, und Niels Wilhelm Gade beginnt im Laufe des Jahres sein Studium in Mendelssohns Musikschule. Natürlich ist auch er, „den man schon lieb haben muß", wie Robert meint, ständiger Besucher der Schumanns. Kurz, das Jahr 1843 beginnt angenehm ruhig, ohne jede Konzerthektik, aber mit genügend Abwechslung und geistigem sowie musikalischem Austausch.

Im April, genauer am 25. April, wird Elise Schumann geboren. Während Clara noch im Wochenbett liegt, arbeitet der junge Vater emsig an seiner Komposition. Es ist sein orientalisches Märchen „Das Paradies und die Peri", das mit vielen Manuskriptbögen Schumanns Arbeitstisch bedeckt. Die Vertonung geht auf eine Dichtung des irischen Romantikers Thomas Moore zurück. Die eigentliche Inspiration, eine märchenhafte Dichtung zu vertonen, ist mit Sicherheit auf das nachhaltige Erlebnis der Bekanntschaft Clara Schumanns mit Hans Christian Andersen zurückzuführen. Clara Schumanns Einfluß auf die Entstehung so vieler Kompositionen ihres Mannes ist immer übersehen - oder sollte man besser deutlich werden: unterdrückt - worden. Sie stiftete ihn zur Komposition einiger früher Klavierstücke, zur Vertonung der Lieder, der ersten Symphonie, den Trios von 1847, den Orchesterkompositionen der Jahre 1850-53 an. Im Jahr 1843 ist das nicht anders. Genausowenig sind sich Schumann-Biographen über Claras Mitwirken an der Vollendung Schumannscher Werke bewußt. Clara ist die erste Beurteilerin jeder Komposition ihres Mannes. Sie unterstützt ihn bei der Anfertigung der Klavierauszüge, hört seine Skizzen ab. Inwieweit Robert Schumann aufgrund ihrer fachlichen Kritiken seine Arbeiten verändert, ist leider nicht nachvollziehbar, daß er auf ihr untrügerisches Musikurteil großen Wert legt, ist allerdings dokumentiert: „ich mag keine Probe ohne Dich halten", schreibt er ihr einmal von den Proben zu „Das Paradies und die Peri", „es ist, als fehlte mir der gute Genius".

Am 16. Juni 1843 ist die Märchendichtung fertig. Während Clara Schumann in Dresden in bescheidenen Konzerten auftritt, beginnen im Herbst die Proben. Die Uraufführung ist am 4. Dezember. Robert dirigiert sein Werk höchstpersönlich; er steht zum ersten Mal auf dem Dirigentenpodium. Eine außergewöhnliche Sängerin kreiert die Rolle der Peri: Livia Frege. Das Gewandhauspublikum hört die Geschichte der indischen Peri, einem aus dem Paradies vertriebenen Engel, der nun „des Himmels liebste Gabe" suchen muß, um ins Paradies zurückkehren zu dürfen. Peri durchwandert die Welt, getrieben von ihrer Sehnsucht nach dem Himmel. Nach schrecklichen Erleb-

9 *Clara Schumann mit ihrer Lieblingstochter Marie, ihrer späteren Reisebegleiterin und unermüdlichen Helferin, etwa 1845.*

nissen und langem vergeblichen Suchen bringt die Peri dem Himmel die schönste Gabe, die Reuetränen eines Sünders. Ende. Das Publikum ist von der hohen Moralität des Werks anscheinend wenig erbaut. Der Beifall ist zufriedenstellend. Es enttäuscht Robert Schumann außerordentlich. Gerade von diesem Werk hat er sich viel versprochen. Richtig verkaufen läßt sich nur eine hervorragend bejubelte Komposition. Geld wäre 'mal wieder nötig, die Haushaltskasse ist ziemlich leer. Clara Schumann hat zwar Konzerteinkünfte, aber hoch fallen die nicht aus. Was soll sie denn machen, „sie will immer vorwärts, aber rechts hängt ihr Marie am Kleid, Elise macht auch zu schaffen". Die Pianistin gibt unter anderem ein Konzert gemeinsam mit ihrer Halbschwester Marie Wieck. Nach einem Bruder namens Clemens hatte Wiecks zweite Frau 1832 ein Mädchen geboren, das Friedrich Wieck seit frühester Kindheit zum Ersatz für Clara ausbildete. Einer weiteren Tochter Friedrich und Clementine Wiecks, Cäcilie, bleibt dagegen die quälende Virtuosenlehre weitgehend erspart. Wieck muß Clara dankbar sein, daß sie die elfjährige Marie protegiert. Er zeigt sich deshalb recht gnädig, schreibt nach der Uraufführung der „Peri" sogar ein Billett an Schumann, das eine Art Entschuldigung sein soll: „In der Kunst waren wir immer einig", „Sie sind jetzt auch Familienvater - warum lange Erklärung". Clara unterstützt Marie weiterhin, vor allem, nachdem die Schwester 1845 zum ersten Mal öffentlich auftritt, und das, obwohl sie genau erkennt, daß Marie zwar gut spielt, „aber nicht ausgezeichnet", „es fehlt ihr der Spiritus, mir kommt ihr Spiel immer maschinenmäßig vor". Zusammen mit Marie wird Clara Schumann später als verwitwete Frau des öfteren konzertieren. Das Verhältnis zwischen den Halbschwestern wird mit jedem Zusammentreffen inniger, schließlich sogar freundschaftlich; Claras Kinder (und noch die Enkelkinder!) hängen sehr an 'Tante Marie'.

Claras Kinder. Anfang 1844 ist die Pianistin aufs neue gezwungen, ihre beiden Kinder für lange Zeit zu verlassen. Robert Schumann erwägt nach Überprüfung der ökonomischen Situation, mit seiner Frau eine Konzertreise nach Amerika zu unternehmen. Einmal, weil ein solches Unterfangen viel Geld verspricht, zum anderen, da er seine Frau, die allein durch Städte der näheren Umgebung tourt, begleiten könnte. Die Idee zerschlägt sich allerdings. Statt dessen tritt das Ehepaar Schumann eine Rußland-Reise an.

Es bricht im Februar 1844 von Leipzig auf. Die kleine Marie und das im April 1843 geborene zweite Töchterchen Elise müssen sie bei Verwandten zurücklassen. Trotzdem ist Clara Schumann guter Dinge. Das Konzertleben, das ist ja ihr Leben! Reisen, sehen, entdecken, erfahren und immer wieder spielen sind ihr Herzensangelegenheit. Damit ist sie aufgewachsen, nur damit kann sie im Grunde leben, wenn sie ihre Musik machen darf. Sie nimmt die widrigen Reiseschwierigkeiten mehr oder weniger gelassen hin. Königsberg, Tilsit, Riga, Petersburg und Moskau locken!

Zunächst besucht das Künstlerehepaar die Mendelssohns in Berlin. Felix hat ein Geschenk für Clara bereit: sechs ihr gewidmete „Lieder ohne Worte", ein letzter warmer Gruß, bevor die Reise ins eisige Rußland weitergeht. Schon in Königsberg, wo Clara Schumann zwei Konzerte gibt, ist es entsetzlich kalt, das Theater „groß und nicht geheizt", gerade für eine Pianistin schier unerträglich. Sehr anstrengend wird die Weiterreise. Samstags abends gibt sie ihr zweites Königsberger Konzert, noch in derselben Nacht werden die Koffer gepackt, nach drei, vier Stunden Schlaf stehen die Schumanns um 5 Uhr früh auf, reisen den ganzen Tag in der Kutsche, übernachten auf einer Poststation und reisen am nächsten Morgen um 4 Uhr weiter, nachdem sie in aller Herrgottsfrühe „ein ganz delicates Frühstück" genossen haben. Dann sind sie in Riga, einer garstigen Stadt, wie Clara meint. Der Winter hatte mit Schneeböen Einzug gehalten. In einem Schlitten lassen sich die beiden Musiker ins Hotel London bringen, in dem traditionell alle Ausländer absteigen, da es das einzig akzeptable Haus am Platz ist. Es gibt einiges Hin und Her, da angeblich kein Zimmer frei sei und Robert nicht ahnt, daß ein Freund Ferdinand Davids ihnen die besten Räume des Hotels bereits bestellt hat. Nach wenigen Tagen im von kleinen Gäßchen durchwundenen Riga machen die Schumanns einen Abstecher in die Kurländische Residenz Mitau, „wo viel Kunstsinn herrscht". Fast täglich gibt Clara Schumann in Mitau und Riga Konzerte, wird umjubelt und gefeiert.

Eisiger Wind weht über den Peipussee im Nordosten des heutigen Estland. Das Thermometer zeigt minus zwanzig Grad. In ihrem Schlitten frieren Robert und Clara Schumann erbärmlich. Der Reiseweg führt sie über vereiste Flüsse und durch hohe Wälder; hungrige Wolfsrudel treibt es aus ihrem verbergenden Dickicht bis auf die Landstraße. „Bis jetzt haben wir noch keinen gesehen, doch Jeder ... begegnet auch einigen, worauf ich mich sehr freue", schreibt die unerschrockene Clara an Friedrich und Marie Wieck. Schumanns sind nun in Dorpat, einer „sehr hübschen Stadt" mit einer alten Universität, an der in deutscher Sprache gelehrt wird und dies bis zum Jahr 1889, bevor die Stadt ans Russische fällt. In Dorpat absolviert

Clara fünf erfolgreiche Konzerte ohne andere Mitwirkende; eine achtbare Leistung, denn Soloabende sind zur Mitte des vorigen Jahrhunderts eher unüblich, lediglich Stars wie Franz Liszt und Niccolo Paganini können sich derartige Extravaganzen erlauben ... und Clara Schumann ist eine Frau, die erste, die allein einen Konzertabend bestreitet. Die kunstsinnigen Dorpater erweisen den deutschen Musikern alle Ehre. Als Robert sich schwer erkältet, kennt die Hilfsbereitschaft keine Grenzen mehr. Täglich erscheinen Diener irgendwelcher Adeliger, die den Schumanns Mus, Bouillon, Wein, Eau de Cologne, Gelee, Gebäck, gebratene Rebhühner und sogar Kissen und Steppdecken überreichen.

Am 1. März geht die Tournee weiter nach St. Petersburg. Eine bürgerliche Musikinstitution suchen die Schumanns hier im zaristischen Rußland vergebens. Allein der Adel, genauer der Hochadel zählt hier etwas. Mit einem Fürstentitel und soundsoviel Leibeigenen gewinnt man in diesem Land erst Bedeutung. Musiker gelten nicht viel mehr als ein Leibeigener, es sei denn, die Musiker kommen aus dem Ausland und teilen die Begeisterung der Petersburger Aristokraten für italienische Opern. Ihren nationalen Musikgrößen, Michail Glinka etwa, machen die Russen dagegen das Leben schwer; für Clara Schumann aber schwärmen sie. Die Pianistin spielt mangels anderer Möglichkeiten ausschließlich am Hof vor erlauchten Herrschaften. Ihre Konzerte verlaufen brillant. Das Zarenpaar gestattet der Pianistin einen Auftritt im Familienkreis, wo sie „zwei ganze Stunden lang" spielt. Die Zarin liebt Mendelssohns Musik; Clara spielt der Regentin unermüdlich „Lieder ohne Worte". Der Auftritt bei der Zarenfamilie ist der Vermittlung Adolph Henselts zu verdanken, jenem Komponisten, dessen Werke immer wieder in ihrem Repertoire auftauchen. „Prachtmensch", nennt Robert den Klavierkomponisten, einen tugendhaften Künstlergeist, den „Klassiker einer romantischen Zeit". Adolph Henselt lebt seit 1838 als Kammervirtuose der Kaiserin in St. Petersburg. Seine Hauptaufgabe besteht in der Musikerziehung der Zarenkinder.

Außer Ruhm und Ehre für Clara bringt der Petersburger Besuch kaum etwas. Die Konzerte sind nicht sehr gut besucht, denn es ist kurz vor Ostern, die Karwoche verbietet Musik und Amüsement. Dazu kommt das teure Petersburger Leben, das anscheinend nur auf die Geldbeutel der Hocharistokratie zugeschnitten ist: Ein Täßchen Kaffee kostet 8 Groschen, ansonsten einen Taler, ein Mittagessen einen Dukaten, die angemieteten Zimmer täglich einen Louisdor. In Moskau, der nächsten Station der Schumanns, ist das Leben nicht billiger und der Besuch ihrer Konzerte ebenso mäßig. Die Impressionen des Kreml sind indes überwältigend: „dieser Anblick ist nicht zu beschreiben, man glaubt, man müsse in Constantinopel sein, so ganz eigentümlich orientalisch ist diese Stadt mit ihren unzähligen Türmen", schwärmt Clara. Ebenso erfreulich sind die vielen musikalischen Ereignisse. Schumanns hören Glinkas Oper „Leben für den Zaren", auch Dimitrij Stepanowitsch Bortnjanskijs berühmte Komposition „Ich bete an die Macht der Liebe", erfahren, daß der Petersburger Violinist Alexej Lwow der Komponist der russischen Nationalhymne ist, und Clara mag besonders fasziniert gewesen sein zu hören, daß Katharina die Große, die berühmte Zarin Rußlands, eigenhändig Libretti verfaßte.

Ja, Clara fühlt sich geehrt und bestätigt vom Erfolg und davon, daß sie mehrmals im Kreis der Zarenfamilie spielen darf. Robert Schumann fühlt sich dagegen alles andere als wohl. Er wäre am liebsten daheim geblieben, wo er Ruhe zum Komponieren gehabt hätte. Die Konzertreise hemmt seine Schaffenskraft. Er ist wie gelähmt. Die Beschwernisse der Reise, die ganze Reise überhaupt, machen ihn krank. Vor allem aber ergreift ihn die alte Angst und Eifersucht: die Angst, als Komponist zu versagen, die Eifersucht auf seine bewunderte Ehefrau, die Angst, sie könne mehr Künstlerin sein als er selbst. Während Clara Schumann umworben wird, steht Robert unbeachtet daneben. Schon auf der letzten Tournee im Jahr 1843 litt er unter seiner Unpopularität; „alles fragt mich immer nach Dir", hatte ihm Clara aus Kopenhagen geschrieben, „alles kennt Deine Zeitung und, wenn auch noch nicht Deine Compositionen, so doch Deinen Namen"; in Rußland fühlt sich Robert Schumann im wahrsten Sinn des Wortes doppelt gekränkt: Hier kennt man nicht einmal seine Zeitung, sein Verdienst als Redakteur, geschweige denn seinen Namen, hier ist er nur „der Mann von Clara Schumann". Dabei hat er keinen Grund zur Klage. Die Rußlandtournee verläuft insgesamt finanziell befriedigend, seine Kompositionen, die Symphonien und sein Quintett op.44 werden begeistert aufgenommen.

Wie dem auch sei, Clara Schumann macht sich zunehmend Sorgen um den Gesundheitszustand ihres Mannes. Sie kennt nicht den eigentlichen Grund, warum sich Robert bereits seit ihrer Station in Riga unwohl fühlt. Sie sieht nur die äußeren Symptome einer alltäglichen Krankheit. „Robert hatte sich sehr stark erkältet, so daß er nun seit 6 Tagen zu Bett gelegen hat und heute zum ersten Male wieder aufgestanden ist", schreibt Clara ihrem Vater aus Dorpat, dann wieder und wieder: „Mein Robert hat sich doch seine Krankheit durch Erkältung in der Nacht zugezogen" ... und daß ihr „Mann sich sein Unwohlsein hauptsächlich in der Nacht geholt" hat. Eine Nervenkrise, lautet der Befund der behandelnden Ärzte. Clara Schumann muß sich den Umständen unterwerfen. Das Ehepaar beschließt, bald nach Leipzig zurückzufahren.

Robert Schumann ist glücklich, daß sie im Mai 1844 wieder nach Hause zurückkehren. Obwohl er körperlich wie psychisch angegriffen ist und eigentlich Erholung nötig hätte, stürzt er sich in seine Arbeit. Die Musik strömt ungebrochen aus ihm heraus. Er nimmt sich Goethes „Faust" zur Vertonung vor, die er bereits 1843 begonnen hatte, wegen der Rußland-Tournee aber zurückstellen mußte. Dann der Schock: Wenige Monate nach der Heimkehr bricht Robert zusammen. Die nachwirkenden Anstrengungen der Reise und die unermüdliche Arbeit haben ihn total erschöpft.

Die harmlose verschleppte Grippe wächst sich zu einer schwereren Erkrankung aus. Eine Erholungsreise nach Dresden soll helfen. Bedenkliche Vorzeichen klingen an. Zum ersten Mal zeigen sich bei dem Komponisten Symptome, die später Begleiterscheinung seiner Geisteskrankheit sind: Nachts suchen wirre, erschreckende Visionen Robert Schumann heim, lassen ihn nicht zur Ruhe kommen. „Es vergingen acht schreckliche Tage ... Robert schlief keine Nacht, seine Phantasie malte ihm die schrecklichsten Bilder aus, früh fand ich ihn gewöhnlich in Tränen schwimmend, er gab sich gänzlich auf". Auch Clara Schumann ist nicht ganz auf dem Posten, denn sie ist im dritten Monat schwanger. Die Tournee und die Sorge um Robert hinterlassen auch bei ihr Spuren. Trotzdem begleitet sie den Ehemann nach Dresden. Hier geht es Robert bald besser. Er faßt sogar den Entschluß, für immer ins 'Elbflorenz' umzuziehen. An der schwangeren Clara ist es, sich um den Umzug und den kranken Ehemann zu kümmern. Im Dezember 1844 lassen sie sich in Dresden nieder, und im März 1845 wird Clara Schumann von einem glücklicherweise gesunden Kind entbunden, Robert Schumanns Lieblingstochter Julie.

Der Umzug nach Dresden bildet eine erste große Zäsur im Eheleben der Schumanns. Bis dahin verliefen die ersten vier Jahre alles in allem sehr schön. Robert Schumann komponierte wie vor der Ehe versprochen tatsächlich eine Symphonie, die „Frühlingssymphonie" op.38, Kammermusik, und vertonte die Dichtung „Das Paradies und die Peri"; zahlreiche andere Projekte bereitete er vor. Die Symphonie wird im März 1841 im Gewandhaus unter der Leitung Felix Mendelssohns aufgeführt. Das Publikum nimmt sie begeistert auf. „Glücklicher Abend", „einer der wichtigsten Tage meines Lebens", berichtet Roberts Tagebuch. Der Erfolg der Symphonie bewirkt, daß Friedrich Wieck seine Meinung über den 'Viertelfaust'-Schwiegersohn ändert und sich das Verhältnis zwischen den beiden Männern entspannt, sehr zur Freude Clara Schumanns. Sowohl Wieck als auch Clara dürfen hoffen, daß sich Robert Schumanns Musik endlich durchsetzen werde, sich damit die finanzielle Lage bessere.

Anlaß zur Freude bieten auch die Geburten der ersten drei Kinder, aber aus Claras späteren Aufzeichnungen wird klar, daß ihr Schumanns Schaffenswut 1840/41 größeres Glück bedeutet. Im Rückblick erinnert sich die Pianistin an die ersten beiden Ehejahre als die schönste Zeit ihres Lebens.

1840 bis 1842 sprudelt die Musik nur so aus Robert Schumann hervor. Es entstehen die sicherlich lyrischsten und inspiriertesten seiner Kompositionen, die berühmten Lieder nach Gedichten Heinrich Heines, Emanuel Geibels, Justinus Kerners, Joseph von Eichendorffs, Romanzen, Balladen und die „Frühlingssymphonie". Clara Schumann berichtet bewundernd, begeistert von Robert Schumanns Genie: „Robert ... komponiert fleißig Lieder und immer neu; wo kommen sie denn noch her, die Funken", oder: „Ich bin ganz glücklich ... Dienstag vollendete Robert seine Symphonie ... Ich muß Dir, mein lieber Mann, gestehen, ich hätte Dir solch eine Gewandheit nicht zugetraut - Du flößt mir immer neue Ehrfurcht ein". Zu Roberts Quartetten op.41 schreibt sie: „meine Ehrfurcht vor seinem Genie, seinem Geiste, überhaupt vor dem ganzen Komponisten steigt mit jedem Werk".

Ihre Bewunderung und zum großen Teil ihre Nähe zum Bewunderten dämpfen allerdings Clara Schumanns Selbstbewußtsein als Künstlerin. Sie, die noch als Braut stolz, und zu recht mit Stolz, ihre Kompositionen gleichwertig neben die Robert Schumanns stellte, glaubt sich nun weniger talentiert als ihren Ehemann. „Robert hat zu meiner großen Freude eine zarte durchaus heitere ... sirenenartige Ouvertüre beendet und sitzt nun über dem Instrumentieren, was er mit einer wahren Passion treibt. Ich freue mich so recht innerlich darüber und wünschte nichts, als ich könnte ihm nur ein kleines Teilchen soviel Freude machen als er mir". Ganz von sich aus unterwirft sich Clara Schumann ihrem Gatten - völlig im Sinn des Frauenlebens von Chamisso. Dennoch kann Clara ihr Kompositionsvermögen während dieser glücklichen ersten Ehejahre ausbauen. Robert Schumann ist ihr dabei eine große Hilfe, ersetzt ihr den Kompositionslehrer, den sie nie haben durfte.

Gemeinsam mit dem Ehemann studiert sie Fugen und Symphonien, Studien, die sich in ihren „Quatre Pièces fugatives pour le Pianoforte" op.14 und den „3 Präludien und Fugen" op.16 niederschlagen. Wie selbstverständlich beschäftigt sich Clara Schumann in den ersten Ehejahren mit der von Robert Schumann favorisierten Gattung Lied. Für Schumann realisiert sich damit ein Traum: daß die ihm seelenverwandte Gefährtin gemeinsam mit ihm an einer Kunstidee schafft! Im Mittelpunkt der gemeinsamen Arbeit stehen Vertonungen von Rückert-Liedern. Robert Schumann nimmt sich 1840 Gedichte aus Friedrich Rückerts „Liebesfrühling" vor, ganz angetan von der Idee, dies werde ein Liederheft „mit Clara gemeinsam".

Clara Schumann sieht sich mehr oder weniger zur Vertonung der Rückert-Gedichte gedrängt. Sie hat sich bereits selbst an Liedvertonungen gemacht und ihre gelungenen Lieder auf

95

Texte Robert Burns und Heines ihrem Robert als Weihnachtsgeschenk überreicht. Diese drei Lieder bereiteten ihr keine Schwierigkeiten. Heines „Es fiel ein Reif in der Frühlingsnacht", „Volkslied" (o.O.) deklariert, erinnert in Clara Schumanns Vertonung wenig an ein Volkslied, dafür ist die Klavierbegleitung zu anspruchsvoll; das Klavier führt in die Stimmung des Lieds ein und am Schluß steht ein schönes, kurzes Nachspiel als Summe des gesamten Lieds; es verarbeitet noch einmal die Hauptmotive der Vertonung, eine Technik, die auch bei Robert Schumanns Liedkompositionen oft zu finden ist.

Robert Burns gehört zu Schumanns Lieblingsdichtern; in Burns Texten findet der Komponist eine ihn ansprechende Natürlichkeit. Clara Schumanns Komposition „Am Strande" (o.O.) legt das Hauptgewicht auf die Naturstimmung und davon ableitbare Seelenstimmung. Textinhalt: Die Geliebte am Strand erwartet bangend und hoffend die Rückkehr des Geliebten. Das Klavier ist Instrument, die grundlegenden Natur- und Gefühlsregungen zu beschreiben. Die Klavierbegleitung nimmt vor allem die zentralen Worte „Flut" und „Furcht" auf und zwar in identischer Motivik; damit ist die Übereinstimmung von Naturbild und Seelenzustand deutlich. Das Lied wird bei der Textstelle „Nur im Traume bringen Geister vom Geliebten Kunde mir" aufgehellt; es erfährt eine Wendung weg von bedrohlicher Realität zur Traumvorstellung. Aufhellungen am Schluß eines Lieds, das ist ein Kunstgriff, auf den Clara Schumann des öfteren zurückgreift.

Nun erwartet Robert von ihr, daß sie sich am „Liebesfrühling" beteiligt. Die Komponistin will ihren Mann nicht enttäuschen. Sie beginnt ihre Arbeit, aber - sie schafft es nicht. Wie immer, wenn etwas von ihr erwartet wird, was sie nicht erfüllen zu können glaubt, reagiert sie mit Sprachverlust. Ihr fehlt der musikalische Ausdruck. „Ich habe mich schon einige Male an die mir von Robert aufgezeichneten Gedichte von Rückert gemacht, doch will es gar nicht gehen - ich habe gar kein Talent zur Komposition".

Was sie wohl am meisten stört ist, daß Robert ihr die Texte heraussucht, die sie zu vertonen hat. Dabei weiß jeder Liederkomponist, daß man eine gewisse Affinität zu den zu vertonenden Texten haben sollte, daß man sie sich selber wählen muß. Offenbar hat Robert Schumann seiner Frau kein gesundes Urteilsvermögen in Bezug auf literarische Texte zugetraut.

Dem 'lieben Robert' zuliebe meistert Clara ihre Sprachlosigkeit. Sie schreibt ihm zu seinem Geburtstag vier Rückert-Vertonungen, von denen drei als Nummern 2, 4 und 11 in Schumann op.37 aufgenommen werden (bei Clara Schumann op.12). Die herausragende Rückert-Vertonung ist das Lied „Er ist gekommen in Sturm und Regen". Die Komposition besticht durch ihre mitreißende Expressivität. Wieder bildet die Naturstimmung, „Sturm und Regen", das Hauptmotiv der Klavierbegleitung: In rauschenden Läufen erklingt der Anfangsteil des Lieds. Das „Sturm"-Motiv ist nicht frei von Bedrohung, es spricht nicht nur von der Übermacht der Liebe, sondern vermittelt auch deren Willkür. So erscheint der erste Liedteil geradezu balladenhaft-düster. Zum Schluß wird die Klavierbegleitung verlangsamt entsprechend der Textstelle „er bleibt mein auf allen Wegen", die Gewißheit ewiger Liebe. Dem beruhigten Abgesang folgt ein geklärtes Klaviernachspiel. Wie im Lied „Am Strand" arbeitet Clara Schumann in ihrer Rückert-Vertonung mit dem Kontrast dunkel-hell; eine Verarbeitungstechnik, die auch in den Klavierkompositionen - es sei an die „Quatre Pièces" erinnert - dominiert.

Eine Geburtstagsgabe Claras, die Robert Schumann nicht in den „Liebesfrühling" aufnimmt, ist das Lied „Die gute Nacht". Der Liedanfang verbindet Singstimme und Klavierbegleitung zu einem gleichwertigen Duett. Es ist reich an Aufhellungen, Modulationen, die das Lied faszinierend machen. Aber genau das entspricht nicht Robert Schumanns Liedauffassung: Ihm kommt es auf eine Grundstimmung des Lieds an, die mehr oder weniger konsequent durchgeführt wird. Meist dominiert eine Naturstimmung, wie in dem oft herbeizitierten Beispiel der „Mondnacht" aus dem „Eichendorff-Liederkreis" op.39. Clara Schumann orientiert sich in ihrer Komposition stark an den Einzelstimmungen des Gedichts und versucht, selbst Nuancen einer Stimmung im Lied auszudrücken. Das klingt sehr reizvoll, faßt aber nicht das Ganze; Robert Schumann erscheint das Lied zu textbezogen vertont, zu detailreich; es würde sicher nicht in den „Liebesfrühling", wie er ihn sich denkt, hineinpassen.

Mit Sicherheit kann man unterstellen, daß Robert Schumann die Lieder „Die gute Nacht" und „Er ist gekommen" nicht nur aus musikbezogenen Gründen nicht in den „Liebesfrühling" mit aufnahm. Von Clara Schumanns Rückert-Vertonungen sind gerade diese beiden Stücke die qualitätvollsten. Die Lieder „Die gute Nacht" und „Er ist gekommen" überzeugen am meisten durch ehrlichen Gefühlsausdruck. In ihnen leuchtet Claras eigene Tonsprache auf. Die Lieder sind wesentlich mehr auf Expressivität und Dramatik ausgerichtet als Roberts Klavierlieder. Sie sind erfüllt von hoher Suggestivkraft. Robert Schumann, der sich bisher als Lehrer seiner Frau begriffen hat und von ihr nichts anderes erwartet, als daß sie nach seiner Manier komponiert, zeigt sich wenig erfreut über ihre 'Eigenmächtigkeiten'. Wieso komponiert sein Clärchen, seine Schülerin, plötzlich ganz anders als er es verlangt? Woher kommen diese ihm so fremdartigen Lieder? Entgleitet ihm seine Frau in die künstlerische Emanzipation?

Sie wäre es sicher, wenn sie ihre eigene Tonsprache erkannt hätte. In ihrer, man muß schon fast sagen: verblendeten, Begeisterung für Schumanns Werke sieht Clara Schumann jedoch nur, daß ihre Lieder vom bewunderten Vorbild abweichen. Das bedeutet für sie nichts anderes, als daß diese Lieder 'schlecht' sein müssen. Als Robert Schumann „Er ist gekommen" und „Die gute Nacht" für den „Liebesfrühling" ignoriert, glaubt sie wieder einmal bestätigt, sie könne eben einfach nicht komponieren. Die Idee, ihr geliebter Robert versuche aus gekränkter Eitelkeit ihre eigene Tonsprache (unbewußt oder bewußt) zu unterdrücken, kommt ihr nicht in den Sinn. Sie übernimmt wie selbstverständlich sein Urteil über ihre

Textausdeutung. Clara Schumann glaubt sehr genau zu erkennen, daß ihr die Nähe zur Literatur fehlt, die Robert im Übermaß besitzt: „Er faßt die Texte so schön auf, so tief ergreift er sie, wie ich es bei keinem anderen Komponisten kenne, es hat keiner das Gemüt wie Er". Sie liest viel, um ihr Defizit auszugleichen. Sie will nicht immer auf Roberts Textauswahl angewiesen sein. Mit den Texten, die sie sich zur Vertonung vornimmt, beweist sie jedenfalls Kunstsinn. Es entstehen Lieder nach Gedichten Geibels, Heines und Rückerts.

1843 komponiert Clara Schumann das Lied „O weh, des Scheidens, das er tat" (Heine), in dem sie versucht, die Klavierbegleitung zurückzunehmen, damit die Singstimme dominiert. Sie fühlt nämlich die Versuchung, allzu klaviermäßige Lieder zu schreiben; das Klavier ist ja nun mal ihre Domäne. Hat Robert nicht auch unlängst bemängelt, ihre Klavierbegleitung sei zu dick aufgetragen? Wieder lastet das große Vorbild auf ihrem eigenen Schaffen, wieder mehren sich ihre Selbstzweifel, ob sie überhaupt Talent habe - im Vergleich zu Robert sicher nicht. Einmal mehr bemüht sie sich, seinen Anforderungen gerecht zu werden, und glaubt, weil sie notwendig bei dem Versuch scheitern muß wie Robert Schumann zu komponieren, ihn zu enttäuschen.

Seltsamerweise wendet sich Clara Schumann schon in der zur Zeit des Heine-Lieds komponierten Rückert-Vertonung „Ich hab in Deinem Auge" wieder von dem Versuch einer dezenteren Begleitung ab. Überdeutlich steht die Klavierbegleitung als Stimmungsträger im Vordergrund der Komposition. Bringt sich Clara Schumann hier unbewußt in Gegensatz zu Robert Schumann - eben weil sie doch ahnt, daß sie ihren eigenen künstlerischen Weg gehen muß?

Die Liedkompositionen, heißt es allgemein, die gemeinsamen Lieder seien Ausdruck der ersten glücklichen Ehejahre Robert und Clara Schumanns. Kann aber eine Komponistin glücklich sein, die die an sie gestellten Ansprüche nicht zu erfüllen glaubt? Kann ein Robert Schumann glücklich sein, der träumte, in seinem „Clärchen" eine Seele zu haben, die komponiert wie er, mit ihm zusammen, und der jetzt aufwacht und sieht, daß die Frau an seiner Seite ganz eigene, andere Wege beschreitet?

Krisen

Mit dem Umzug nach Dresden im Jahr 1845 trübt sich das Schumannsche Lebensglück. Von der Pflege des kranken Ehemanns, der Rußland-Tournee und der Geburt der kleinen Julie ist die wieder schwangere Clara Schumann erschöpft. Die drei Kinder erfordern viel Zeit und Mühe, Zeit, die ihr fürs Komponieren und Klavierspielen verloren geht.

Robert Schumanns Erkrankung bleibt beängstigend. Er klagt über Nervosität und Unwohlsein. Er beansprucht Claras ganze Aufmerksamkeit. „Nervenübel", nennt sie die Krankheit, „Hypochondrie", „Hysterie", sagt der behandelnde Arzt lapidar.

Das 'Übel' hat tiefer sitzende Gründe: Dresden ist - auf die Musik bezogen - für die Schumanns ein ödes Nest. Fast einziger musikalischer Freund ist der Komponist Ferdinand Hiller, späterer Musikdirektor in Düsseldorf. Robert Schumann, sich ohnehin schon als Einzelgänger bewußt, fühlt sich in Dresden stärker isoliert als zuvor. Die alte Angst zu versagen, als Komponist nie den angestrebten Erfolg zu erzielen, wird erneut übermächtig. Es ist schlicht und einfach Existenzangst, die den labilen Mann ergreift, verstärkt oder hervorgerufen durch seine ständigen Depressionen. Das vierte Kind soll geboren werden, die Familie wächst ... und was hat sie, um zu leben? Die Einnahmen der Rußland-Reise sind schnell verbraucht; die Einkünfte aus dem Verkauf seiner „Neuen Zeitschrift für Musik" (1844) sind schmal; dazu kommt der Mißerfolg als Komponist. Andere Komponisten seiner Generation stehen längst in Lohn und Brot, haben Titel und Anerkennung ... Mendelssohn ist seit langem Leiter des Gewandhausorchesters in Leipzig, Ferdinand Hiller leitet seit 1844 die Dresdner Abonnementkonzerte, Ferdinand David, der große Violinist, ist Konzertmeister des Leipziger Orchesters, der Dresdner Kollege Richard Wagner, mit dem Schumann nur spärlich Kontakt hält, amtiert bereits als Königlich Sächsischer Hofkapellmeister. Robert Schumann stürzt sich in Arbeit, um seine schweren Depressionen zu überwinden. Er gründet einen Gesangverein, vollendet das Konzert für Klavier und Orchester op.54 und komponiert seine zweite Symphonie op.61.

Clara Schumann erlebt nicht zum ersten Mal, aber dafür um so besorgter Roberts psychisch desolaten Zustand. Auch sie kämpft mit der Sorge: mit der Angst um Robert, um ihre Existenz und um den im Februar 1846 geborenen Sohn Emil, der ein schwächliches, kränkliches Kind ist. Auch sie ist erschöpft, von der Reise, von dem Umzug, den zwei rasch aufeinanderfolgenden Geburten - kein Wunder, daß sie im Sommer '46 eine Fehlgeburt erleidet; die Abstände zwischen den Schwangerschaften lassen dem Körper einfach keine Zeit, sich zu erholen. Ach, sie braucht Ruhe! Aber Robert Schumanns Wohlergehen ist wichtiger als alles andere! Darum stimmt sie ihm zu, als er vorschlägt, eine Wien-Tournee zu unternehmen, mit dem Hintergedanken, sich eventuell auf Dauer in der Donaumetropole niederzulassen.

Am 24. November 1846 machen sich die Schumanns auf den Weg. Diesmal wird die Reise besonders kurzweilig, denn Marie, soeben fünf Jahre alt geworden, und ihr zwei Jahre jüngeres Schwesterchen Elise dürfen die Eltern begleiten und sorgen mit kindlichen Kapriolen für reichlich Unterhaltung.

Clara Schumann ist gespannt, ob sich das Gesicht der Stadt in den letzten Jahren veränderte. Sie findet Wien vor, wie sie es seit 1837 in Erinnerung hat. Rings um die Altstadt, deren Zentrum der Stephansdom ist, zieht sich die alte Befestigungsanlage. Von einer leichten Erhebung außerhalb der Mauern grüßt Schloß Belvedere auf die Stadt hinunter.

In Wien erinnert man sich nur dunkel an die bezaubernde Clara Wieck von einst. Bei ihrem letzten Wiener Aufenthalt war sie um zehn Jahre jünger, attraktiver und unverheiratet, mit einem Wort also, publikumswirksamer. Jetzt will niemand eine Frau Schumann, Mutter von vier Kindern, spielen hören. Aber man muß ehrlich sagen, daß diese Tatsache eher ein zweitrangiger Grund für das mangelnde Zuhörerinteresse ist. Hauptpunkt ist ihr neues Programm. Sie hat nämlich Werke ihres Mannes zu spielen, und die interessieren das Wiener Publikum nun ganz und gar nicht, denn auch in seinem Musikgeschmack hat sich Wien nicht geändert und hängt immer noch an Beethoven und Mozart. Im ersten Konzert am 10. Dezember spielt Clara eine Romanze Schumanns, im nächsten gemeinsam mit dem pianistischen Wunderkind Anton Rubinstein „Andante und Variationen für zwei Klaviere" op.46, an Neujahr wirkt sie beim a-Moll-Klavierkonzert op.54 mit, das neben Schumanns erster Symphonie gegeben wird.

„Ich war in schrecklicher Stimmung heute ... ich glaubte mich von allen ... angefeindet", beklagt Clara Schumann die Konzertvorbereitungen und denkt dabei wieder einmal mehr an den 'armen Robert' als an sich. „Mich dauert der arme Robert, der nun auch so mit in das fatale Konzertleben hineingezogen wurde".

Robert Schumann ist erneut bedrückt über seine Unpopularität. Es gelingt ihm auch nicht, echte Kontakte zur Wiener Musikwelt zu knüpfen. Es geht dem Komponisten nicht gut. Da ist sie wieder, die alte Angst zu versagen. Clara ihrerseits bedauert mehr die finanziellen Verluste: „ich hatte die Betrübnis, noch beinahe 100 Gulden zusetzen zu müssen, was zum erstenmal in meinem Leben geschah".

Daß sich Schumanns schlichtweg in ihrem Programm vergriffen haben, erweist sich im letzten Konzert, das am 10. Januar im Saal der Gesellschaft der Musikfreunde gegeben wird. Beethoven steht auf dem Programm. Beethoven zieht in Wien immer. Erinnert sich Clara Schumann nicht an ihre

Konzerte 1837, in denen sie mit Beethovens Sonaten Furore gemacht hatte?

Zu Clara Schumanns großem Glück nimmt die Sopranistin und Publikumsliebling Jenny Lind am Abschiedskonzert teil. Jenny Lind, ein Jahr jünger als Clara , wurde in früher Jugend für die Stockholmer Oper entdeckt. Ein Wundermädchen wie die kleine Clara Wieck! Mit zwölf debütierte sie in einer Oper des großen schwedischen Komponisten Adolf Fredrik Lindblad; der Beginn einer steilen Karriere. 1841 ging Lind nach Paris, wo sie die Frauenfiguren in Giacomo Meyerbeers Opern kreierte. Meyerbeer war es denn auch, der sie 1843 nach Berlin holte. Von dort aus eroberte sie sich das deutschsprachige Publikum. Bis 1883, vier Jahre vor ihrem Tod, wirkte sie als Konzertsängerin.

Seit sie die schwedische Sängerin in einem Leipziger Konzert gehört hatte, schwärmt Clara Schumann von diesem „Gesangsgenie". „Nun gibt es keine mehr als die Lind; alles muß lindsch werden", verfolgte sie damals spöttisch die Leipziger Lind-Passion. Dann berichtet sie überzeugt: „Ihr Erscheinen ist gleich das erstemal einnehmend und ihr Gesicht, wenn auch nicht schön, so scheint es doch so, weil ein wunderschönes Auge das ganze Gesicht belebt. Ihr Gesang kommt aus dem Innersten des Herzens, es ist kein Effekthaschen und keine Leidenschaft, die gleich packt, die aber tief ins Herz dringt, eine Wehmut und Melancholie in ihrer Art zu singen, die einen in Rührung versetzt, man mag wollen oder nicht". Jenny Lind ist es zu verdanken, daß das Konzert ein großer Erfolg wird. Sie singt wunderschön, darin sind sich die Schumanns einig, vor allem Mendelssohns Lieder. Für Robert ein tröstender Gruß aus der Heimat von seinem Davidsbündler.

Die Pianistin zerfließt in Bewunderung für Jenny Lind, „und doch ... gehört es zu meinen traurigsten Erinnerungen ... daß ein Lied der Lind bewirkte, was ich mit all meiner Spielerei nicht hatte können erreichen". Das Konzert mit Jenny deckt wenigstens die finanziellen Einbußen, es „bezahlte uns die ganze Reise, und wir brachten auch noch 300 Taler nach

11 Die „schwedische Nachtigall" Jenny Lind im Jahr 1841. Claras Freundin gilt ihren Zeitgenossen als beste Interpretin der Lieder Robert Schumanns und Felix Mendelssohn Bartholdys.

Dresden mit". Dreihundert Taler sind eine beachtliche Summe. Da sind die „zugesetzten" 100 Gulden leicht zu verschmerzen.

Die Bekanntschaft mit Jenny Lind wie mit anderen großen Köpfen jener Zeit, unter ihnen die Dichter Adalbert Stifter und Joseph von Eichendorff sowie der bedeutende Musikkritiker Eduard Hanslick, versüßen den Schumanns den 'bitteren Wiener Wermut' zumindest ein wenig. Hanslick bestärkt Robert Schumann darin, von Wien aus Brünn und Prag zu bereisen. Jeder Konzertgeber, der Wien besucht, pflegt auch in Prag aufzutreten.

Am 15. Januar geben Schumanns ihre Wiener Abschiedsmatinee. Clara Schumann tritt dabei als Komponistin in Erscheinung. Ihr Trio op.17 ist der Mittelpunkt des Programms. Die Matinee erregt den allgemeinen Beifall der Anwesenden, unter ihnen Eichendorff; sie bejubeln Schumanns

Lieder nach Texten des Dichters - die Komponistin Clara Schumann wird in den Huldigungen übergangen. Aber das bedeutet ihr nichts, wenn nur Robert zufrieden ist; „es war uns lieb', noch so hübsch von Wien Abschied genommen zu haben", sagt Clara.

An einem kalten Januartag kommen die Schumanns in der mährischen Hauptstadt Brünn an. Die alte Festung, das berüchtigte Brünner Gefängnis, wirft einen düsteren Schatten über die vereisten Dächer der Barockhäuschen. Das dunkle Schattenbild ist ein Omen: Das am 22. Januar absolvierte Konzert im Brünner Theater wird ein Reinfall. Clara Schumann kann wegen der Kälte kaum spielen, „die Finger erstarrten mir immer während des Spiels". Schnell lassen die Konzertreisenden die Stadt hinter sich. Ende Januar erreichen sie Prag.

In den folgenden Konzerten ertönen Schumanns Quintett op.44, die „Eichendorff-Lieder" op.39 und das bezaubernde a-Moll-Konzert, das Clara „sehr gut gelang". Die Prager, seit jeher allen modernen Kunstströmungen aufgeschlossen, feiern den Komponisten und seine Interpretin. Sie gehören zu den ersten Bewunderern Schumanns.

Trotz der kunstverständigen Prager ist die Wien-Tournee insgesamt ein glattes Fiasko: mehr für Robert Schumann als für seine Frau; seine Kompositionen, die neue Symphonie und das Klavierkonzert, interessieren niemand.

In der ersten Februarwoche kehren Schumanns mit Marie und Elise nach Dresden zurück, wo sie den kleinen Emil schwer erkrankt finden. Aber Robert Schumann drängt wieder fort. Berlin gilt seine zweite Hoffnung. Bereits am 11. Februar sind Clara und Robert Schumann in der preußischen Hauptstadt. Nur knapp eine Woche verbrachten sie bei dem kranken Söhnchen. „Das Paradies und die Peri" soll aufgeführt werden. Vor der Aufführung erleben die Schumanns alle Schwierigkeiten eines Konzertbetriebs: Sänger fehlen, der Dirigent fühlt sich kompetenter als der Komponist, die Prima Donna bekommt ihre Launen und weigert sich zu singen, man mokiert sich über Clara (eine Frau!), die als Korrepetitorin die Proben begleitet, und bei der Aufführung patzen die Solisten und schmeißen beinahe das gesamte Konzert, so daß Clara denkt, sie „müßte in den Erdboden versinken". Kurz: in Berlin geht es Robert Schumann wie zuvor in Wien. Wenig Applaus, keine Anerkennung. Die Kritik nimmt kaum Notiz von ihm. Lediglich die befreundete Familie Mendelssohn bemüht sich um die Schumanns.

Die Pianistin freundet sich mit der genialen Komponistin Fanny Hensel, 'Meritis' Schwester an. „Madame Hensel habe ich recht lieb gewonnen ... und fühlte mich besonders in musikalischer Hinsicht zu ihr hingezogen, wir harmonierten fast immer miteinander, und ist ihre Unterhaltung immer interessant, man muß sich nur erst an ihr etwas schroffes Wesen gewöhnt haben". Clara Schumann bewundert diese Frau, die sich als Dirigentin, Pianistin und Komponistin durchzusetzen weiß, indem sie, da ihre Verwandten und ihr Ehemann ihr verboten, öffentlich in Erscheinung zu treten, kurzerhand ihre Privatsalons einem elitären Kreis von Musikliebhabern öffnete und sich in diesem kleinen Rahmen ihren hohen Ruf als Künstlerin erkämpfte.

Übrigens ist es eine Eigentümlichkeit Clara Schumanns, immer nur Interpretinnen zu bewundern. Die berühmteste Sängerin ihrer Zeit, Wilhelmine Schröder-Devrient, bezeichnet sie als „verehrungswürdige Künstlerin" mit „Genie und Gemüt". Deren Konkurrentin Henriette Sontag, eine verheiratete Gräfin Rossi, die sie in Berlin hört, macht ihr mit „allem, was sie singt ... den Eindruck höchster Befriedigung". Gegenüber komponierenden Frauen wahrt Clara Schumann jedoch eine Art neidischer Distanz; „Frauen als Komponistinnen können sich doch nicht verleugnen", betont sie immer wieder.

Es soll das letzte Mal sein, daß das Ehepaar mit Felix und seiner Schwester Fanny zusammen sein kann. Bereits wenige Monate nach ihrem Besuch stirbt Fanny Hensel völlig unerwartet. Am 4. November folgt ihr der Bruder nach, der den Tod seiner geliebten Schwester nicht verwinden konnte. Beide

Todesnachrichten stürzen Clara und Robert Schumann in tiefe Depressionen. Minutiös berichtet Claras Tagebuch von der ersten Nachricht über Felix Mendelssohns Tod bis zur Beerdigung, an der Robert teilnimmt. „Unser Schmerz ist groß, denn uns war er ja nicht nur als Künstler sondern auch als Mensch und Freund teuer! Sein Tod ist ein unersetzlicher Verlust für alle ... und möchte man immer ausrufen: warum hat der Himmel das getan"!

Das Schicksal schlägt noch grausamer zu: Im Mai 1847 stirbt der kranke Emil. Clara Schumann - sie ist wieder schwanger - notiert ihre Befürchtungen ins Tagebuch: „Robert sagt: „Kinder sind Segen", und er hat recht, denn ohne Kinder ist ja auch kein Glück, und so habe ich mir vorgenommen, mit möglichst heiterem Gemüt der nächsten schweren Zeit wieder ins Auge zu sehen. Ob es immer gehen wird, das weiß ich nicht".

Clara Schumann benötigt dringend eine Zeit ohne Schwangerschaften. Sie sehnt sich nach Ruhe, um endlich wieder einmal ihrer Kunst voll und ganz leben zu können. Dennoch unterstellt sie sich den Wünschen ihres Ehemanns. Hier ist es wieder, ihr persönliches Schicksal: daß sie immer glaubt, Erwartungen anderer unbedingt erfüllen zu müssen, daß sie nie das sein kann, was sie wirklich ist. Jetzt heißt die Erwartung zum fünften Mal „Mutterrolle". Am 20. Januar 1848 wird Ludwig Schumann geboren.

Die Arbeit mit ihren Kindern, dem Haushalt, dem zwischen Depressionen und wütenden Kompositionsphasen hin- und hertaumelnden Ehemann schränken Clara Schumanns Freizeit mehr und mehr ein. Jetzt reagiert sie allerdings nicht mehr mit kindlicher Sprachverweigerung, sie fügt sich nicht resigniert, sondern sie formuliert ihre Klagen, sie erhebt, leise, aber bestimmt, Einspruch. So schreibt sie kurz nach dem Tod Emils: „Ich bin faul ... kann aber nicht anders, denn ich bin auch immer unwohl und schrecklich matt. Ach könnte ich nur arbeiten, das ist mein einziger Kummer". Im darauffolgenden Jahr konstatiert sie mehrmals, wie wenig Zeit sie für sich hat:

„Ich spiele jetzt leider wenig, da mir die Zeit mangelt! Zum Komponieren komme ich vollends gar nicht".

Im Vergleich zu anderen Komponisten und Komponistinnen vollendet Clara Schumann über den Zeitraum von annähernd sechs Jahren, vom Umzug nach Dresden bis zum Jahr 1852, wenige Werke. 1845 entstehen einige Scherzi für Klavier, 1846 ein paar Lieder. Sie orientiert sich nach wie vor mit ihren Kompositionen eng an Robert Schumann. Zusammen befassen sie sich 1845 mit Fugen, schwelgen gemeinsam in Bach-Werken. „Sechs Fugen über den Namen Bach" bringt Schumann als op.60 hervor, Clara Schumann veröffentlicht „Quatre Pièces fugatives pour le Pianoforte", ihr op.15. Drei weitere Präludien und Fugen, die im selben Zeitraum entstehen, läßt Robert Schumann drucken - sein Geschenk zu ihrem sechsundzwanzigsten Geburtstag. 1847 befaßt sich Robert erneut mit Kammermusik; er hatte sich dem Genre bereits im Jahr 1842 zugewandt und unter anderem die drei Streichquartette op.41 verfaßt, nun komponiert er zwei Trios (d-Moll, F-Dur). Die Anregung geht diesmal von Clara Schumann aus, die 1846 ihr Trio op.17 vollendet hat. Die darauffolgenden Jahre sind Krisenjahre für die Komponistin Clara Schumann. Aus einer jahrelangen Phase der kompositorischen Untätigkeit ragen lediglich die drei Chorlieder nach Texten Emanuel Geibels von 1848 heraus. Die Geburt dreier Kinder, der Söhne Ludwig und Ferdinand (1849) und der Tochter Eugenie (1851), sowie die politischen Spannungen, die im Mai 1849 eskalieren, hemmen Claras Schaffenskraft.

Der Beginn der Bürgeraufstände in Dresden versetzt die Schumanns in größte Erregung. Das Bürgertum fordert seit langem drastische Reformen Deutschlands hin zu einer demokratischen Republik in einem geeinten Nationalstaat. In Berlin haben Radikale und Demokraten drohende Forderungen nach einer liberalen Verfassung gestellt. 1848 kommt es zu einer gewaltigen Demonstration, in deren Verlauf sich der Preußenkönig gezwungen sieht, Zugeständnisse einzugehen. Preußen soll Gesamtdeutschland einverleibt werden.

Auch in Österreich kommt es zu blutigen Aufständen; Metternich muß fliehen. Mit dem Sturz des unerbittlichen Restaurators wackeln sämtliche Königsthrone Europas. Die Fürsten reagieren mit einer strafferen Politik. Der Sachsenkönig Friedrich August zum Beispiel ist nicht gewillt, den Revolutionären in seinem Königreich auch nur einen Deut nachzugeben. Er erkennt die im Mai 1848 in der Frankfurter Paulskirche eröffnete Nationalversammlung nicht an.

Im März 1849 wurde ein Deutsches Kaiserreich beschlossen, um die nationale Einigung Deutschlands endlich zu verwirklichen. Der Preußenkönig soll zum Kaiser dieses Staats proklamiert werden, lehnt aber ab. Die Nationalversammlung wird aufgelöst. In Folge kommt es zu den oben erwähnten Volkserhebungen in Berlin, im Rheinland und im Mai in Dresden. „Donnerstag, den 3. ... waren wir eine halbe Stunde zu Haus, als Generalmarsch geschlagen und von allen Türmen Sturm geläutet wurde, bald auch hörten wir Schüsse. Der König hatte die Reichsverfassung nicht anerkennen wollen, bevor es Preußen nicht getan, und da hatte man denn die Stränge seines Wagens, in dem er fliehen wollte, zerschnitten, ihn somit gezwungen, zu bleiben, und versucht, sich des Zeughauses zu bemächtigen, von wo aus aber unter das Volk geschossen wurde. Daß dies die größte Erbitterung hervorrief, läßt sich denken".

In der Nacht zum 4. Mai 1849 gelingt Friedrich August doch noch die Flucht. Er verbarrikadiert sich auf der Festung Königsstein. „Freitag, den 4. ... Auf dem Rathaus saßen die Demokraten beisammen und wählten eine provisorische Regierung ... die auch alsbald Proklamationen aller Art erließen".

Man will den König zur Anerkennung der Frankfurter Verfassung zwingen. Dementsprechende Verhandlungen mit dem König scheitern, der sich inzwischen der Hilfe preußischer Truppen versichert hat. „Sonnabend, den 5. ... schrecklicher Vormittag! es bildete sich auf unserer Straße eine Sicherheitswache, und man wollte Robert dazu haben; nachdem ich ihn zweimal verleugnet, die Leute aber drohten, ihn suchen zu wollen, flüchteten wir mit Marien zur Gartentür hinaus auf den böhmischen Bahnhof ...Um 1 Uhr fuhren wir nach Mügeln - ich war sehr betrübt, daß wir nicht Elisen wenigstens noch mitgenommen hatten. Robert dachte, wir würden schon am Abend zurückkehren, doch ich glaubte daran nicht, besonders, als kurz vor unsrer Abfahrt das Stürmen und der Kampf in der Stadt begann ... Meine Angst den ganzen Tag über war fürchterlich, denn fortwährend hörte man den Kanonendonner, und dazu die Kinder in der Stadt ... Ich machte mich nun am Montag, den 7., morgens nach der Stadt auf. Das war eine schreckliche Fahrt, diese Angst, ob ich auch wieder aus der Stadt herauskommen würde ... Die Kinder fand ich noch schlafend, riß sie gleich aus den Betten ... und in einer Stunde waren wir zusammen wieder draußen auf dem Felde". Als Clara Schumann die Kinder unter Lebensgefahr aus dem umkämpften Dresden holt, ist sie bereits im siebten Monat schwanger!

Es ist typisch für die Beziehung der Schumanns, daß Robert auch in diesen Momenten höchster Gefahr für Frau und Kinder geschont wird (er könnte ja sonst für seine Freiheit kämpfen müssen!) und Clara Schumann den aktiven Part zu übernehmen hat.

Nach den Kämpfen fährt Clara - wieder ohne Robert - nach Dresden, um einiges aus dem Haus zu retten, obgleich sie hört, welche „schrecklichen Greueltaten ... das Militär verübte; alles schossen sie nieder, was sie an Insurgenten fanden ... 26 Studenten einen nach dem andern, erschossen ... Dann sollen sie Menschen zu Dutzenden von den dritten oder vierten Stockwerken hinab auf die Straße geworfen haben". Mit eigenen Augen sieht sie die zerstörte Stadt, Häuser, das schöne Opernhaus, niedergebrannt, demontiert. Viele überlebende Aufständische gefangengesetzt. Einigen gelingt die Flucht. Der Dichter Freiligrath kehrt Deutschland den Rücken. Richard Wagner, der sich in zahlreichen Schriften gegen den König und für die Revolution ausspricht, der sich, anders als Schumann, aktiv am Aufstand beteiligt hatte, flieht nach Zürich. Er wird als einer der Hauptbeteiligten steckbrieflich gesucht. Gottfried Kinkel, Kunst- und Kulturhistoriker, wird zwar gefangen, seine Ehefrau, die Komponistin Johanna Kinkel, ermöglicht ihm aber die Flucht aus Berlin nach London.

„Der Wirrwarr in der Welt ist jetzt furchtbar", resümiert Clara Schumann erschrocken und registriert kopfschüttelnd, wie das grausige Geschehen scheinbar spurlos an Robert vorübergeht, wie er dasitzt und in aller Seelenruhe komponiert, während sie zu aufgewühlt dafür ist. „Merkwürdig erscheint es mir, wie die Schrecknisse von außen, seine innern poetischen Gefühle in so ganz entgegengesetzter Weise weckt. Über den ganzen Liedern schwebt ein Hauch der höchsten Friedlichkeit" - Schumann schreibt „Volksmärsche von pompöser Wirkung".

Die Familie bleibt einige Zeit im Städtchen Kreischa, in das sie sich geflüchtet hat, und kehrt erst im Juli nach Dresden zurück. Trotz den immensen Zerstörungen in der Stadt stellt sich der Schumannsche Alltag ziemlich rasch wieder ein. Morgens begrüßen die Kinder ihre Eltern, bevor diese alleine frühstücken. Dann ziehen sich die Künstler in ihre Arbeitszimmer zurück: Robert komponiert, Clara übt, während die Kinder den Hausangestellten oder sich selbst überlassen sind. Manchmal schleichen sich die Kleinen ins Zimmer der Mutter, die die Kinder nach wenigen Minuten wieder wegzuschicken pflegt. Den Vater zu stören wagt niemand. Erst die Abendstunden gehören der Familie. Schumann spielt mit den Kleinen, unterhält sie mit Klavierstücken. Wenn der Vater später am Abend vorliest, oder mit Clara Domino spielt, klettern die Kinder zur Mutter aufs Sofa und dürfen mit deren aufgelösten Haaren spielen.

Die gänzlich unpolitische Clara Schumann betrauert, daß die aktuellen Ereignisse das karge Dresdner Musikleben völlig lahmlegen. So sehr sie die Musik Richard Wagners verabscheut, jetzt bedauert sie Dresden um jeden Musiker, der vor Repressalien der Regierung fliehen muß. Es fehlt ihr hier in dem „zopfigen Dresden" an Inspiration von außen, an Bestätigung durch ein Publikum. Wie schön war es 1839 in Paris, wie voll von Eindrücken war sie da! Wie anregend die Kunstreise nach Kopenhagen, wie ermunternd der Austausch mit den Musikerfreunden in Leipzig! Dresden dagegen ödet sie an: „Hier habe ich noch gar keine Lust ... zu irgend einer Arbeit, und was mich am meisten betrübt, ich finde nicht einmal Freude an der Musik", „wir haben schreckliche Langeweile, es kommt einem alles so zopfig hier vor. Keinen gescheiten Menschen sieht man auf der Straße, alle sehen sie so spießbürgerlich aus! - Musiker bekommt man gar keinen zu sehen". Neben einigen Auftritten in der näheren Umgebung ist ein Konzert in Hamburg zusammen mit der 'schwedischen Nachtigall' Jenny Lind, die nach Claras Meinung Robert Schumanns Lieder vollkommen interpretiert, der einzige Lichtblick der Komponistin.

Mit Jenny Lind, deren Bekanntschaft die Schumanns bereits im Frühjahr 1846 machten und die spätestens seit dem Wiener Konzert 1847 mit Clara Schumann befreundet ist, erlebt die Pianistin wunderbare Stunden. Die stürmisch-begeisterten Tagebucheintragungen Claras sprechen Bände darüber, wie sehr sie nach künstlerischem Austausch mit einem befreundeten Musiker hungert: „vormittags besuchte uns die Lind zu einer kleinen Lieder-Probe, aus der aber noch mehr wurde, denn sie sang eine Menge von Roberts Liedern, und wie sang sie sie, mit welcher Wahrheit, mit welcher Herzinnigkeit und Einfachheit ... - das bleibt einem unvergeßlich: welch ein herrliches gottbegabtes Wesen ist das, welch eine reine echt künstlerische Seele, wie erfrischt einen alles, was sie sagt ... kurz nie wohl liebte und verehrte ich ein weibliches Wesen mehr als sie. Diese Lieder werden ewig in meiner Seele klingen .. wenn sie ging blieb ich in einer gewaltigen Aufregung zurück, wo ihre Töne und Worte sich unaufhaltsam in meinem Innern kreuzten".

Der Auftritt mit Jenny Lind ist auch für Clara Schumann ein großer Erfolg. Eine so hohe Anerkennung wie bei diesem Hamburger Konzert ist der Pianistin seit langen Jahren nicht mehr zuteil geworden: „ich war sehr glücklich, auch dadurch, daß ich dem Publikum gegenüber als Künstlerin nicht gegen die Lind zurückstand, sondern gleiches Interesse und gleichen enthusiastischen Beifall fand als sie".

Clara Schumanns Schaffenskrise ist aber noch anders zu begründen. Klagen über mangelnde Zeit und mangelnde Inspiration sollen doch nur einen tiefer liegenden Konflikt bemänteln. Einige Auffälligkeiten der Biographien beider Schumanns lassen annehmen, daß Clara beginnt, sich musikalisch von Schumann zu lösen und zu verselbständigen: Als erstes komponiert Clara Schumann nichts mehr auf Anraten ihres Mannes oder gemeinsam mit ihm, wie es bis 1846/47 noch der Fall war. Ihre Chorlieder nach Geibel von 1848 sind Claras vorläufig letzter Gruß an den „lieben Robert". Die Variationen op.20 von 1853 erscheinen wie ein Abschiednehmen vom Vorbild Robert Schumann. Variiert wird ein Thema des Komponisten, allerdings greift Clara Schumann zu völlig erweiterten Mitteln, sich allmählich von einem musikalischen Eins mit Robert lösend. Ihr Repertoire weist in den Jahren 1847, 1848 und 1850 kein Schumann-Werk auf. Mit Ausrufezeichen (!) bemerkt ihr Biograph Berthold Litzmann, daß in einem ihrer Konzerte im Jahr 1846 der Name Schumann fehlt. Die dritte Eigentümlichkeit ist die seltsame Wechselwirkung der Schaffensphasen beider Schumanns. Für ihn brachten die Jahre 1846/47 nur geringe Ausbeute, während sie sich zu dieser Zeit noch, trotz Kindern, trotz Konzertreisen, um die Komposition bemüht. Ab 1848 hat Robert Schumann eine langanhaltende produktive Phase; es entstehen die Oper „Genoveva", „Manfred" op.115, das „Requiem für Mignon", das Cellokonzert a-moll, das Märchen „Der Rose Pilgerfahrt" op.112, daneben Ouvertüren, Symphonien, Chöre und Lieder, von denen die „Husarenlieder" hervorzuheben sind. Clara Schumann hingegen schweigt. Hindert sie nach wie vor ihre rückhaltlose Bewunderung für den Ehemann? Unermüdlich verfolgt sie die Entstehung seiner Werke, die sie ein ums andere Mal begeistert kommentiert. „Brillant und originell", seine

Märsche op.79, das Konzertstück op.92 ist „sehr leidenschaftlich, schön", vom Requiem ist sie „aufs tieffste erschüttert"; über Schumanns a-Moll-Konzert, das sie am 24. Juni 1949 im Gewandhaus spielt, schreibt sie: „Ich spielte zum Anfang Roberts A-moll-Konzert, das vortrefflich ging, wie selten, und das ohne Probe! Ich spielt zu meiner eignen Zufriedenheit ... Es elektrisierte allgemein, ist aber auch wirklich ein prächtiges Stück"; ein anderes Mal formuliert sie die übermächtige Wirkung seiner Werke am Beispiel des Faust. „Lange ergriff mich nichts so als dieser Verein von Worten und Musik, es macht einem den Eindruck, als wäre beides eine Seele entsprungen. Ich kann keinen Ausdruck finden für das wonnigliche Gefühl, was mich wieder bei dieser herrlichen Musik förmlich übermannt. Wenn Robert etwas geschrieben hat, was mich so ganz mit Entzücken erfüllt, so macht sich die Freude darüber in Tränen Luft". Erst als Roberts Schaffenskraft durch die übermächtig werdende Seelen-Krankheit jäh abbricht, findet die Komponistin zur eigenen Musik zurück.

Angesichts dieser Indizien vom unwiderruflichen Ende der künstlerischen Gemeinschaft der Schumanns, sogar vom Ende einer Ehe zu sprechen, wie es diverse 'Biographien' zu tun pflegen, ist allerdings herbeigeholt. Fakt ist, daß Clara Schumann dabei ist, sich künstlerisch (und nur künstlerisch!) zu emanzipieren.

„Genoveva"

Anfangs wurde einmal gesagt, Clara Schumanns Leben sei ein Vabanquespiel zwischen Passivität und Aktivität. Die Männer in ihrem Leben erwarten das erstere von ihr, gleichzeitig zwingen sie die Lebensumstände zur Aktivität, wie das Dresdner Mai-Bild zeigt. Sie kann die Erwartung ihres

Mannes gar nicht erfüllen, auch wenn sie es möchte. Robert Schumann sähe sie gern in „ihrem Hauptberuf als Mutter" glücklich, aber das ist Clara Schumann nicht, wenn sie nicht zugleich ihrem eigentlichen Lebenssinn als Künstlerin nachgehen kann.

Die Frauenrechtlerinnen ihrer Zeit fordern ein Umdenken, fort von dieser Vorstellung der passiven Frau, die ihr eine angemessene Ausbildung und damit die geistige Gleichheit mit dem Mann verbietet. Die Vormärz-Schriftstellerin Fanny Lewald sieht in der mangelnden Frauenausbildung „eine Geringschätzung der Frauen, ein völliges Verkennen ihrer Stellung und ihrer Aufgabe innerhalb der menschlichen Gesellschaft".

Nun, Friedrich Wieck ließ seiner Tochter nicht mehr Bildung vermitteln, als für den Beruf einer Pianistin nötig, d.h. Klavierspiel, Gesang, Grundbegriffe der Musiktheorie, des Schreibens, Rechnens, Lesens, außerdem Englisch und Französisch, um auf Konzerttourneen bestehen zu können; Robert Schumann schrieb seiner Frau in seinen „Haus- und Lebensregeln" zwar, sie solle sich tüchtig im Leben, in anderen Künsten und Wissenschaften umsehen, er ermunterte sie zu kleinen Kompositionen, aber ihr ernsthaften Kompositionsunterricht zu erteilen, um ihr das Schreiben großangelegter Werke, Symphonien oder Konzerte zu ermöglichen, auf diesen Gedanken ist Schumann niemals gekommen; dabei klagt Clara oft genug darüber, wie schwer ihr das Lesen und Verstehen von Partituren fällt.

Damit bleibt Clara Wieck-Schumanns Ausbildung in den für Frauen gesteckten engen Grenzen, sogar noch weit darunter, vergleicht man ihren Lernstoff mit etwa dem bürgerlich-durchschnittlichen der nur acht Jahre älteren Fanny Lewald, der Klavierspiel, Handarbeiten, Französisch, Geographie, Geschichte, Deutsch, Generalbaßübungen und Schönschreiben vorsieht.

Robert Schumann fördert seine Frau in gewissem Maße, er führt sie an die große Literatur, eröffnet ihr teilweise die Welt der Komposition, aber nicht aus selbstloser Unterstützung eines großen Talents, sondern damit sie ihm und ihr so „manche schöne Stunde" bereiten könne. Ansonsten fordert er von ihr, was jeder Frau abverlangt wird, „die Tugenden ihres Geschlechts, Milde, Geduld, Nachgiebigkeit, Friedfertigkeit".

Clara Schumann hätte wohl gern wie Ida Hahn-Hahns literarische Figur 'Cornelie' ausgerufen: „Ich aber erkenne nur eine Tugend an, und das ist die Energie", um sich endgültig aus den Zwängen von außen aufoktroyierter Passivität zu lösen. Ihre Tagebücher lassen genügend Schlüsse darauf zu, wie sehr sie unter der Beschränkung ihrer künstlerischen Freiheit leidet. Dennoch vermag sie es nicht, sich völlig, wie andere Zeitgenossinnen (jener energischen Johanna Kinkel z.B., die wie Beethovens Leonore/Fidelio den Kraftakt unternimmt, den Ehemannn aus der Kerkerhaft zu befreien), aus ihren sozialen Einbindungen zu befreien. Clara Schumanns Kindheit und Ehe sind geprägt von Bevormundung: „unterdrückt und arm" ist sie, die „Beeinträchtigung aller, aller Fähigkeiten", „die Unmöglichkeit, nach Neigung und Geschick sich auszubilden" sowie „die unbedingte Hingabe an den Mann" sind kennzeichnend, mit einem Wort: „sie ist völlig rechtlos". Aber schon ihre kleinsten und allerkleinsten Schritte in Richtung eines künstlerischen Eigenlebens empfindet Robert Schumann als bedrohlich. Daß sie sich in den Maitagen 1849 heldenhafter als er selbst benimmt, wird Robert sicherlich unbewußt wahrgenommen haben.

Seit 1847, seit sein „Clärchen" ein inspiriertes und äußerst durchdachtes Trio zustande gebracht hatte, arbeitet Robert Schumann an einer Oper. Er hat sich bis dahin mit allen musikalischen Gattungen auseinandergesetzt, es fehlt nur ein Bühnenwerk, um die Palette seines OEuvres zu vervollständigen. Im Jahr 1845 beginnt er mit der Suche nach einem geeigneten Sujet. Clara Schumann, wie immer vom ersten Moment an in die Entstehung seiner Werke eingebunden, berichtet am 16. Januar: „Robert beschäftigt sich viel ... mit Operntexten ... Er wird nun nach verschiedenen Seiten hin operieren, es wird sich doch noch ein Dichter finden". „Nach verschiedenen Seiten" bedeutet, daß Schumann sich noch nicht über das Genre der Oper im klaren ist: Singspiel oder große Oper, italienische Manier oder deutsch à la Carl Maria von Weber, Helden- oder Heldinnensujet?

Es ist bezeichnend für Robert Schumann, daß er vom Text ausgehend sich für eine passende Operngattung entscheidet; normalerweise hat der Komponist zunächst im Sinn, welche Musik er schreiben will und sucht ein dementsprechendes Libretto. Schumann läßt sich von der Sprache leiten. Er sucht daher in allen nur denkbaren literarischen Richtungen nach einem Text. Byron? Goethe? Die Odyssee? Vielleicht Briefe Ciceros? Wie ist es mit Grillparzer, dem ersten Bewunderer Clara Schumanns? Clara schreibt in Roberts Auftrag sogar die westfälische Dichterin Annette von Droste-Hülshoff an, deren Gedichte er bewundert. Ob sie bereit wäre, ihm einen Operntext zu schreiben?

Annette von Droste-Hülshoff beschäftigt sich selbst mit Komposition, erreicht darin jedoch keinen Boden jenseits des Dilettantismus. Lange Zeit trägt sie sich mit dem Gedanken, die Geschichte der Wiedertäufer in Münster zum Thema eines Opernlibrettos zu machen, das sie selbst vertonen will. Die Komposition kommt über ein paar Skizzen nicht hinaus. Danach gerät die Musik bei Droste-Hülshoff in den Hintergrund. Als sie Clara Schumanns Brief in Händen hält, hat sie mit diesem Thema längst abgeschlossen. „Ich habe jetzt wieder einen wunderlichen Brief bekommen von einer jetzt sehr berühmten Klavierspielerin", schreibt sie an ihren Bruder, „Klara Wieck, die an einen Komponisten Robert Schumann verheiratet ist ... Sie schreibt ängstlich und sehr komplimentös; ihr Mann wünsche eine neue Oper zu komponieren, sei aber mit den vorhandenen Texten und Schriftstellern nicht zufrieden ... wie glücklich es ihn machen würde, von mir eine Dichtung zu diesem Zweck erhalten zu können ... Der Brief war von Dresden datiert. Ich kann mich nicht dazu entschließen; das Opernschreiben ist etwas gar zu Klägliches und Handwerksmäßiges". Die Dichterin lehnt also ab. Ein Grund dürfte ihr besorgniserregender Gesundheitszustand sein; im Frühjahr 1846 erkrankt sie schwer, im Herbst reist sie trotzdem zu ihrer Schwester nach Meersburg, erkrankt erneut und stirbt am Nachmittag des 24. Mai 1848.

Bedenkt man Robert Schumanns Frauenbild, dann erscheint es vor allem im Hinblick auf den Opernstoff, den er sich letztlich zur Vertonung auswählt, geradezu bizarr, daß er eine Annette von Droste-Hülshoff um ein Libretto bittet, jene Dichterin, die ihr Recht auf selbständiges Künstlertum in ihren Gedichten immer wieder einfordert. So heißt es im Gedicht „Mein Beruf":

„Was meinem Kreise mich enttrieb,
Der Kammer friedlichem Gelasse?"
Das fragt ihr mich, als sei ein Dieb,
Ich eingebrochen am Parnasse.
So hört denn, hört, weil ihr gefragt:
Bei der Geburt bin ich geladen,
Mein Recht soweit der Himmel tagt,
Und meine Macht von Gottes Gnaden."

Annette von Droste-Hülshoff formuliert hier einen emanzipatorischen Schritt, den Clara Schumann niemals derart drastisch fordern, geschweige denn gehen würde: das Recht auf Beruf und Berufung. „Für eine Frau ist es aber meistens ein Unglück", klagt die zeitgenössische Schriftstellerin Luise Mühlbach über die Unmöglichkeit weiblicher Berufstätigkeit, „wenn sie in ihrer Seele dieses rastlose, nimmer ermattende, ewig brennende, ewig schmerzende und nie zu befriedigende Feuer des Ehrgeizes trägt; wenn diese, dem Manne bestimmte Gabe, dieser Genius aller großen Taten, sich einmal in eine Frauenseele verirrt, so wird sie leiden und sterben müssen an den Zuflüsterungen dieses Genius, der für sie nichts ist als ein Dämon, welcher ihr täglich tantalische Qualen bereitet". Clara Schumann unterdrückt ihre Berufung. Sie sei ja glücklich als Hausfrau und Mutter, suggeriert ihr Robert wieder und wieder. Und Clara pflichtet ihm bei: „ich habe ja kein Talent", verleugnet sie sich und flüchtet in passive Resignation.

Passivität und Aktivität. In Droste-Hülshoffs Gedichten wird das Kontrastbild männlichen und weiblichen Aktionsbereichs beschworen. Ein Schlüsseltext ist das Gedicht „Am Turme". Das lyrische Ich stellt sich vor wie es wäre, mit dem Sturm „auf Tod und Leben" zu ringen, durch das wellenbewegte Meer zu schwimmen, ein Schiff zu steuern, Jäger, Soldat, schließlich: Mann zu sein, aktiv zu sein, nur nicht passiv, nach Frauenart, im Zimmer zu sitzen. Droste-Hülshoffs eigene Position ist irgendwo dazwischen, auf dem Balkon des Turms, an der Grenze vom beengten häuslichen Raum zur freien Landschaft.

„Ich steh' auf hohem Balkone am Thurm,
Umstrichen vom schreienden Staare,
Und laß' gleich einer Mänade den Sturm
Mir wühlen im flatternden Haare;

O wilder Geselle, o toller Fant,
Ich möchte dich kräftig umschlingen,
Und, Sehne an Sehne, zwei Schritte vom Rand
Auf Tod und Leben dann ringen! ...

Wär ich ein Jäger auf freier Flur,
Ein Stück nur von einem Soldaten,
Wär ich ein Mann doch mindestens nur,
So würde der Himmel mir rathen;
Nun muß ich sitzen so fein und klar,
Gleich einem artigen Kinde,
Und darf nur heimlich lösen mein Haar,
Und lassen es flattern im Winde!"

Wählte nun Robert Schumann einen Text Droste-Hülshoffs als Grundlage seiner Oper, ergäbe sich über den möglichen Konflikt mit dem Textinhalt eine direkte Konfrontation mit seiner und Claras persönlicher Problematik. Es ist von daher nicht verwunderlich, daß er schließlich unter den 'Frauendramen' Friedrich Hebbels, „Judith", „Maria Magdalena" und „Genoveva", letztere, die Geschichte der duldend leidenden Märtyrerin, zur Vertonung auswählt. „Das ist ein schönes Opernsujet", pflichtet Clara Schumann ihm bei.

Schumann spielt in seiner „Genoveva" bewußt mit den Kontrasten männlich/weiblich und am Ende der Oper gehen jene Figuren als Sieger hervor, die diesem Schema der genauen Unterteilung entsprechen: der heldenhafte Siegfried und die tugendhafte Genoveva.

Bleiben wir zunächst bei einer kurzen Inhaltsbeschreibung: Die Oper umfaßt vier Akte. Im ersten Akt verabschiedet sich Graf Siegfried, der in den Krieg ziehen muß, von seiner Frau, die er dem Schutz seines Gefährten Golo anvertraut. Golo liebt Genoveva. Als die Gräfin vor Abschiedsschmerz ohnmächtig niedersinkt, küßt er sie. Seine Amme, die Hexe Margarethe, hat die Szene unbeobachtet belauscht. Zweiter Aufzug: Genoveva weist Golo zurück. Margarethe rät dem Rachsüchtigen, den Haushofmeister Drago in Genovevas Gemach zu locken, während sie selbst Drago und die Gräfin bei Siegfrieds Gefolge verleumdet. Die mißtrauischen Höflinge dringen daraufhin in Genovevas Kammer ein, finden Drago und töten den vermeintlichen Ehebrecher. Genoveva wird eingekerkert. Im dritten Akt eilt Margarethe zu Siegfried und gaukelt ihm mit Hilfe eines Zauberspiegels den angeblichen Treuebruch seiner Ehefrau vor; Golo bestätigt ihm das Verbrechen. Während Siegfried schnellstens heimkehrt, erscheint Dragos Geist der Hexe und zwingt sie zum Geständnis ihrer Untat. Vierter Akt: Genoveva wird in den Wald geführt, wo sie hingerichtet werden soll. Golo versucht ein letztes Mal, sie zu verführen. Aber die Gräfin bleibt standhaft. Im letzten Moment - die Henker wollen eben zustoßen - rettet Siegfried, dem Margarethe alles gestand, seine unschuldige Gattin.

Als Autor des Librettos gewinnt Schumann einen seiner 'Leib- und Magendichter': Robert Reinick. Dessen Textbuch ändert der Komponist selber mehrmals um. Von Clara Schumann unbemerkt, beginnt er mit der Komposition der Ouvertüre. Anfang Januar 1848 ist der erste Akt skizziert. Robert arbeitet wie ein Besessener am ersten Akt, „verläßt ihn nun aber auch Tag und Nacht nicht, was doch seine Nerven angreift". Ende Januar ist der erste Teil instrumentiert. Im Februar, April/Mai und Juni entstehen nacheinander die übrigen drei Akte. Des öfteren leidet Schumann während der gesamten Arbeit an seinem „Nervenübel", der deutlichste Hinweis auf seine angespannte Konfliktsituation. Mit Vollendung der Oper „Genoveva" findet er allerdings eine Lösungsmöglichkeit, die seine tradierte Vorstellung von der Beziehung Mann-Frau legitimiert.

Graf Siegfried ist der aufrechte Held. Sein erster Auftritt ist repräsentativ für das Geschlecht Mann, das er vertritt: Im Hof erwarten ihn die Ritter, um in den Krieg aufbrechen zu können. Siegfried erscheint an der Seite Genovevas. In ihrem Abschiedsduett besingt er das „herrlich Streiten, für die Christenheit des Krieges Banner glorreich zu erheben". Genoveva unterwirft sich dagegen demütig dem Willen Gottes, der ihr den Geliebten entführt: „Der dich mir gab, er sehe mich bereit, auf sein Gebot mein Liebstes hinzugeben". Noch dazu hat sie sich schweigend zu fügen, belehrt Siegfried sie: „Du bist ein deutsches Weib, so klage nicht!" Die eigentliche Abschiedsszene geschieht pantomimisch vor dem Hintergrund des martialischen Männerchors „Auf, auf in das Feld!". Der Mann ist also in einen aktionsreichen Rahmen eingebunden, orientiert sich weg von der Heimat, hin nach außen. Im Kontrast dazu die Anfangsnummern der Genoveva: erst demütiges Unterwerfen, dann ihre Ohnmacht im Abschiedsschmerz, Bild ihrer Schutzbedürftigkeit. Genovevas Schlüsselszene liegt zu Beginn des zweiten Aktes. Ein typischer Topos für Weiblichkeit: Sie sitzt in ihrem Zimmer am Spinnrad und denkt an ihren Liebsten. Die Frau ist im Gegensatz zum Mann nach 'innen' orientiert, an den engsten häuslichen Bereich, die Intimität ihres Gemachs gebunden.

Robert Schumann führt ausgerechnet diese Szene mit einem Rückbezug auf ein von Clara Schumann vertontes Gedicht ein; „O weh, des Scheidens, das er that", singt Genoveva, „O weh, des Scheidens das er that", komponierte Clara nach Heinrich Heines Text! Der Hinweis ist allzu klar, fast wie ein Vorwurf: Wie Genoveva stellt Robert sich seine Ehefrau vor. Das ist es, was er von ihr erwartet!

Der Charakter Genovevas bleibt bis zum Ende der Oper hin konstant. Die Waldszene des vierten Akts ist kein Stück anders als ihr allererster Auftritt. Die Komponenten der Figur Genoveva bleiben Duldsamkeit und Unterwerfung unter die allerhöchste Autorität, die göttliche Instanz. Ein Kreuz im Wald, in dem sie getötet werden soll, erscheint ihr als letzte Rettung. „Ein Kreuz, ein Muttergottesbild! ... O heil'ge Jungfrau ... Mich geb' ich hier in deine Hand ... Allgütiger! Sieh mich vor dir im Staube!" Nachdem sie tatsächlich gerettet ist, vergibt sie ihrem Mann natürlich - absolute Unterwerfung.

Interessanterweise haben beide Hauptfiguren ihren jeweiligen Widerpart, einen negativen „Doppelgänger", würde Schumann vielleicht sagen. Neben dem Helden Siegfried steht der lüsterne Golo, neben der reinen Genoveva die Hexe Margarethe. Im Gegensatz zu den Titelhelden verlassen diese beiden Figuren die ihnen vom Geschlecht her eigentlich zugeordneten Bereiche von Aktivität und Passivität. Die Amme ist kein geduldiges deutsches Weib wie die Gräfin. Sie ist Hauptdrahtzieherin der Intrige. Sie ist das eigentlich Böse der Oper. Margarethe bestimmt das ganze schreckliche Geschehen um die leidende Genoveva. Indem sie das tut, tritt sie hinaus in eine Männerdomäne: die Aggression. Mit ihrem Hinaustreten aus der weiblichen Passivität wandelt sie sich immer mehr zum Bösen hin. Als sie Siegfried den Zauberspiegel zeigt, ist ihr Intrigenspiel auf dem Höhepunkt und sie als Hexe charakterisiert. Der „Lohn" für ihr Betreten des verbotenen männlichen Raums: Sie wird von Dragos Geist verfolgt.

Etwas anders präsentiert sich die Figur Golo. Er würde sich gerne am Kriegstreiben Siegfrieds beteiligen („Wer doch wie sie in blut'ger Feldschlacht könnte werben um Ruhm, den Tod der Ehre sterben"), ist aber gezwungen, im Schloß zu bleiben. Er begibt sich also nicht freiwillig in den amännlichen Bereich. Trotzdem wirkt sich der Austritt aus den angestammten Grenzen verheerend auf ihn aus: Aus dem unglücklich Liebenden wird ein Verführer, Verführter, schließlich ein Verfolger und damit nicht minder böser Charakter als Margarethe.

Schumanns Lehre heißt: Frau und Mann haben in den ihnen gesteckten Grenzen zu bleiben, wollen sie nicht untergehen. Mit der aufgesetzten Moral seiner Oper „Genoveva" versucht er, die erschütterte Beziehung zu seiner Frau zu korrigieren. In der Oper gelingt das, wenn auch nur mit Hilfe eines 'Deus ex machina', dem Geist Dragos, nicht aber aus der Figurenentwicklung heraus. Gleichzeitig schafft sich Robert Schumann mit dem Helden Siegfried eine Identifikationsfigur gegen seinen eigenen inaktiven Charakter. „Genoveva" ist ein Appell Schumanns an seine Frau; so wie die Opernheldin soll sie werden und ihm das Gefühl lassen, ein Siegfried zu sein, ansonsten seien sie verloren wie Golo und Margarethe. Aber auch wenn der Appell nicht realisierbar ist, die Komposition der Oper scheint jedenfalls eine Krisensituation Roberts vorübergehend gelöst zu haben. Nachdem er im Jahr 1846/47 nur wenig komponierte, löst „Genoveva" eine produktive Phase aus. Rasch hintereinander entstehen „Manfred" op.115, „Lieder aus Wilhelm Meister" op.98a und Kammermusik. „Genoveva" wird am 25. Juni 1850 im Leipziger Stadttheater uraufgeführt. Sie bleibt, zu Schumanns großem Kummer, nicht mehr als ein Achtungserfolg.

Und Clara Schumann? Schwärmt: „Die Musik hat mich ganz mit Wonne erfüllt, welch ein dramatisches Leben, welch eine Charakterisierung in Musik ... Das ist einmal wieder echte deutsche schöne Musik ... solche Kraft der Empfindung in der Instrumentation vom Gewaltigsten bis zum Zartesten! - Das ist der wahre Genius ... Möchtest Du, mein geliebter Robert, das doch immer recht empfinden und immer so glücklich im Innersten sein!" Verstanden hat sie den Hilferuf ihres Mannes nicht.

„Und ruhig fließt der Rhein"

Einen weiteren Schritt in Richtung Emanzipation geht Clara Schumann mit der Übersiedlung der Familie nach Düsseldorf.

Robert Schumann, der schon seit langem auf eine feste Anstellung hofft, erhält plötzlich vom alten Freund Ferdinand Hiller das Angebot, dessen Posten als Musikdirektor in Düsseldorf zu übernehmen. Hiller, der seit 1846/47 als Kapellmeister in Düsseldorf wirkt, plant, als Dirigent und Konservatoriumsleiter nach Köln zu gehen; seine Stelle in der Rheinstadt wird damit frei. Schumann ist zunächst unentschlossen. Ja, in Dresden will und kann er nicht bleiben, aber so ganz fort aus der Heimat, weit weg von Leipzig, das ist auch nicht das rechte. Und dann - die Bezüge als Düsseldorfer Musikdirektor sollen nicht allzu hoch sein. Lohnt sich der Umzug mit Sack und Pack, fünf Kindern und einer Frau im Schlepptau? Clara Schumann faßt mehr Passion für einen Umzug nach Düsseldorf. Sie gibt zu bedenken, daß ihr Mann dort endlich eine willkommene Möglichkeit haben werde, seine Orchesterwerke aufführen zu können. Sie hofft insgeheim, Schumann werde dann mehr größere, verkaufsträchtige Stücke komponieren. „Ich freue mich vor allem, viele von Roberts neuen Sachen, die wir noch nicht mit Orchester gehört, dort zu hören. Er muß durchaus einmal ein Orchester unter sich bekommen ... Hier sitzt man jahrelang mit seinen Schätzen vergraben". Ganz uneigennützig denkt sie sicherlich nicht, weiß man, daß sie sich von Düsseldorf neue Inspiration für ihre Kunst erhofft. Also fort von Dresden. „Hier bleiben wir keinesfalls", ruft Clara Schumann aus.

Das Ehepaar Schumann entschließt sich dazu. Der Entscheid wird auch von dem lockenden Jahresgehalt von 700 Talern beeinflußt. Robert Schumann wird im Mai 1850 als Musikdirektor Düsseldorfs eingesetzt. Vor dem endgültigen Umzug wird seine Oper „Genoveva" in Leipzig uraufgeführt. Die zur großen Enttäuschung des Ehepaars nur mäßige Aufnahme des Werks macht den Abschied von der Heimat leichter.

Die Übersiedlung nach Düsseldorf erweist sich als mühevolles Unternehmen. Der gesamte Hausrat muß sicher verpackt, Träger und Kutsche zum Bahnhof rechtzeitig bestellt und die Aufsicht über die vier kleinen Kinder Marie, Elise, Julie und Ludwig organisiert werden, nicht zu vergessen der im Juli 1849 geborene Ferdinand, der noch die volle Aufmerksamkeit seiner Mutter beansprucht. Mit der ihr eigenen praktischen Energie bewältigt Clara Schumann die Reisevorbereitungen. Glücklicherweise ist man nicht mehr völlig auf Post- und Frachtkutschen angewiesen, wie noch vor einigen Jahrzehnten, mag sich die Komponistin gesagt haben. Was für eine Strapaze wäre ein Umzug zu Anfang des Jahrhunderts gewesen! Wehmütig erinnert sich Clara Schumann an die aufreibenden Konzertreisen mit ihrem Vater in einer schlecht gefederten Postkutsche über holprige Straßen. Mittlerweile überbrückt die Eisenbahn weite und weiteste Entfernungen. Ein immer dichter werdendes Bahnnetz überzieht Deutschland, die Strecken dehnen sich von Köln über Berlin bis bald auch ins an der Ostsee gelegene Danzig, von Frankfurt am Main bis Breslau, von Kiel, hoch oben im Norden über die Freie Hansestadt Hamburg bis hinunter ins Königreich Bayern, bis nach München. Über 6.000 km Schienenstränge! Eine Bahnfahrt von Dresden nach Düsseldorf ist kein Problem mehr.

Die siebenköpfige Familie bricht im Morgengrauen des 1. September 1850 in Dresden auf. Die Kinder genießen die abenteuerliche Fahrt in der Eisenbahn. Wie die Landschaft dahinfliegt! Für ihre Begriffe bedeuten 30 bis 40 Stundenkilo-

12 Düsseldorf am Rhein. Robert Schumanns letzte Wirkungsstätte.

meter ein rasantes Tempo. In den ersten Abendstunden des 2. September erreichen Schumanns Düsseldorf, froh darüber, nur zwei Tage unterwegs gewesen zu sein. Auf dem Perron erwartet sie der gute Freund Ferdinand Hiller gemeinsam mit einigen Vertretern des Musikvereins. Mit einer Huldigungs- rede begrüßen sie den neuen Musikdirektor, der sich geehrt und geschmeichelt fühlt. Seine Frau steht bewundernd und schweigend daneben, das Baby auf dem Arm, die größeren Kinder um sich geschart. Nach der kleinen Ansprache beglei-

tet Hiller die Familie in ihr Übergangsquartier, den Breiden-
bacher Hof.

Robert Schumann zeigt sich vom ersten Anblick der Rheinstadt begeistert. Kurz nachdem Ferdinand Hiller ihm die Stelle als Musikdirektor angeboten hatte, schrieb ihm der Komponist am 3. Dezember 1849 aus Dresden: „Ich suchte neulich
in einer alten Geographie nach Notizen über Düsseldorf und
fand da unter den Merkwürdigkeiten angeführt: drei Non-
nenklöster und eine Irrenanstalt. Die ersteren lasse ich mir

gefallen allenfalls; aber das letztere war mir ganz unangenehm zu lesen". Geraume Zeit war seine Angst vor der Düsseldorfer Irrenanstalt ein Grund, sich nicht sogleich für den angebotenen Posten zu entscheiden. Als er an diesem 2. September die Stadt sieht, die „wider unser Erwarten freundlich liegt, sogar auch von einem kleinen Bergrücken umgeben ist", sind alle Befürchtungen zerstreut.

Düsseldorf um 1850 ist tatsächlich eine schöne Stadt. 1288 gründete der Graf von Berg den Ort, dessen Stadtkern in drei Teile zerfällt und 1845 „33.000 Einwohner, ohne auf das etwa 3000 zu schätzende Militair" zählt. „Düsseldorf ist ein sehr angenehmer Aufenthaltsort; alles vereint sich hier, das Leben angenehm zu machen. Auch die Umgebung der Stadt ist anziehend. Ein herrlicher Spaziergang bietet der Hofgarten, ein wahrer Lusthain. Weitere Ausflüge sind Pempelfort mit einem Schlosse des Prinzen Friedrich von Preußen, und dem schönen Garten, wo einst Friedrich Heinrich Jacobi wohnte und die ausgezeichnetsten Geister Deutschlands, wie Goethe, Herder, Wieland, Friedrich Leopold von Stolberg usw. um sich versammelte. Von dem Grafenberg, 200 Fuß hoch, genießt man eine herrliche Aussicht", wie schon fünf Jahre vor Robert und Claras Eintreffen ein Besucher der Stadt zu berichten wußte.

Robert Schumann sieht Düsseldorf, den Rhein, Schloß Jägerhof und Schloß Benrath und sieht das Heidelberg der Jahre 1829/30, seiner Studienzeit. Heidelberg am Neckarufer, die barocke Altstadt, das „alte herrliche Bergschloß und die grünen Eichenberge...", wie er seinerzeit seiner Mutter mitteilte. Und die Landschaften um Düsseldorf und Heidelberg sind ähnlich: der Fluß zu Füßen der Stadt, eine waldreiche Umgebung. Hier, glaubt Schumann fest, muß alles gut gehen - seine Studienjahre waren ja auch glücklich gewesen.

Für Clara Schumann bedeuten diese romantischen Träumereien weniger. Ihr Alltag sieht völlig anders aus. Zunächst sieht sie wieder einmal einer hektischen, sie ermüdenden Situation entgegen: nach dem Umzug nach Düsseldorf, die Suche nach einem geeigneten Haus, dazwischen die umhertobenden

Kinder. Robert Schumann fühlt sich nicht gut; den empfindlichen Künstler stören diverse Unannehmlichkeiten stärker als seine praktischer veranlagte Frau. Clara Schumann muß einmal mehr Rücksicht auf den Kränkelnden nehmen; sorgenvoll notiert sie in ihrem Tagebuch: „Die nächstfolgenden Tage vergingen wieder in größeren häuslichen Sorgen. Ich mußte meiner Köchin aufsagen, weil sie gar zu prätentiös war; die Hauptsorge aber war, daß Robert durch das fortwährende Geräusch auf der Straße, Leierkasten, schreiende Buben, Wagen usw. in eine höchst nervöse, gereizte, aufgeregte Stimmung geriet, die von Tage zu Tage zunahm; arbeiten konnte er fast gar nichts und das wenige mit doppelter Anstrengung". Zur Sorge um Robert kommen finanziell begründete Ängste: „Noch nie haben mich die materiellen Sorgen so gequält als jetzt, dazu der Umstand, daß ich nichts verdiene".

Aus dem Satz spricht Clara Schumanns Bedauern, selbst einmal mehr mit ihrer Musik zurückstehen zu müssen; in Leipzig und Dresden hatte sie Klavierschüler gehabt, es bereitete ihr großen Spaß, Musik zu unterrichten. Hier in Düsseldorf ist vorerst nicht an Stundengeben zu denken. Es muß sie aber zufriedenstellen, daß sie wenigstens im ersten Abonnementkonzert, im Oktober 1850, Mendelssohns g-Moll-Konzert spielen darf: „Es gelang mir alles vortrefflich, und nie kann ich mich eines so allgemeinen Beifalls entsinnen, als ich heute fand".

Die herzliche Aufnahme der Düsseldorfer tröstet die Schumanns über vieles hinweg. Robert Schumann fühlt sich sogleich bestätigt und unternehmungslustig: „es war... ein Ständchen, das das hiesige Orchester dem Robert brachte. Robert war auf das Freudigste überrascht ... Sie spielten alles sehr gut, und ich denke, Robert wird mit dem Orchester schon etwas anfangen können".

Robert Schumann lebt sich schnell in Düsseldorf ein. Die Arbeit mit dem Orchester scheint gut zu funktionieren. Dem hiesigen Publikum, das der Moderne sehr aufgeschlossen gegenübersteht, gefallen Schumanns Kompositionen. Die

129

ungewohnten Ovationen wiegen Robert in einem Glücksgefühl ohnegleichen. Er führt nun auch wieder ein geselliges Leben, wie er es seit seiner Leipziger Zeit nicht mehr geführt hat. Erinnerungen an die ‚Schwärmabende' seiner Jugend flammen auf, als er nächtelang mit Freunden bei reichlich bayrischem Bier und Mädchen in schummrigen Lokalen diskutierte, sang, oder einfach nur das Leben genoß! Die Düsseldorfer sind bekannt für ihre Geselligkeit und Offenheit, sie finden sich immer zu irgendeiner Feier aufgelegt. Clara Schumanns Tagebuchnotizen zu den ersten Wochen in Düsseldorf berichten von beinahe täglichen Einladungen zu diversen Gesellschaften. Mit einigen Mitgliedern des städtischen Musikvereins, einem Notar Euler und Professor Hildebrand, verbringen sie gesellige Abende; „Mittwoch, den 18. besuchten wir Eulers in Flingern, wo sie ein nettes Haus mit schönem Garten im Sommer bewohnen. Es war eine hübsche lustige Gesellschaft draußen".

Clara Schumann profitiert sehr von der Hilfsbereitschaft der Einheimischen; so berichtet sie gerührt von einem kleinen Erlebnis am Rande: „Freitag, den 4., machten wir eine Partie auf den Grafenberg, unterdessen räumte Frl. Hartmann (ein liebes freundliches Mädchen) Roberts Stube von vorn nach hinten, und als wir zurückkamen, fanden wir alles fix und fertig ... mit zwei schönen Bäumchen geschmückt. Die Damen sind hier ... voller Freundlichkeit und Dienstfertigkeit für mich".

Im 'zopfigen' Dresden vermißte das Musikerpaar den Kontakt mit gleichgesinnten Künstlerfreunden. In Düsseldorf dagegen finden sich rasch musikbegeisterte Freunde, die den Schumanns das Leben angenehm machen. Da ist der allgegenwärtige Hiller, da ist der bereits erwähnte Professor Hildebrand, „ein prächtiger Mann, ein Künstler durch und durch ... ein gemütvoller Mann ... großer Musikenthusiast"; in den Freundeskreis reiht sich der Arzt und Dichter Wilhelm Müller von Königswinter. Aus Leipzig kommt der Violinist und Komponist Wilhelm Joseph von Wasielewski, späterer Biograph Schumanns. Robert Schumann hat ihn eingeladen, bei einigen Düsseldorfer Konzerten mitzuwirken. Wasielewski läßt sich nicht lange bitten, kommt bereits am 15. Oktober in Düsseldorf an und bringt den Schumanns die neuesten Nachrichten aus dem fernen heimischen Leipzig.

Das Haus Schumanns öffnet sich unter Wasielewskis Beteiligung allmählich dem emsigen Düsseldorfer Musikbetrieb mit kleinen Privatveranstaltungen. „Kleine Musik", nennt Clara ihre unregelmäßigen Musizierabende, bei denen sie sich mit Roberts Werken präsentieren kann. Clara Schumann bedeuten diese Privatsoireen viel. Da ihr Mann durch seine Stellung fest an Düsseldorf gebunden ist, können sie es sich vorläufig nicht erlauben, ausgedehnte Konzertreisen zu unternehmen. Die Pianistin muß sich damit begnügen, ab und zu in einem städtischen Abonnement-Konzert zu glänzen. Das Musikkomitee erwartet von ihr eine gewisse Beteiligung an diesen Konzerten, gewissermaßen als Gratiszugabe zum Dirigat ihres Mannes. Von einer entsprechenden Gage für Clara Schumann wird nicht gesprochen. Ihre Leistungen sind in Roberts Bezügen inbegriffen. Eine großartige Karriere kann sie im offiziellen Düsseldorfer Musikleben nicht machen. Die privaten Musizierabende schaffen einen Ausgleich. Hier kann die Pianistin zeigen, was für eine exzellente Virtuosin sie ist. Die Freunde bewundern unverhohlen ihr Talent, und Clara Schumann, Künstlerin mit Leib und Seele, sonnt sich in ihrer Anerkennung. „Die Leute hier haben mehr Enthusiasmus und guten Willen, das Schöne herauszufinden", pflegt sie zu sagen.

Ferdinand Hiller ist der feste Pol des rheinischen Freundeskreises. Der erklärte Clara-Bewunderer nimmt in Schumanns Haus an der Grabenstrasse regelmäßig an den abendlichen Musikstunden teil. Das gemeinsame Musizieren legt den Grundstein zu einer lebenslangen, tiefen Freundschaft zwischen dem Pianisten und der Klaviervirtuosin. Obwohl Clara Schumann Hiller bereits seit ihrer Parisreise 1832 als Wiecksches Wunderkind kennt, entwickelt sich erst in diesen Wochen ein Verständnis füreinander, das über den Grad einer Bekanntschaft hinausreicht.

Robert Schumann verdankt dem Freund schließlich viel, Clara labt sich an der restlosen Bewunderung Hillers, und mehr als ein i-Tüpfelchen Hillers Musikanschauung ist gar nicht so weit von der Robert und Clara Schumanns entfernt. Wie Schumann hält er wenig von italienischen und französischen Opernspektakeln. Meyerbeers Werke sind ihm gänzlich unverständlich. Einmal versuchte sich Hiller darin, eine italienische Oper zu schreiben. Das war im Jahr 1836, zur Zeit als der gebürtige Frankfurter sich einige Jahre in Oberitalien aufhielt. Der weltberühmte italienische Opernkomponist Gioacchino Rossini, Schöpfer der populären Meisterwerke „Wilhelm Tell" und „Der Barbier von Sevilla", hatte sich des fünfundzwanzigjährigen Pianisten angenommen und ihm das phantastische Libretto „Romilda" empfohlen. Hiller schrieb die Oper, die er an der Mailänder Scala aufführen konnte. „Romilda" fiel mit Pauken und Trompeten durch! Der maßlos enttäuschte Hiller wandte sich für immer von italienischer Opernkomposition ab. In Felix Mendelssohn fand er ein neues Leitbild. Unter seiner Leitung führte Hiller 1840 sein Oratorium „Die Zerstörung Jerusalems" op.24 in Leipzig auf. Sein Erfolg war überwältigend. Hiller sah sich in dem neu eingeschlagenen Weg bestätigt. Es entstehen Lieder und Chöre nach Texten von Heinrich Heine, er vertont „6 Lieder aus Rückerts Liebesfrühling", „Fantasiestücke" für Klavier und eine „Faust"-Ouvertüre. Mit diesen Werken begibt er sich in die geistige Nähe Robert Schumanns.

In Hiller finden die Schumanns eine verwandte Künstlerseele. Die Gespräche mit ihm über Musik und Politik werden niemals langweilig. Wenn Hiller an den „kleinen Musiken" teilnimmt, erzählt er seinen Freunden zuweilen Geschichten aus seiner Jugendzeit: wie er als zehnjähriges Wunderkind mit einem Mozart-Konzert debütierte, oder mit seinem Lehrer, dem Pianisten und Komponisten Johann Nepomuk Hummel, seinerseits Schüler des unsterblichen Joseph Haydn und Mozart-Rivalen Antonio Salieri, Wien für sich eroberte und die Bekanntschaft Ludwig van Beethovens machte. Dann leuchten Clara Schumanns Augen auf und sie schwelgt in eigenen Bildern der Vergangenheit ... damals, als sie noch Clara Wieck hieß und Wien ihrem Talent zu Füßen lag!

Ferdinand Hiller pflegt einen großen Bekanntenkreis, dem unter anderem die Dichter Heine und Börne, die französischen Schriftsteller Honoré de Balzac und Victor Hugo, die Komponisten Vincenzo Bellini, Chopin, Liszt und Berlioz angehören. Bei den Namen Chopin und Berlioz horcht Robert Schumann auf. Für deren Musik hegt er nach wie vor größte Bewunderung. Hiller spricht so lebendig von ihnen, daß der kleine Privatcircle im Hause Schumann zur internationalen Bühne wird.

Neben den Musizierstunden sind Robert und Claras Spaziergänge am Rhein ihre liebste Freizeitbeschäftigung. „Mein Vater ging regelmäßig vor der Mittagsmahlzeit eine Stunde spazieren. Die Mutter begleitete ihn immer, nur wenn sie krank war, durfte ich mit dem Vater gehen", erinnert sich die älteste Tochter Schumanns. Die Spaziergänge führen meistens hinunter an den Fluß. Auf der Rheinpromenade flaniert das Ehepaar auf und ab. Zuweilen macht sich Robert Schumann allein auf den Weg.

Die schöne Landschaft rings um Düsseldorf, die abwechslungsreichen Abende in Gesellschaft, die freundlichen Menschen, das aufgeschlossene Publikum, diese ganze neue Atmosphäre wirkt sich auf den Komponisten stimulierend aus: Er vollendet ein Cellokonzert und schreibt seine dritte Symphonie, die sogenannte „Rheinische", op.97. 1850/51 beginnt er mit der Arbeit an „Der Rose Pilgerfahrt" und plant weitere Orchesterprojekte. Die beinahe sprichwörtliche rheinische Lebenslust spiegelt sich in verschiedenen kleineren Kompositionen Schumanns, z.B. im „Rheinweinlied" op.123, oder auch in den „Fünf heiteren Gesängen für eine Singstimme".

Der Rhein ist für Schumann seit jeher mit besonderen Vorstellungen verknüpft. Er taucht in wesentlichen seiner Lieder als Motiv auf. Es hängt vielleicht zum Teil mit Roberts Vorliebe für den Düsseldorfer Dichter Heinrich Heine zusammen.

Ein Rhein-Gedicht Heines, „Im Rhein, im heiligen Strome", ist zum Beispiel in den Liederkreis „Dichterliebe" eingebunden.

Schumann, der sich als Nachfolger der deutschen Musiktradition Johann Sebastian Bachs, Ludwig van Beethovens und Carl Maria von Webers begreift und deutsche Komponisten, die seiner Meinung nach 'undeutsch' schreiben (z.B. Giacomo Meyerbeer) ablehnt, benutzt das Rhein-Motiv als Vaterland-Motiv. Beispiel hierfür ist seine Vertonung des Robert Reinick-Gedichts „Sonntags am Rhein". Die letzten Strophen, deren Worte „das ganze Vaterland" und „treue Vaterland" Schumann durch Sextsprünge aufwärts besonders hervorhebt, lauten:

„Das alles beut der prächt'ge Rhein
an seinem Rebenstrand,
und spiegelt recht im hellsten Schein
das ganze Vaterland.

Das fromme, treue Vaterland
in seiner vollen Pracht,
mit Lust und Liedern allerhand
vom lieben Gott bedacht."

Vollends zur Jahrhundertmitte blüht die romantische Rheinliteratur wieder auf. In unzähligen Gedichten wird der 'Vater Rhein' beschworen. Fast immer steht er als pars pro toto für das deutsche Vaterland, so wie auch Robert Schumann das Rhein-Motiv einsetzt. Man darf nicht übersehen, daß die innenpolitische Stimmung um 1850 hauptsächlich um die Idee einer geeinten deutschen Nation kreist. Noch ist Deutschland ein Bund verschiedener Königreiche, Kurfürsten- und Herzogtümer, ein Nebeneinander von Klein- und Kleinststaaten. Die Revolution von 1848 hatte die gewünschte nationale Einheit nicht erzwingen können. Das Bürgertum blickte enttäuscht auf den Scherbenhaufen seiner politischen Emanzipationsbestrebungen. Der Revolutionen und politischen Debakel müde, verwirklichte es sich zumindest in der Kunst den Traum vom gesamtdeutschen Vaterland. Der Rhein als natürliche Grenze zum benachbarten Frankreich wird zum 'Strom Deutschlands' erhoben, zum patriotischen Symbol und schließlich zum Synonym für Freiheit.

„Solang ich noch ein Protestant,
Will ich auch protestieren,
Und jeder deutsche Musikant
Soll's weiter musizieren!
Singt alle Welt: Der freie Rhein!
So sing doch ich: Ihr Herren, nein!
Der Rhein, der Rhein könnt' freier sein-
So will ich protestieren",
ruft der jungdeutsche Dichter Georg Herwegh 1841 aus.

Daß Robert Schumann auf seinen einsamen Spaziergängen über die Rheinwiesen oder von den Fenstern seines Hauses aus stundenlang den Lauf des Flusses verfolgt, gewinnt mit dem Blick auf sein Lebensende allerdings auch eine ganz besondere Bedeutung.

Der Alltag bleibt nicht lange ruhig. Im März 1851 kommt es zu Differenzen zwischen Robert Schumann, Orchester und Chor. Schon lange hört man Stimmen, der neue Musikdirektor könne nicht dirigieren, er habe das Orchester nicht im Griff, der Chor sei vollends unmöglich. Robert - und mit ihm Clara - behauptet andererseits, Orchester und namentlich der Chor seien disziplinlos und ohne rechte Musikbegeisterung. „Die Leute sind oft unverschämt hier", schimpft Clara Schumann, „es stellen sich ferner auch allerlei große Mängel jetzt heraus. Der Gesangsverein ist ganz im Untergehen, kein Eifer, keine Liebe zur Sache da, und das Orchester ist vorder Hand noch nicht einmal zur Not vollständig".

Die Wahrheit liegt, wie so oft, in der Mitte: Natürlich liegt es unstreitbar in der Mentalität Düsseldorfs, daß, wo zwei oder mehr von ihnen versammelt sind, auch gern gefeiert wird, Disziplin und Eifer da manchmal zur Nebensache werden; Tatsache ist auch, daß es dem Orchester an Instrumenten und Spielern mangelt, daß eigentlich nur musiziert werden kann, wenn Militärmusiker zur Unterstützung abgestellt werden können - für den Dirigenten natürlich ein Desaster. Die Kritiker hören nur die Ergebnisse der Proben und sehen die Schuld an zum Teil unmöglichen Aufführungen ganz bei Robert Schumann. Es ist aber auch wahr, daß Schumann keinerlei Führungstalent besitzt und lieber seiner inneren Musik nachträumt, als die Klänge eines Orchesters aufzunehmen und zu leiten.

Die störenden, aber nicht weiterreichenden Geplänkel mit dem Orchester nimmt Robert Schumann zunächst noch auf die leichte Schulter. Er wird eben mit den Musikern so gut arbeiten wie sie es können und nicht mehr von ihnen erwarten. Man muß es dem Düsseldorfer Orchester zugute halten, daß es auf keine lange Tradition zurückblicken kann, wie vergleichsweise das Leipziger Gewandhausorchester, das seit 1781 existiert. Es fehlt einfach an einer über Jahrzehnte gewachsenen Disziplin. Der Städtische Musikverein wurde erst 1818 gegründet. Zuvor gab es schon einmal eine 'Musikakademie' und verschiedene kleinere Konzertgesellschaften, Unternehmungen, die sich bald zerschlugen. Dabei kann Düsseldorf auf eine reiche Musikgeschichte zurückblicken. Seit der Renaissance pflegten die hier residierenden Pfalzgrafen und Kurfürsten ihre Hofkapellen. Unter Herzog Wilhelm dem Reichen erlebt die Musikkultur Mitte des 16. Jahrhunderts eine erste Blüte. Der große Kurfürst Johann Wilhelm, 'Jan Wellem' nennen ihn die Düsseldorfer liebevoll-respektlos, zieht zu Anfang des 18. Jahrhunderts die berühmtesten Komponisten seiner Zeit nach Düsseldorf. Agostino Steffani, Arcangelo Corelli und Georg Friedrich Händel. Unter der Intendanz Agostino Steffanis wächst die Düsseldorfer Oper zu einer anerkannten Musikstätte. Mit 'Jan Wellems' Tod bricht das höfische Musikleben völlig zusammen. An seine Stelle tritt allmählich eine bürgerliche Musikkultur, die unter den Musikdirektoren

Burgmüller, dem Begründer des Niederrheinischen Musikfests, und Felix Mendelssohn ihre Höhepunkte erlebt.

An die bürgerliche Musikpflege will Robert Schumann anknüpfen. Wenn das städtische Orchester keine idealen Möglichkeiten für seine Musik bietet, dann gründet er eben private Musikgruppen. Im Herbst 1851 finden sich unter seiner Leitung ein 'Singkränzchen' und ein 'Quartettkränzchen' zusammen.

Für Clara Schumann bietet namentlich das 'Quartettkränzchen' eine weitere Möglichkeit, sich mit ihrer Kunst produzieren zu können. Die bürgerliche Musikkultur, die in diesen privaten Salons blüht, fördert wie keine zweite die 'weibliche' Musikkultur. In den Salons, die zumeist von der 'Dame des Hauses' geführt werden, ist man auf die aktive Beteiligung der Frauen angewiesen, damit auch mehrfach besetzte Chor- und Instrumentalstücke aufgeführt werden können. Den Frauen öffnet sich auf diese Weise eine Chance zur musikalischen Aus- und Weiterbildung sowie zur Komposition und Aufführung eigener Werke. Fanny Hensel, Mendelssohns Schwester, der es von Vater und Bruder verboten worden war, sich in aller Öffentlichkeit mit ihren Kompositionen zu präsentieren, rief die sogenannten 'Sonntagsmusiken' ins Leben, regelmäßige Treffen eines größeren Bekanntenkreises, bei denen Fanny Hensel als Komponistin, Pianistin, Chor- und Orchesterleiterin auftrat. Ihr war es auf diese Art gelungen, sich als musikschaffende Frau in der Gesellschaft einzurichten. Ähnliche Vorstellungen mögen Clara Schumann bewegen, als sich die Freunde zu den ersten 'kleinen Musiken', 'Sing'- und 'Orchesterkränzchen' einfinden.

Zu Roberts und Claras großer Enttäuschung nehmen die Freunde ihre Musikprojekte wenig ernst. Die Musiker erscheinen nur unregelmäßig, oder viel zu spät, so daß erst „mit dem Musizieren begonnen" wird, „wenn einem vor Müdigkeit schon die Augen zufallen". Ein anderes Mal beklagt sich Clara: „Kränzchen bei Hildebrands, Robert war sehr bös, weil soviel geschwätzt wurde. Der gute Hildebrand an der Spitze.

Das ist eigen hier, zum Schwatzen haben sie immer Leben genug, zum Singen aber nicht". Das 'Quartettkränzchen' löst sich bald nach seiner Gründung wieder auf. Das setzt Robert Schumann am meisten zu, hat er doch gerade in den letzten Monaten einige Kammermusikwerke geschrieben, die er gerne zur Aufführung bringen will, ein g-moll-Trio ist in Planung. Clara Schumann muß die Hoffnung aufgeben, noch einmal ihr Trio op.17 hören und spielen zu können.

Um den enttäuschenden Verhältnissen zu entfliehen, unternehmen Clara und Robert Schumann im Sommer 1851 eine Reise in die Schweiz, „die schönste Reise, die Robert mit mir gemacht"! Das Ehepaar fährt zunächst nach Bonn, um von dort aus mit dem Schiff bis hinunter in den Süden Deutschlands zu fahren. Beim Anblick der idyllischen Rheinlandschaft bei Bonn fallen all die kleinen Kümmernisse der letzten Monate von den Schumanns ab. Die warme Julisonne taucht den Fluß in schillernde Farben; ein leichter Wind läßt winzige Wellen schimmernd auftänzeln. „Schon in Bonn", erzählt Clara vergnügt, „als wir aufs Schiff kamen, dort wo es von Studenten wimmelte, der Himmel so freundlich sah, der Rhein so schön grün, dabei lustige Musik, da wurde auch er heiter und blieb es".

Die „wimmelnden Studenten" entführen Robert Schumann in Gedanken in seine Jugendzeit. Je weiter das Schiff sie nach Süden trägt, desto mehr blüht Robert Schumann auf. Endlich erreichen sie Heidelberg! Das romantische Städtchen, das sich im strahlendsten Sonnenschein präsentiert, entlockt dem Komponisten die schönsten Erinnerungen. „Robert fand alles wie vor alters, dieselben alten Häuser, noch angestrichen wie vor 22 Jahren, denselben wohlschmeckenden Wein, dasselbe Bier am Wolfsbrunnen".

Schumanns reisen weiter, glücklich wie schon lange nicht mehr. Basel, Genf, Sallanches, der stolz aufragende Montblanc, der sonnenüberflutete Genfer See - „man glaubt sich der Erde entrückt in eine Zauberwelt, herrlicher sah ich nie eine Natur"!

Anfang August kehren die Schumanns nach Düsseldorf zurück und das Leben nimmt seinen Lauf. Der schöne Sommer vergeht, der Herbst hält Einzug. Clara Schumann hat endlich wieder Kräfte sammeln können. Sie fühlt sich wohl und gut. Und die frischen Kräfte braucht sie dringend: Am ersten Dezember wird sie zum siebten Mal Mutter: Eugenie Schumann erblickt das Licht der Welt.

F-A-E

Die schönen Ereignisse scheinen nicht abzureißen. Robert Schumann steckt in einer äußerst produktiven Schaffensphase. Wie immer nimmt seine Frau größten Anteil an der Entstehung seiner Kompositionen; vielleicht kompensiert sie mit ihrer beinahe übertriebenen Anteilnahme an Schumanns Werken die eigene Unproduktivität. Sie „brennt vor Ungeduld" nach jeder neuen Komposition ihres Mannes. Die im Herbst 1851 entstandenen Sonaten für Klavier und Violine, a-Moll und d-Moll, spielt sie sofort nach der Niederschrift mit dem treuen Freund Wasielewski durch. „Was ist es doch Herrliches um einen so rastlos schaffenden gewaltigen Geist", ruft Clara ein über das andere Mal aus! Anfang Januar vollendet Schumann die Ballade „Des Sängers Fluch" nach Ludwig Uhland. „Lange war ich nicht von einer Musik so ergriffen", meint Clara und sehnt die Instrumentation des Stücks herbei, um es ganz auf sich wirken lassen zu können. Das alles ist so schön, Robert und den Kindern geht es gut, die Krise mit dem städtischen Musikverein scheint beigelegt, daß die Pianistin fest glaubt, ihr Leben nehme nun eine Wende zum vollkommenen Glück.

Im Frühjahr 1852 besuchen Robert und Clara ihre alte Heimat. „Der Rose Pilgerfahrt" soll in Leipzig aufgeführt werden, die Anwesenheit des Komponisten ist sehr erwünscht und natürlich reist Robert nicht ohne seine Frau.

Das alte Leipzig! Alles scheint hier unverändert, sogar „unsere Stübchen wie früher", bemerkt Clara, „nur die Nachtigallen fehlen". Zum zweiten Mal innerhalb eines Jahres drängen sich Erinnerungen an vergangene Tage mit Macht auf. Hier in Leipzig ist es der Gedanke an die ersten vier glücklichen Ehejahre, die Geburt ihres ersten Kindes, das gemeinsame Komponieren, den „Liebesfrühling" ... Vor allen Dingen wird Clara Schumann an ihre Virtuosinnenjahre erinnert, an den frühen Ruhm, den sie genießen durfte, denn ein Konzert, das sie am 14. März in Leipzig gibt, ist sehr erfolgreich und trägt ihr Publikumsovationen ein, die sie lange Zeit entbehren mußte.

Der Aufenthalt in Leipzig findet seinen Höhepunkt in den Besuchen der Freunde. Der Pianist Ignaz Moscheles, seit langem am städtischen Konservatorium beschäftigt, kommt beinahe täglich. Franz Liszt eilt aus der Residenz Weimar herbei, wo er seit 1848 die Hofkapellmeisterstelle innehat. Mit diesen Freunden wird intensiv musiziert. Endlich wieder ernsthaft musiziert, das haben Robert und Clara Schumann in Düsseldorf vermißt. „Das klang doch anders als in Düsseldorf", konstatiert Clara zu der Aufführung von Schumanns 3. Symphonie am 18. März im Gewandhaus.

Die Leipziger Reise neigt sich bedauerlich schnell dem Ende zu. Robert Schumann weiß nicht, daß er seine Heimat zum letzten Mal gesehen hat.

Im April ist das Ehepaar wieder in Düsseldorf. Clara Schumann erteilt Klavierunterricht. Robert Schumann nimmt seine Dirigententätigkeit wieder auf. Das Leben läuft in gewohnten Bahnen. - Wirklich?

Mit ahnungsvoller Unruhe vertraut Clara ihrem Tagebuch an: „Oft befällt mich eine heiße Angst, wenn ich daran denke, welch glückliches Weib ich bin vor Millionen andern, und dann frage ich oft den Himmel, ob es auch nicht zuviel des Glücks ist".

Ihre dunklen Vorahnungen sollen sich bald bewahrheiten. Roberts 'Nervenübel' tritt in erschreckenden Formen auf. „Nervöse Krämpfe", „hypochondrische Gedanken" sollen es sein, die den Komponisten quälen. Er kann nicht schlafen, grausige Phantasien verfolgen ihn, er hört Töne, die nicht existieren, reale Töne dagegen nimmt er oft nicht mehr wahr. Es wird ihm daher fast unmöglich, das Orchester zu leiten. „Traurige Ermattung meiner Kräfte", stellt der Komponist in seiner knappen, bündigen Art fest.

Der Grund für Schumanns depressive Anfälle liegt nahe: Herausgerissen aus der glücklichen, erlebnisreichen Zeit der letzten Monate, zurückgestoßen in den lähmenden Alltag, aufs neue konfrontiert mit fortwährenden Streitereien mit dem Düsseldorfer Orchester und Singverein, reagiert der empfindliche Komponist mit psychischen und physischen Krankheitssymptomen. „Die Leute haben hier weder Respekt vor der Kunst noch vor dem Dirigenten", beklagt sich Clara Schumann über die schier unerträgliche Situation. Auch sie bekommt als Pianistin in Düsseldorf keine Chance zur Entfaltung. Auch sie leidet unter einer beengenden Atmosphäre. Die Versorgung der Kinder, eine erneute Schwangerschaft und nun wieder einmal der kranke Robert beanspruchen sie dermaßen, daß sie auch nicht einen Gedanken, eine Minute kostbarer Zeit an ihre Musik verwenden kann!

Auf Anraten eines befreundeten Arztes fährt das Ehepaar mitsamt dem Töchterchen Marie zur Kur in den holländischen Badeort Scheveningen. Kalte Bäder sollen dem Komponisten helfen. Tatsächlich fühlt sich Schumann bald besser. Schon will Clara aufatmen, die Krise scheint überwunden! Da erleidet sie eine Fehlgeburt. Die seelischen und körperlichen Anstrengungen des letzten Sommers waren einfach zuviel. „Schwere Leidenszeit", klagt Schumann. „Dreimal sah ich meinen Vater weinen", erinnert sich Marie, „einmal am Morgen, nachdem mein kleiner Bruder Emil gestorben war ... Das andere Mal, als ich schwer krank war ... das dritte Mal in Scheveningen. Meine Mutter war plötzlich in der Nacht krank geworden. Sie lag am Morgen wie tot in ihrem Bett, und mein Vater ging die Hände ringend und laut weinend umher".

Anfang September reisen Schumanns nach Düsseldorf zurück. Eine neue Wohnung in der Bilker Straße wird bezogen. Er: halbwegs erholt, sie: angegriffen, aber sich mit Gewalt aufrecht haltend. „Dieser Monat endete noch immer in Leid", betont Clara - die Einbrüche ins Glück sind zu unüberwindbaren Schranken emporgewachsen. Der gute Stern des Ehepaars Schumann scheint endgültig unterzugehen.

In diese trübselige Atmosphäre platzen zwei junge Geister mitten hinein, deren Esprit, frühlingshafte Frische und phantastisches Talent das düstre Grau der Sorge im Hause Schumann auf geraume Zeit verbannt. Ihre Namen? Joseph Joachim und Johannes Brahms! Beide Musiker sollen gute Freunde der Schumanns werden, vor allem Claras, die sie bis an deren Lebensende begleiten.

Joseph Joachim kreuzte bereits mehrere Male die Wege des Ehepaars, ohne daß es zu einer näheren Bekanntschaft gekommen wäre. 1844, als Schumanns den Plan gefaßt hatten, von Leipzig nach Dresden überzusiedeln, traf sich das Musikerehepaar am 29. November ein letztes Mal mit Leipziger Freunden im Haus des Musikverlegers Härtel. Unter den Musikern, die Härtel zu dieser Begegnung zusammengetrommelt hatte, gehörte der eben dreizehnjährige Geiger Joachim. Das Wunderkind war knapp fünf Jahre zuvor zum ersten Mal öffentlich in Erscheinung getreten. Der aus der Nähe von Preßburg gebürtige kleine Violinist machte mit Werken des 'Teufelsgeigers' Paganini Furore. Nach dem überwältigenden Erfolg seines Debüts schickten die Eltern den Sohn nach Wien, wo er unter anderem dem grandiosen Geiger Georg Hellmesberger begegnete, dessen Schüler er wurde. Als Joseph Joachim zu Ohren bekam, der von ihm über alle Maßen verehrte Felix Mendelssohn habe in Leipzig ein Konservatorium gegründet, beschloß er, seine Studien in Leipzig fortzuführen. Im Frühjahr 1843 verließ er Wien und trat bereits im August im Gewandhaus auf. Schumann, der die Entwicklung des jungen

Virtuosen im Auge behielt, lud ihn im Herbst 1845 nach Dresden ein. Am 11. November trat Joachim auf. „Der kleine Joachim gefiel sehr", erwähnt Clara Schumann zunächst nur beiläufig. Als man sich zum privaten Musizieren trifft, gesteht sie ihm ein „vollendetes Spiel", „höchste Bravour" und „völlige Beherrschung des Instruments" zu, doch schränkt sie mit kritischem Musikerohr zugleich ein: „ doch das, was einen packt, wo es einem kalt und heiß wird, das fehlt - es ist weder Gemüt noch Feuer in ihm". Ihr voreiliges, aber, bedenkt man Joachims unausgereifte Jugend, sicher nicht ganz falsches Urteil revidiert sie bald darauf. Zu einer weiteren Annäherung zwischen der Pianistin und dem Violinvirtuosen kommt es nicht. Joseph Joachim unternimmt ab 1846 zahlreiche Konzerttourneen. Wien, Prag und England stehen auf seinem Reiseplan. 1850 trifft er noch einmal mit Robert Schumann in Leipzig zusammen, dann verläßt er die Stadt, um nach Hannover zu gehen.

Im späten Frühjahr 1853 erreicht ihn hier die Einladung Robert Schumanns, ob er nicht Lust habe, am Niederrheinischen Musikfest teilzunehmen. Und Joachim folgt dem Ruf. Er bleibt lange Zeit in Düsseldorf, von Schumann mit offenen Armen empfangen. Robert und Clara sind froh, wieder einen Künstler aus dem Leipziger Bekanntenkreis bei sich zu sehen, noch dazu einen Künstler, der ihnen die Erinnerung an den lieben, verstorbenen Mendelssohn wiederbringt. Endlich einer, der ernsthaft zu musizieren weiß, denkt Clara und freut sich auf jedes Beisammensein. „Ein lieber, bescheidener Mensch", findet sie, „ein guter, treuer Mensch". „Früh und abends mit Joachim musiziert. Schöne Stunden", hält Robert Schumann in seinem Tagebuch fest.

Leider kann auch Joseph Joachim nicht über einige ernstere Vorfälle im Düsseldorfer Orchester hinwegtäuschen. Als seine „Ouvertüre zu Hamlet" op.4 geprobt werden soll, kommt es zu einem Zwischenfall, der das unmögliche Verhältnis zwischen Robert Schumann und dem Orchester offenbart: „Schlimme Probe in Joachims Hamlet-Ouvertüre, die sehr schwer ist und gar nicht gehen wollte, wobei auch allerlei Intrigen ins Spiel kamen", berichtet Clara, „Forberg (Cellist) lief fort, kam später wieder ... kurz es ist hier keine Disziplin, und da ist auch kein Zusammenwirken von Direktor und Orchester möglich".

Doch Joachims Anwesenheit verhütet zumindest eine neuerliche Nervenkrise Robert Schumanns. Die Frische, die von allen Seiten bejahte Freundlichkeit des Violinisten reißen Schumann aus seinen depressiven Launen. Und Joachim kann ihm zudem eine Bekanntschaft präsentieren, die den trübsinnigen Komponisten aufleben läßt: Johannes Brahms.

Joseph Joachim hatte den Pianisten und Komponisten Johannes Brahms in Hannover kennengelernt. Brahms tingelte damals mit dem halbseidenen ungarischen Geiger Eduard Reményi durch sämtliche Städte Deutschlands; sie ließen sich in Lüneburg, Celle, Göttingen, Hannover mit einem wahrhaft ungarisch-feurigen Programm hören und feierten in guten Konzertsälen und weniger guten Etablissements triumphale Erfolge. Joachim fiel das Duo bei der ersten Begegnung auf. Wem wäre es nicht aufgefallen? Reményi, forsch und dunkel, von exotisch-zigeunerischer Eleganz, ein „Charakter von ungarischem Paprika", beherrscht seine Violine mit exaltierter Virtuosität. Daneben Johannes Brahms, ein kühler Hamburger, zurückhaltend, hübsch, jungenhaft, mit verhaltenem, trockenem Humor. Ein Meister des Klaviers, das hört Joachims geschultes Ohr sofort heraus, sein Spiel ist nicht von äußerlicher Virtuosität, aber in ihm „ist ganz das intensive Feuer", „fatalistische Energie".

Der 1833 geborene Brahms legt ein so ruhiges, zugleich liebenswürdiges Verhalten an den Tag, daß sich Joachim sofort zu dem zwei Jahre jüngeren Pianisten hingezogen fühlt. Joseph Joachims Interesse wird auch durch Johannes Brahms' bisherigen Lebenslauf geweckt, dem ein Hauch tragischer Romantik anhaftet. Sein Vater, Johann Jacob Brahms, legte wenig Wert darauf, Handwerker oder Kaufmann zu werden wie alle seine übrigen norddeutschen Vorfahren. Er hatte eine unstill-

13 In Düsseldorf fand die erste Begegnung Robert und Clara Schumanns mit Johannes Brahms am 30. September 1853 statt. Etwa zu dieser Zeit entstand die Photographie.

bare Neigung zum Künstlerischen, wollte Musiker werden und ging bei einem Stadt-Musiker in die Lehre. Horn und Kontrabaß wurden seine Instrumente, die er bei städtischen Tanzfesten und ähnlichen Gelegenheiten mit - man kann es nur so sagen - handwerklichem Geschick traktierte. Mit Vierundzwanzig, im Jahr 1830, heiratete er eine wesentlich ältere Frau, mit der er ein ärmliches Musikerleben führte. Der wenige Jahre später geborene Sohn wird natürlich zur Musikerlaufbahn bestimmt, und zwar zum Pianisten. Johannes Brahms gerät zu seinem Glück an einen ordentlichen Lehrer, den Komponisten Eduard Marxsen, der ihm fundierte Kenntnisse in Klavierspiel und Komposition vermittelt. Der Vater nimmt den jungen Pianisten fast täglich mit zu seinen Auftritten in diversen Tanzlokalen, zwielichtigen Kneipen und billigen Theatern. Brahms spult die beliebten Walzer und modischen Gassenhauer an meist verstimmten Klavieren ab, während der Vater emsig seinen Kontrabaß zupft. Viel Geld kann man damit nicht erwirtschaften, Brahms, der zur Aufbesserung seiner Kasse leichteste Salonmusik schreibt und verkauft, wird

145

aufgrund dieser prägenden Kindheitserfahrung immer in Sorge ums liebe Geld leben, auch als er das längst nicht mehr nötig hat. Darin ist er seiner Freundin Clara Schumann sehr ähnlich. Die Reisen mit dem Geiger Reményi stellten für den jungen Brahms eine echte Chance dar vorwärtszukommen.

Joachim, dem die Geschichte von Brahms Jugend nicht lange verborgen blieb, unterstützt seinen neuen Freund natürlich. Er rät ihm, nach Düsseldorf zu fahren, zu einem gewissen Robert Schumann, von dem Brahms bis dahin noch nie gehört hat. Schumann werde ihm die richtigen Wege weisen, meint Joachim und verkündet in Düsseldorf die Nachricht von einem „ganz ausnahmsweisen Kompositionstalent".

Am 30. September 1853 macht Johannes Brahms den Schumanns seine Aufwartung. Robert Schumann ist vom ersten Augenblick an gefangen von Talent und Persönlichkeit des Hanseaten. Brahms hat ihm erst wenige Takte seiner Sonate op.1 vorgespielt, da springt Schumann begeistert auf, denn „dazu muß ich meine Frau rufen"! Und Clara Schumann jubelt nach dem Genuß dieses Vorspiels: „Das ist wieder einmal einer, der kommt wie eigens von Gott gesandt! - Er spielte uns Sonaten, Scherzos etc. von sich, alles voll überschwänglicher Phantasie, Innigkeit der Empfindung und meisterhaft in der Form. Es ist wirklich rührend, wenn man diesen Menschen am Klavier sieht, mit seinem interessant jugendlichen Gesichte, das sich beim Spielen ganz verklärt, seine schöne Hand, die mit der größten Leichtigkeit die größten Schwierigkeiten besiegt ... und dazu nun diese merkwürdigen Kompositionen". Brahms erscheint nun täglich, den ganzen Oktober hindurch, bei den Schumanns. Robert Schumann beginnt bereits am 9. Oktober mit seinem berühmt gewordenen Aufsatz „Neue Bahnen" über Brahms, mit dem er den Komponisten einer breiteren Öffentlichkeit vorstellt: „Ich dachte ... es würde und müsse ... einmal plötzlich einer erscheinen, der den höchsten Ausdruck der Zeit in idealer Weise auszusprechen berufen wäre ... Und er ist gekommen, ein junges Blut, an dessen Wiege Grazien und Helden Wache hielten. Er heißt Johannes Brahms, kam von Hamburg, dort in dunkler Stille schaffend ... Am Klavier sitzend fing er an, wunderbare Regionen zu enthüllen. Wir wurden in immer zauberischere Kreise hineingezogen. Dazu kam ein geniales Spiel". Als Mitte Oktober auch noch Joseph Joachim in Düsseldorf eintrifft, ist das Musikerglück der Schumanns perfekt: „Nachmittag Musik, wunderschön".

Clara Schumann, die wegen einer erneuten, der zehnten Schwangerschaft ihre Musik nicht in dem erwünschten Maß pflegen kann, stillt mit den privaten Musikabenden ihr Musizierbedürfnis. Eigentlich war für den Winter 1853/54 eine England-Tournee geplant, in die Clara Schumann größte Hoffnungen auf ein Comeback gesetzt hatte; nun stören andere Hoffnungen die Zukunftspläne. „Ich bin so entmutigt", klagt sie, „daß ich es gar nicht sagen kann". Wenn der Freundeskreis nicht wäre, der sich immer mehr erweitert und verfestigt, wären Robert Schumanns Krisis und Claras momentane Depressivität früher und stärker ausgebrochen.

Auf die inzwischen gewonnenen Freunde kann sich das Ehepaar verlassen. Zum engsten Kreis gehören neben Joseph Joachim, Johannes Brahms und Joseph von Wasielewski der Komponist Albert Dietrich und die Dichterin Bettina von Arnim. Außer von Wasielewski und von Arnim bleibt dieser Kreis nach Robert Schumanns Tod der Pianistin eng verbunden und bildet den Grundstock zu einem ausgedehnten Freundescircle Clara Schumanns.

Am 28. Oktober 1853 sind sie alle versammelt. „Am 28. Oktober früh Besuch von der Bettina von Arnim", vermeldet Clara Schumanns Tagebuch, „eine interessante Bekanntschaft. Den Joachim scheint sie sehr in ihr Herz geschlossen zu haben. Wir spielten ihr verschiedenes zusammen vor. Abends Gesellschaft bei uns. Joachim zu Ehren". An diesem Abend, dem letzten von Schumanns Krankheit unbeschatteten, überreicht das Kleeblatt Schumann, Dietrich und Brahms dem überraschten Joachim eine ihm gewidmete, gemeinsam komponierte Sonate. Die drei Sätze dieser Sonate stehen in F-, A- und E-

Dur und ergeben damit ein Joachimsches Motto: F-A-E-, frei, aber einsam. - Der erste Satz der Sonate ist eine der letzten Kompositionen Robert Schumanns.

Requiem für...

Anfang November verläßt Brahms die Schumanns. Robert hat ihn dem Verleger Härtel empfohlen, weshalb Brahms nach Leipzig fährt, um über die Publikationen seiner Werke zu verhandeln.

Kaum sind die Freunde fort, kehrt der quälende Alltag wieder ein. Die Querelen mit dem Städtischen Musikverein nehmen zu. Das Publikum steht auf seiten seines Vereins. Ovationen für den Dirigenten Schumann bleiben aus. Gewiß, als Komponist sei er was, aber als Dirigent ... inkompetent.

Robert Schumann ist unfähig, sich dem schwelenden Konflikt entgegenzustellen. Er stellt sich hinter seine Frau, die sich in der Hauptsache mit dem Düsseldorfer Konzertkomitee auseinandersetzt. Hätte Schumann in dieser Situation einen starken, gesprächsbereiten Willen gezeigt, wären die Differenzen sicherlich im Sande verlaufen. So aber reagieren Vereinsmitglieder und Publikum mit offenkundigem Mißmut.

In den folgenden Monaten spitzt sich die Lage mehr und mehr zu. Die Probleme zwischen Robert Schumann und der Düsseldorfer 'Musikalischen Gesellschaft' werden in aller Öffentlichkeit ausgetragen. Clara Schumann macht den Advokaten ihres Mannes, während der Komponist eher schweigend zusieht. Wie fest Clara Schumann die Zügel in der Hand hält, zeigen ihre Aufzeichnungen über Gespräche mit Freunden und dem Komitee. Zu ihr, nicht zu Robert, kommen Abgesandte der Gesellschaft, um zu verlangen, die Dirigentschaft solle in die Hände des verdienstvollen Singvereinleiters Julius Tausch übergehen: „Am 7. November ... kamen die Herren Illing und Herz vom Komitee und teilten mir mit, daß sie wünschten, R. dirigiere in Zukunft nur seine Sachen, das andere habe Herr Tausch versprochen übernehmen zu wollen. Das war eine infame Intrige und eine Beleidigung für Robert, die ihn zwingt, seine Stelle gänzlich niederzulegen, was ich den Herren sogleich aufwartete, ohne Robert gesprochen zu haben" - „ohne Robert gesprochen zu haben"!

Der Klavierpädagoge Julius Tausch, seit 1846 Leiter der Düsseldorfer Liedertafel und des Männergesangvereins, ist eine Musikinstitution in der Rheinstadt. Seit langem spekuliert er darauf, seine musikalische Machtstellung ausbauen zu können. Robert Schumanns Berufung zum Musikdirektor ist ihm ein Dorn im Auge, die offensichtlich mangelhafte Stabführung des Komponisten daher Wasser auf seine Mühlen. Tausch scheint der Hauptdrahtzieher der Intrige gegen Schumann zu sein. Clara kann ihn von Anfang an nicht ausstehen, nennt ihn „unangenehm", „roh", „ungebildet".

Mehrmals tagt die Verwaltung des Musikvereins. Schließlich wird Schumann ein hochamtliches Schreiben des Bürgermeisters geschickt, in dem ihm nahegelegt wird zu kündigen. Tausch übernähme die Stellvertretung sehr gern. „Ich werde in jedem Fall von dem mir zustehenden Recht, zur rechten Zeit zu kündigen, nämlich vom 1. Oktober 1854 an, Gebrauch machen", antwortet Schumann ohne Umschweife in einem verbittert klingenden Brief.

Damit ist die Situation endgültig geklärt. Damit steht Robert Schumann aber auch wieder vor der Überlegung, wie er seine Familie weiter ernähren soll. Daß sie nicht in Düsseldorf bleiben können, steht fest. Die Rheinromantik ist zweifelhaft geworden. Wohin sollen sie sich wenden? Clara Schumann schlägt erneut Wien vor. In Wien hatte sie ihre Triumphe, die Stadt wird sie kein zweites Mal enttäuschen. Wien, das erkennt die weitsichtige Pianistin, sieht einer Renaissance als Musikmetropole Europas entgegen. Robert Schumann will sein Glück in den Niederlanden suchen. Er und

Clara sind zu einer Holland-Tournee eingeladen, die Holländer, heißt es, lieben Schumanns Kompositionen. Wenn die Kunstreise gut verläuft, sagt Robert, übersiedeln wir an die Nordsee.

Es ist Ende November, als Robert und Clara Schumann zur Reise aufbrechen. Es sind die ersten eiskalten Tage des kommenden Winters 1853/54. Besonders die schwangere Pianistin leidet unter den niedrigen Temperaturen.

Utrecht, ein romantisches Städtchen, ist die erste Station der Tournee. In dem Utrechter Konzert erklingt Schumanns „Rheinische" Symphonie. Clara Schumann brilliert mit Beethoven und Roberts „Konzert-Allegro mit Introduktion" op.134. Schumann wird mehrere Male herausgerufen. Clara Schumann spielt eine Zugabe. „Ich war sehr überrascht, das holländische Publikum so enthusiastisch und lebendig zu finden ... wir waren sehr vergnügt über den guten musikalischen Anfang in Holland". Von Utrecht geht es nach Den Haag, der Residenzstadt, die den Schumanns seit ihrem Aufenthalt im nahegelegenen Scheveningen bekannt ist, und Rotterdam. Schumanns Symphonien erklingen. Clara spielt seine Klavierwerke. Das Publikum rast vor Begeisterung. Man feiert „den größten Komponisten der Gegenwart" mit einem Ständchen vor dessen Hotel. „Das Publikum in Holland", behauptet Clara, „hat wenigstens Respekt vor dem schaffenden Künstler". Sie selbst wird gefeiert wie nie zuvor. Als Frau des berühmten Meisters und als eigenständige Künstlerin gleichermaßen. In Amsterdam, der ringförmig umbauten Grachten-Stadt, deren Kanäle jetzt im Winter teilweise mit dünnen Eisflächen bedeckt sind, spielt sie Beethovens Es-Dur-Konzert „wunderschön", wie Robert ihr sagt. „Nach dem ersten Beethovenschen Satze hob" ich „mich über mich selbst", notiert die stolze Pianistin. Endlich findet sie wieder die Bestätigung eines Publikums, sie braucht die Ovationen so sehr. Im Dezember reisen die Schumanns nach Hause zurück. Die holländische Tournee hat einen finanziellen Überschuß erwirtschaftet. Damit kann die Familie dem neuen Jahr ein

Programm
zu der
musikalischen Soiree,
welche Frau **Clara Schumann** und
Herr Hof-Concertmeister Joachim
aus Hannover
am Sonnabend den 29. Oktober 1853
im Saale des Herrn Cürten
geben werden.

I. 1. Sonate (D-moll) für Pianoforte und Violine von
R. Schumann, vorgetragen von Clara Schumann
und Joseph Joachim.
2. Arie aus Figaro's Hochzeit von Mozart, gesungen
von Fräulein Marie Carl.
3. a. Etude (C-dur) von F. Chopin, b. Andante
(Canon) von R. Schumann, c. Lied ohne Worte
(A-dur) von Mendelssohn, vorgetragen von Frau
Clara Schumann.

II. 4. Fantasie für die Harfe über Themas aus Oberon
von Parish-Alvars, vorgetragen von Fräulein
Leonie Peters.
5. Zwei Capricen: 1. Andante, 2. Tema con Varia-
zioni für Violine von Paganini, vorgetragen von
J. Joachim.
6. Zwei Lieder: „Mondnacht" von R. Schumann
und „Liebchen, wo bist du?" von H. Marschner,
gesungen von Fräulein Marie Carl.
7. Sonate (A-moll op. 47) für Pianoforte und Violine von L. van Beethoven, vorgetragen von
Clara Schumann und J. Joachim.

Anfang 6½ Uhr, Ende 8½ Uhr.

Billets zum Subscriptionspreise von 20 Sgr. sind
in der Musikalienhandlung von Bayrhoffer zu
haben.

Cassapreis à Billet 1 Thlr.

wenig zuversichtlicher entgegensehen. Es drängt das Ehepaar zu einem Besuch bei Joseph Joachim und Johannes Brahms in Hannover. Hier stößt ein neuer Freund zum Schumannschen Kreis: der Komponist Julius Otto Grimm. Auch er wird ein lebenslanger Clara-Verehrer.

Robert Schumann scheint sich in dieser Zeit sehr wohl zu fühlen. Doch über den Freunden, die im Januar 1854 in Joachims Wohnung musizieren und diskutieren, schwebt bereits die Vorahnung von Schumanns Krankheit. Seit einigen Wochen leidet er an „unnatürlichen Gehörsaffektionen". Wirre Bilder plagen ihn in nächtlichen Visionen. An Schlaf ist kaum noch zu denken. „Traurige Nacht", klagt er beispielsweise am 11. Februar, „Gehör- und Kopfleiden". Clara Schumann ist besorgt.

„Der liebe Robert" beschäftigt sich gar nicht mehr mit Musik, sondern sammelt Gedichte, Prosazitate. Von Goethes Werk ist er gefangen. Das war schon einmal so: 1849. Da nahm die Literatur den wichtigsten Platz in seinem Leben ein. Es entstanden „Faust", die „Lieder aus Wilhelm Meister" und das „Requiem für Mignon" op.98b, alles Goethe. Alles komponiert in der Krisenzeit, in Jahren tiefster Depression und schwerer Krankheit. „Was schulde ich nicht alles Goethen", hatte Schumann ausgerufen und die Krise schließlich überwinden können.

Jetzt sieht sich Clara Schumann einer ähnlichen Situation wie damals gegenüber. Das „Requiem für Mignon" geht ihr nicht mehr aus dem Kopf. Als Robert es ihr im Juli 1849 vorspielte, war sie „aufs tieffste erschüttert". Das Requiem, das verhängnisvolle Requiem, von dem sie schon 1849 nicht wissen wollte, „für wen er es eigentlich geschrieben" habe. Und 1852? Da komponierte Robert abermals ein Requiem. Es ist sein, nach Opuszahlen gesehen, letztes Werk. Opus 148.

Sein zweites Requiem ist zugleich das, welches der liturgischen Gattung 'Totenmesse' am nächsten kommt. Op. 98b ist dagegen weder Totenmesse noch Messe, sondern ein Stück für Chor, Soli und Orchester. Es ist keiner spezifischen Gattung zuzuordnen. Die Bezeichnungen für Mignons Requiem reichen von 'Chorballade' bis 'Kantate'. Schumanns Chorwerk ist erfüllt von tiefer Schwermut und leidenschaftlicher Dramatik. Das Bildhafte steht im Vordergrund.

Wer ist die Figur Mignon, was bedeutet sie? Die Figur aus Goethes Roman „Wilhelm Meisters Lehrjahre" ist das Symbol der Kunst, nicht einer eleganten Virtuosenkunst, sondern eines natürlichen „aus dem Herzen kommenden" Ausdrucks. Die Geschichte Mignons, eines Mädchens, das von früher Kindheit an gezwungen wird, in einer Schaustellertruppe Kunststücke vorzuführen. Es ist mit diesem Leben unglücklich, unfähig, die schwierigen Zirkusnummern auszuführen. Wilhelm Meister kauft das Kind aus der Jahrmarkttruppe frei. Es wird die stille Dienerin Wilhelms und bald zeigt sich seine wahre Natur, eine tief empfindende Künstlerseele.

Daß sich für den literaturbesessenen Robert Schumann Parallelen zwischen der fiktiven Figur Mignon und Clara Schumann ergeben, ist keine Spekulation. Für Schumann sind die Grenzen zwischen literarischer und realer Gegenwart seit jeher verwischt. Mit Mignon meint Robert Clara. Mit dem Schausteller-Impresario, der Mignon zu unmöglichen Kunststücken zwingt, identifiziert er niemand anderen als Friedrich Wieck, dem er Clara ja gewissermaßen abhandeln mußte; Clara-Mignon, die „unserem Freunde für dreißig Taler überlassen wurde, gegen welche der schwarzbärtige, heftige Italiener seine Ansprüche völlig abtrat".

Aber Mignon ist noch mehr. Sie ist das Idealbild einer Frau: hübsch, reizend, demütig, ergeben, fromm, unschuldig und in begrenztem Maß talentiert. In Mignon präsentiert sich noch mehr als in Genoveva Schumanns Vorstellung, wie Clara eigentlich zu sein habe. Aber - Schumann nimmt es mehr und mehr bewußt wahr - Clara weicht von seinem Frauenschema ab. Sie ist energisch, dominant, sie beklagt sich manchmal, und: ist mit ihrem Talent erfolgreicher als er! Kurz bevor Schumann das Requiem beginnt, da war es Clara, die, hochschwanger, ihre Kinder aus dem bedrohten Dresden rettet.

Immer wieder ist es Clara, die alles leitet und organisiert, jetzt, 1853, auch den Konflikt mit dem Städtischen Musikverein austrägt. Sie ist die Aktive, er der Passive. Psychiater haben aufgrund von Schumanns Leben und Werk schon früh angenommen, seine Passivität, unter der er litt, sei ein Auslöser seiner schizophrenen Psychose gewesen.

In seiner Musik kann Schumann eine Lösung seines Problems finden: Wie Genoveva wird Mignon über alle erhoben. Das Wichtige: Mignon wird im Tod verklärt! Auf diese Weise legitimiert Schumann sein Frauenbild; in seiner Musik wird die tugendhafte Frau seiner Vorstellung Realität.

Die Geschichte Mignons endet tragisch; sie erkrankt „an gebrochenem Herzen"; „Mignon fuhr auf einmal mit der linken Hand nach dem Herzen, und indem sie den rechten Arm heftig ausstreckte, fiel sie mit einem Schrei zu Nataliens Füßen für tot nieder". Schumanns op.98b greift die Eröffnungsszene des achten Kapitels des letzten Buchs aus „Wilhelm Meisters Lehrjahre" auf, die Exequien Mignons. Chor und Frauensoli intonieren abwechselnd Frage und Antwort: „Wen bringt ihr uns zur stillen Gesellschaft?" „Einen müden Gespielen ... laßt ihn unter euch ruhen". Jäh wird der musikalische Gestus unterbrochen, der Chor singt, begleitet von der dominant eingesetzten Harfe „Seht die mächtigen Flügel". In einem zweiten Abschnitt stehen sich Soli und Chor mit Klage und Trost gegenüber: „Ach! die Flügel heben sich nicht", „Schaut mit den Augen des Geistes hinan". Im Schlußteil, eingeleitet mit pastoralen Klängen der Holzbläser und Streicher, fordert ein Tenor-Solo zur Überwindung der Trauer auf: „Kinder! kehret ins Leben zurück ... Entflieht der Nacht". Alle Stimmen feiern schließlich die Verklärung: „In der Schönheit reinem Gewande begegn' euch die Liebe mit himmlischem Blick und dem Kranz der Unsterblichkeit".

Mit dem betont ermunternden Ende seines Opus 98b hat Schumann vermutlich die eigene Konfliktsituation überwinden können; er ist noch einmal seiner „Nacht" entflohen. Im zweiten Reqiuem op.148 birgt sich kein Trost mehr: Das Benedictus klingt zwar sänftigend, das Schlußwort „Requiem" ertönt milde, aber die Musik bietet keine Auflösung mehr.

Clara Schumanns Besorgnis um die wiedererwachte Begeisterung ihres Mannes für die Literatur ist also nicht unbegründet. Sie macht sich vermehrt Sorgen über den desolaten Gesundheitszustand Roberts. Ab 1852 nehmen die Krankheitssymptome bedenklich zu. Die Streitereien mit dem Komitee dürften Schumanns Geisteskrankheit zum Ausbruch gebracht haben. In dieser Hinsicht ist bedeutsam, daß Schumanns letzte Werke aus dem Jahr 1853 datieren. Schumann befand sich sein Leben lang in der Angst um seine Existenz als Komponist; jahrelang blieb er unpopulär, ohne öffentliche Anerkennung. Jetzt, da er einen präsentablen Titel führt, ein regelmäßiges Auskommen hat und sich endlich als Komponist etablieren kann, wird ihm das alles genommen, wird ihm Inkompetenz vorgeworfen, eine echte Anerkennung versagt. Die alte Angst, Einzelgänger zu bleiben, wird ihm zum Wahn. Vor allem in seiner Frau wittert er den großen Rivalen. War sie es nicht, die man spielen hören wollte, die von Erfolg Gekrönte, und er nur der stumme Begleiter der Demoiselle Wieck, der Madame Schumann!

Des öfteren greift er Clara kritisierend an: „Ich weiß kaum mehr, wie ich noch spielen soll", ruft Clara Schumann aus, „während ich mich bemühe, den Sänger möglichst zart und nachgebend zu begleiten, spricht Robert, meine Begleitung ist ihm schrecklich". Mehrere Male brüskiert er seine Frau in Gegenwart anderer, einmal (1850!), als statt auf ihn, auf Clara ein Toast ausgesprochen wird.

Robert Schumanns Wahnvorstellungen nehmen immer erschreckendere Formen an. Sein Schicksal beginnt sich deutlich abzuzeichnen.

II. Teil
(1853-1896)
„Variationen" op.20

Robert Schumanns Vorstellungen von Clara haben zum Teil ihre Berechtigung, aber es bleiben krankhaft übersteigerte Ideen. Es stimmt, daß Clara Schumanns Initiative im Streit mit dem Düsseldorfer Orchester, ihr wiederholter Erfolg als Künstlerin in Düsseldorf und dann Holland ihr gesteigertes Selbstbewußtsein zeigen; es stimmt, daß sie in der ehelichen Beziehung dominiert. Je mehr Robert Schumann an Selbstkontrolle verliert, desto mehr offenbart sich Claras energische Stärke. Es ist ein psychologisches Wechselspiel, von keinem von beiden bewußt gewollt. Genau das aber unterstellt Schumann in seiner kranken Phantasie seiner Frau: daß sie versucht, ihn zu entthronen.

Lange Jahre ist Clara Schumann in ihrer Musikausübung begrenzt. Die Geburten und die Kinder sind weniger der Grund, daß ihre „letzten guten Jahre" dahingehen, „meine Kräfte auch", als vielmehr Robert Schumanns hemmendes Vorbild, seine ständige, negative Kritik ihrer Kompositionen. Das ist in Wahrheit, was sie „so entmutigt, daß ich es gar nicht sagen kann".

1852/53 hört Schumann auf zu komponieren. Damit fällt der erste Grund fort, der Clara behinderte: Das große kompositorische Vorbild existiert nicht mehr. Im Januar 1853 befaßt sich Clara Schumann wieder intensiv mit eigenen Studien: „heute ... fing ich auch endlich wieder an, zu studieren. Wenn ich so regelmäßig studieren kann, fühle ich mich doch eigentlich erst wieder so ganz in meinem Elemente; es ist, als ob eine ganz andere Stimmung über mich käme, viel leichter und freier, und alles erscheint mir heiterer und erfreulicher. Die

156

Musik ist doch ein gutes Stück von meinem Leben, fehlt sie mir, so ist es, als wäre alle körperliche und geistige Elastizität von mir gewichen". Sie läßt sich bei ihren Studien nicht länger von Robert dreinreden. Als ihren 'Lehrer' akzeptiert sie ihn nicht mehr. Plötzlich, keiner kann sagen, woher es kommt, hat sie ihr eigenes künstlerisches Selbst gefunden. Nach einigen Monaten der Studien fängt sie nämlich wie aus heiterem Himmel an zu komponieren. „Es ist einfach über mich gekommen", sagt sie und ihr wird nicht einmal bewußt, welchen großen Schritt sie da leistet: Bisher waren all ihre Kompositionen mehr oder weniger erzwungen gewesen; da hielt sie der Vater an, nur ja Capricen und ähnlich nette Bravourstücke zu schreiben, dort meinte der Ehemann, es sei doch schön, zusammen „Liebesfrühlinge" zu vertonen. Und Clara war den Drohungen Wiecks wie den subtileren Zwängen Schumanns mit gutem Willen gefolgt. Gefolgt, aber „über sie gekommen" war das Komponieren bis jetzt noch nicht. „Und es weben sich die Träume/ Wie von selbst zum Werk der Musen", beschreibt der Lyriker Eichendorff dieses Phänomen.

Am 29. Mai plant Clara Schumann: „Heute fing ich seit Jahren zum ersten Male wieder ... an, etwas zu komponieren; d.h. ich will dem Robert zum Geburtstag ein Thema aus den bunten Blättern von ihm mit Variationen bearbeiten". „Klara componirt wieder", notiert Schumann und sagt weiter nichts dazu. Trotz anfänglicher Schwierigkeiten, weil sie etwas aus dem Metier heraus ist, gelingt ihr die Komposition. Als Robert Schumann an seinem dreiundvierzigsten Geburtstag von den gratulierenden Kindern geweckt und an den Gabentisch geführt wird, liegen da, fein säuberlich aufgemalt, die „Variationen" op. 20. „Meinem geliebten Manne zum 8. Juni 1853 dieser schwache Wiederversuch von seiner alten Clara", steht auf dem Titelblatt geschrieben. Schumann ist gerührt; wenn die Kompositionen „seiner alten Clara" nur ihm zur Ehre geschrieben sind, läßt er sie sich gefallen. Den ganzen Tag über fühlt er sich „wohl und vergnügt". Man packt alle sieben Kinder in eine Kutsche und unternimmt mit ihnen einen Ausflug

„nach dem geliebten Benrath", zum Schloß und seinem schönen Park, in dem die Familie den Nachmittag verbringt. „Muß man Gott immer danken, wenn man heiter an Körper und Geist sein kann, so fühlt man sich an solchen Festtagen doch doppelt dankbar dafür".

Abends spielt Clara Robert ihre Kompositionen vor. Das Thema der Variationen ist ein Stück aus den „Bunten Blättern" op.99, vierzehn kleinen Klavierstücken, die zwischen 1836 und 1849 entstanden sind und unter einem Titel geeint herausgegeben wurden. Dazu gehören „Drei Stücklein" (Nr.1-3), „Fünf Albumblätter", eine Novelette, ein Präludium, eine „Abendmusik", ein Scherzo und zwei Märsche. Clara Schumann wählte ein Stück der „Bunten Blätter" zum Thema, weil op.99 repräsentativ über die Jahre der ersten Liebe zu Schumann und die Zeit ihrer Ehe fast bis zur Gegenwart hinreicht. Ihr ganzes gemeinsames Leben liegt darin. Konkret bezieht sich Clara Schumann auf das erste Ehejahr: Ihr Thema ist das erste Albumblatt, komponiert 1841. Ihre Variationen sind eine Erinnerung an eine Zeit, in der sie „ganz selig vor Glück waren", als das erste Töchterchen geboren wurde und sie in engster Verbundenheit zusammen musizierten und studierten. Dahinter steckt der verständliche Wunsch, diese Zeit wieder aufleben zu lassen, aber auch der leise Vorwurf, daß es zwischen ihm und ihr eben nicht mehr so 'albumblättrig' ist, als zu der Zeit, da Schumann noch ohne jeden Anflug von Eifersucht ihr Talent anerkennen konnte, als es noch „eine Freude für ihn war, daß die Musik ihr über alles gehe" und es ihr „täglich mehr Genuß" verschaffte, wenn er ihr oberlehrerhaft Fugen erklärte.

Robert Schumanns Komposition „Albumblatt" schwankt zwischen A-Dur und fis-Moll, darin steckt der geheime Reiz des kleinen Stücks. Ganz folgerichtig greift Clara Schumann diesen harmonischen Aspekt als Hauptelement ihrer sieben Variationen auf. Die erste Variation erhält die vorgegebene Tonart; Clara Schumann führt in Takt 41 und 45 allerdings ein chromatisch abwärts geführtes Motiv ein, welches dem

Thema Schumanns, das im Prinzip diatonisch aufgebaut ist, widerspricht. Clara Schumann bringt die halbtonschrittige Abwärtsbewegung in den Variationen II, III und V in stark forcierter Weise. In die zweite Variation baut sie bereits eine gewagte Modulation ein, und die dritte Variation erscheint dann prompt in Fis-Dur, wieder mit harmonischen Verschiebungen in ihrem letzten Abschnitt. Die Schlußvariation bringt ein interessantes Wechselspiel zwischen fis-Moll mit eingestreuten Aufklärungen zu Fis-Dur. Am Ende von op.20 steht Fis-Dur.

Deutlicher kann kein Kontrast sein: Clara Schumann verläßt Roberts vorgegebenes fis-Moll und setzt ihr Dur durch! Auch mit anderen Stilmitteln sucht Clara Schumann die Abkehr von Roberts Vorgabe. Schumanns „Albumblatt" ist ohne äußere Dramatik, in sich gekehrt, eine in sich versunkene Sprache; die wenigen Takte Musik haben eindeutige, man möchte sagen: abgeklärte Gesten; sie sind von klarer Diktion. Denkt man an Schumanns Begriff der 'poetischen Musik', fühlt man sich beim ersten Albumblatt eher an einen kurzen Prosatext als an ein kleines Stückchen Musik erinnert; Clara Schumann dagegen spricht nicht, sie musiziert: Die erste Variation verändert Schumanns Diktion völlig, der Rhythmus seines Stücks wird aufgesprengt. Akkordisch klar steht das Thema da, fließend webend erklingt Claras erste Variation. Den von Roberts „Albumblatt" vorgegebenen Tonumfang bricht sie auf. In den Variationen II, IV, V und VII dehnt sie den Tonraum immer mehr aus. Der Schluß des Schumann-Themas umfaßt zwei Oktaven - der Schluß von Clara Schumanns Variation umspannt das Doppelte! Eine veränderte Räumlichkeit erreicht sie auch durch Verdichtung und Verflechtung der Ober- und Unterstimme des Klaviers, z.B. in der zweiten oder dem Imitationsstil der sechsten Variation.

Den deutlichen Schritt zur Loslösung von Schumanns Thema vollzieht sie mit der Virtuosität und Bravour der IV., V. und letzten Variation, die im krassen Gegensatz zum in sich gekehrten Albumblatt-Thema stehen. Roberts „Albumblatt"

ist ohne äußere Dramatik, Clara Schumanns Variationen sind
sehr expressiv. Schumanns Thema scheint durchdacht, erarbeitet bis ins letzte, Claras Variationen wirken bei aller Kom-
positionsarbeit wie improvisiert, musiziert eben.

In ihren „Variationen" op.20 erinnert sich Clara ein letztes
Mal an ihr Vorbild Schumann, und damit überwindet sie es.

15 Clara Schumann musiziert mit dem befreundeten Violinvirtuosen Joseph Joachim. Nach dem verschollenen Pastell von Adolph von Menzel, 1854.

Die „Variationen" op. 20 sind ihre künstlerische Emanzipation. Robert Schumann verliert kein Wort über die Variationen. Er selbst fängt wieder an zu komponieren. Aber seinen Werken sind Schwächen anzumerken, ihm selbst kaum bewußt.

Clara ihrerseits erlebt die Faszination des Komponierens. Mit der Vollendung der Variationen sind alle Hemmnisse und

161

Selbstzweifel von ihr abgefallen. Sie vertont „Sechs Lieder aus Jucunde" von Hermann Rollet, selbstgewählte Texte, und ruft über sich selbst erstaunt aus: „Es macht mir großes Vergnügen das Komponieren"! Das sagt dieselbe Frau, die wenige Jahre zuvor noch monierte: „Frauenzimmer können nicht komponieren"? Genau diese Frau und Komponistin vollendet ihre Jucunde-Lieder am 22. Juni 1853. Am 29. sind drei Romanzen für Klavier fertig. „Es geht doch nichts über das Selbstproduzieren, und wäre es nur, daß man es täte, um diese Stunden des Selbstvergessens, wo man nur noch in Tönen atmet", jubelt sie. Schon arbeitet sie an drei Romanzen für Klavier und Violine, ihrem op.22.

Ihrem Mann nimmt die übersprudelnde Kompositionswut nun doch zu große Ausmaße an. Daß Clara sich zur Konkurrentin auswachsen könnte, macht ihm Angst. Er verfällt wieder in seine Manier, sie zu belehren, ihre Werke zu kritisieren; sie zu bevormunden heißt für ihn, ihre gefährlichen Schritte zur Emanzipation als Künstlerin zu unterbinden. Als sie ihm ihre Goethe-Vertonung „Das Veilchen" vorlegt, muß Schumann erkennen, wie weit sich Clara musikalisch von ihm gelöst hat. „Das Veilchen" ist so gar nicht in Schumanns Sinn vertont. Er flüchtet sich in Spott: Sie habe nicht gewußt, daß Mozart das Lied bereits vertont hätte? Hahaha! Er geht über die Frau als Komponistin hinweg. Hatte er nicht schon vor Jahren einmal gesagt, Frauen seien nicht fürs Komponieren? Derartige völlig verzerrte Vorstellungen Schumanns sind bereits Ausdruck seines geisteskranken Zustands; in realiter wäre Clara Schumann mit ihrem Talent niemals an Robert Schumanns Genie herangekommen, als Komponistin stellte sie zu diesem Zeitpunkt mit Sicherheit keine Bedrohung für den Künstler dar.

Schumann reagiert mit physischem Zusammenbruch. Ende Juli, als Clara ihre Violinromanze vollendet, leidet der Komponist auf einmal unter Sprachstörungen, die aber ebenso schnell wieder vorübergehen. Er schreibt seiner Frau ein Konzert-Allegro, das er ihr zu ihrem Geburtstag und dreizehntem

Hochzeitstag überreicht, zusammen mit einem neuen Flügel, „ein zu großes Geschenk", „für unsere Verhältnisse zu kostbar".

Da Joseph Joachim in diesem Herbst in Düsseldorf weilt, werden alle neuen Kompositionen, auch Clara Schumanns Romanzen, immer wieder durchgespielt. „Andante molto", „Allegretto", „Leidenschaftlich schnell" lauten die Satzbezeichnungen der Romanzen. Die erste Romanze, das „Andante", ist ein echt romantisches Werk, leidenschaftlich, von sehnsüchtiger Atmosphäre erfüllt; das „Allegretto" beschwingt, von sanfter Heiterkeit. Gipfelstück der Romanzen op.22 ist das „leidenschaftlich schnelle" Schlußstück. Ein inspiriertes Werk, in dem sich die Gleichberechtigung der Instrumente, Klavier und Violine, am deutlichsten ausspricht. Alle drei Romanzen zeichnen sich durch glückliche Einfälle der melodischen und rhythmischen Erfindung aus. Keine Spur von Robert Schumann in diesen Romanzen. Op. 22 kann getrost als erstes reifes Werk der Komponistin Clara Schumann angesehen werden. „Bin ich nicht das glücklichste Weib auf Erden", ruft Clara, ganz erfüllt von diesen durchweg heiteren, für sie so produktiven letzten Monaten.

Und doch verfinstert sich der Himmel über der Komponistenfamilie.

Zusammenbrüche

Die Musik schweigt jetzt, wenigstens äußerlich", schreibt Robert Schumann Anfang Februar 1854 in einem Brief an Joseph Joachim. Der Komponist verbringt die Tage nun mit Lesen und dem Exzerpieren besonders interessanter Textstellen. Er möchte eine Anthologie über die Musik in der Literatur verfassen, „Dichtergarten" soll sie heißen, und von der Bibel über die Klassiker bis zur Moderne, Jean Paul und Friedrich Rückert, reichen. Die Sammlung der Texte löst bei

Schumann seltsame seelische Bewegungen aus. Er ist nervös und angespannt. Clara hat den ganzen Tag damit zu tun, die lärmenden Kinder von Schumanns Studierstube fernzuhalten. „Leise, der Papa darf nicht gestört werden", heißt es nun für die sechs Kleinen. Das noch ungeborene Siebte meldet sich auch schon sehr stark und bereitet Clara Schumann heftige Schwangerschaftsbeschwerden, denen sie allerdings nicht nachgeben darf, denn Roberts Wohlergehen steht neuerlich an erster Stelle. „Mit Sorge erfüllt es mich, sehe ich ihn nach so langer Zeit Latein und Griechisch lesen. Das muß ihn ja angreifen", meint Clara verstört. Er distanziert sich sehr von ihr und den Kindern. Die alten Griechen scheinen das einzig Interessante für ihn zu sein. Ach ja, und seine Geister, die darf man nicht vergessen! Besessen vom Okkulten besorgt sich Robert Schumann ein Rolltischchen, das mit einem vorgelegten Alphabet Antworten auf Fragen ans Jenseits gibt. Er liest Bücher über das Tischrücken, Geistererscheinungen und Medien, was um 1850 durchaus in Mode ist und ganze Abendgesellschaften unterhält, bei Schumann allerdings wahnhafte Auswüchse annimmt; auf einen Scherz Wasielewskis über den Okkultismus reagiert der Komponist aggressiver, als es seine Art ist: „Hierauf öffneten sich weit seine für gewöhnlich halb geschlossenen in sich hineinblickenden Augen, die Pupille drehte sich krampfhaft auseinander, und mit eigentümlich geisterhaftem Ausdrucke sagte er unheimlich und langsam: 'Die Tische wissen alles!'"

Bei seinen Geistern bleibt Schumann; er lebt in „lieblichen Sphären", wie er selbst schreibt, weit weg von der Realität. Er hört Musik aus einer anderen Welt. Am 10. Februar 1854 klagt er über „sehr starke und peinliche Gehöraffectionen"; er kann die Nacht über nicht schlafen, hört ständig einen einzigen Ton. Robert Schumann, zuerst sehr gequält vom „Gehör- und Kopfleiden", empfindet die unerträglichen Töne plötzlich als „wunderbar". „Wunderbare Leiden", notiert sein Tagebuch zum 13.2., der Eintrag zum 14.2. lautet: „Gegen Abend sehr stark, musicieren (Wunderschöne Musik)". Clara Schumann stellt sich diese Zeit anders dar: „mein armer Robert leidet schrecklich! alles Geräusch klingt ihm wie Musik"! Sie ruft einen Arzt herbei, der nach einer eingehenden Untersuchung zugesteht, er könne hier nichts tun. Wieder muß die schwangere Frau eine Nacht mit ihrem kranken Mann durchwachen. Sie ist verschreckt und hilflos. „Aber Klärchen", meint Robert, erstaunt über ihre Angst, „die Musik ist herrlich mit so wundervoll klingenden Instrumenten, wie man auf der Erde nie hörte"! Mit unglaublicher Kraft steht Clara Schumann auch die nächsten kritischen Tage und Nächte an Roberts Seite durch. Ihr Tagebuch schweigt in dieser Zeit. Einige Wochen später trägt sie ihre Erinnerungen an die Leidenszeit nach.

In der Nacht des 17. Februar springt Robert plötzlich aus dem Bett. Er müsse jetzt sofort ein Thema aufschreiben, das ihm Engel vorgesungen hätten, erklärt er der aufgeschreckten Clara. „Sie umschweben mich", phantasiert er, „die ganze Nacht, immer mit offenen, zum Himmel aufgeschlagenen Blicken", „sie machen mir herrlichste Offenbarungen, wundervolle Musik". Clara Schumann sitzt in stiller Verzweiflung neben ihm auf dem Bett und hört seinen Phantasien hilflos zu. Gegen Morgen fährt Schumann auf. Die Engelstimmen sind Dämonenstimmen! Ein Sünder ist er, schreien sie ihm zu, in die Hölle solle er! Clara läßt schleunigst nach Ärzten rufen. Robert schreit vor Schmerzen, die Dämonen quälen ihn als Tiger und Hyänen. Die herbeigerufenen Ärzte müssen den Tobenden mit vereinten Kräften halten. „Nervenparoxysmus" sei es, sagen sie der Ehefrau.

Was für Momente muß Clara Schumann durchgestanden haben! „Nie will ich diesen Anblick vergessen, ich litt mit ihm wahre Folterqualen", schreibt sie. Was für Kraft kostet es, bei dem Kranken wachen zu müssen, ungewiß, ob und wann, mit welcher Macht der nächste Anfall ausbricht. Die Ärzte haben sich wieder verabschiedet, nachdem der Komponist ruhig gestellt und die erste Krise überwunden ist.

Vom 19. bis 25. Februar wechseln Schumanns Zustände ständig: Mal umschweben ihn die Engel, singen ihm schöne

Musik vor, mal greifen die Dämonen nach ihm, mal ist er voller Seligkeit, mal fühlt er sich als Verbrecher, fürchtet, er könne Clara und den Kindern etwas antun. „Ach es erfüllte ja dies alles mein Herz mit der furchtbarsten Sorge, welch ein Ende das nehmen solle; ich sah seinen Geist immer mehr gestört und hatte doch noch nicht die Idee von dem, was ihm und mir noch bevorstand", erinnert sich Clara. Manchmal hat Robert Schumann nämlich auch lichte Momente, in denen er Geschäftsbriefe schreibt und Papiere ordnet, für den Fall der Fälle. Diese betont rationalen Augenblicke stehen in seltsamem Widerspruch zu seinen Wahnvorstellungen.

Am 26. Februar kommt es zum endgültigen Zusammenbruch. Abends erscheint Albert Dietrich zu einem Sonntagsbesuch. Schumann gibt sich aufgeräumt und macht einen völlig normalen Eindruck. Er spielt seinem jungen Besucher eine Klaviersonate vor. Vermutlich ist Roberts krampfhaftes Festhalten an der Normalität aber ein viel zu großer Kraftakt, den er einfach nicht mehr leisten kann. Der Schweiß läuft ihm während des Spiels von der Stirn; beim nachfolgenden Abendessen schlingt er seine Portion hastig herunter. Man setzt sich zur Unterhaltung in den Salon. Da springt Schumann plötzlich auf und verlangt nach seinen Kleidern. Auf der Stelle wolle er in die Irrenanstalt gebracht werden, er fürchte, Clara und den Kindern etwas anzutun. Die Anwesenden sind außer sich. Sie versuchen, den Komponisten zu beruhigen, der sich in der Zwischenzeit heraussucht, was er mitzunehmen gedenkt. Dabei vergißt er auch nicht, reichlich Notenpapier einzupacken, „kurz alles mit der klarsten Überlegung; und als ich ihm sagte: 'Robert willst du deine Frau und Kinder verlassen?' erwiderte er: 'es ist ja nicht auf lange, ich komme bald genesen zurück!'" Ein Arzt wird herbeigerufen, dem es gelingt, Schumann zu beruhigen. Er verbietet der schwangeren Frau, die Nacht über beim Kranken zu bleiben und bestellt einen Wärter für Schumann. Am Morgen zeigt sich Robert sanft und gefügig wie ein Lamm. Er sitzt am Schreibtisch in seinem Arbeitszimmer und überarbeitet einige Variationen. Die kleine

Marie bleibt als einzige bei dem Vater, als Clara für kurze Zeit das Zimmer verläßt, um mit dem Arzt zu sprechen. „Da plötzlich ... verließ er sein Zimmer und ging seufzend ins Schlafzimmer. Marie glaubte, er werde gleich wiederkehren, doch er kam nicht, sondern lief, nur im Rock, im schrecklichsten Regenwetter, ohne Stiefel, ohne Weste fort". Als seine Abwesenheit bemerkt wird, laufen die anwesenden Freunde los, Schumann zu suchen. Clara bleibt in verzweifelter Hilflosigkeit zurück, mit einem Gefühl „als höre das Herz auf zu schlagen".

Robert läuft ohne Umwege zum Rhein. Von der Rheinbrücke stürzt er sich hinab in den Fluß. Schiffsleute bemerken den Vorfall und es gelingt ihnen, den Kranken aus dem Wasser zu retten. Die Fremden bringen ihn nach Hause. Dort kümmern sich die Ärzte und Freunde um den Wahnsinnigen. Der schwangeren Ehefrau soll der Anblick erspart bleiben; man verbietet ihr, Schumann zu sehen. Eine gute Freundin, Rosalie Leser, nimmt sich der völlig verstörten Frau an. „Welch schreckliche Tage verbrachte ich nun wieder! ich durfte nicht zu ihm", schreibt die Verzweifelte, „doch bekam ich jede Stunde Nachricht von ihm".

Schumanns Zustände wechseln in immer kürzeren Abständen; mal geht es ihm gut, er schreibt die Variationen sauber nieder, arbeitet auch sonst, aber dann kommen Anfälle, nervöse Störungen, Aufregungen. So geht es den ganzen Monat hindurch. Am 1. März teilen die Ärzte Clara Schumann mit, daß ihr Mann in eine Anstalt müsse. Robert Schumann wird in die Heilanstalt in Endenich bei Bonn verbracht. Clara Schumann darf auch jetzt nicht zu ihm. Die Freunde stehen ihr in dieser schweren Zeit zur Seite. Rosalie Leser umsorgt die Pianistin mit rührender Aufmerksamkeit. Dietrich kümmert sich weiter um Schumann. Johannes Brahms kommt eigens aus Hannover angereist, um der Freundin beizustehen. Selbst Claras Mutter, Marianne Bargiel, ist gekommen und versorgt die Enkelkinder. Wasielewski ist bei Robert in Bonn. Ein Schüler Schumanns, der Komponist Otto Julius Grimm, reist einige

Tage später an und gesellt sich zu Clara Schumanns Freundeskreis.

Für Clara beginnt der Zusammenbruch erst jetzt. Bis zu diesem Zeitpunkt war alles so schnell gegangen, sie hatte nicht begreifen wollen, wie schlimm es mit Robert stand, es war ihr nicht die Zeit geblieben, sich weitere Gedanken zu machen. Seit Januar lebte sie nur für den Moment, nur mit dem Blick auf Robert Schumann. Keine Sekunde verschwendete sie für sich oder die Kinder. Nun, nachdem Schumann in Endenich ist, sitzt sie „da bei Frl. Leser in dumpfer Betäubung" und denkt, sie müsse unterliegen: Ihre Kräfte sind verbraucht. „Mit blutendem Herzen", „unermeßlichem Schmerze" erträgt Clara die nächste Zeit. „Frau Schumann leidet furchtbar", berichtet der fürsorgliche Brahms dem Freund Joseph Joachim.

Joachim erscheint am 5. März in Düsseldorf und eilt sofort zu Clara. Er kümmert sich rührend um sie. Ihm schüttet sie ihr Herz aus und erzählt alle vorgefallenen Begebenheiten. Sie musizieren an diesem Abend sogar. Vielleicht der einzige Trost für die Pianistin. Die energische Frau rafft einmal mehr sämtliche Kraftreserven zusammen. Sie muß jetzt weitermachen, ihre Kinder müssen versorgt sein. Es ist unglaublich, aber zwei Tage nach Schumanns Einlieferung in die Psychiatrie erteilt sie schon wieder Klavierunterricht. „Montag, den 6. März, fing ich wieder an, meine Stunden zu geben! ach, es war ein schwerer Kampf! aber einesteils fühlte ich, daß nur angestrengte Tätigkeit mich jetzt erhalten könne, und andernteils hatte ich ja doppelte Verpflichtung, zu verdienen". Die strenge Erziehung ihres Vaters zu unbedingtem Gehorsam und Pflichterfüllung kommt ihr nun zustatten. „Ich suche meine Pflichten zu erfüllen, suche mein Unglück zu tragen, so gut ich es kann, aber nicht durch Beten und Lesen heiliger Bücher, sondern durch Tätigkeit und das Wirken für andre"! Und die Musik hilft ihr! Mit Joachim spielt sie Robert Schumanns Violinsonaten durch. „Es ist das einzige, was mir Linderung schaffen kann - seine Musik"! Nur wenn sie alleine ist, gibt Clara Schumann ihren Gefühlen nach. Dann erlebt sie jede Nacht, jede einsame Minute den Zusammenbruch: „Ich habe schreckliche Nächte immer! kann gar nicht schlafen oder liege nur so im Halbschlaf, wo mich dann lauter schreckliche Bilder umschweben - immer sehe und höre ich ihn"; auf einsamen Spaziergängen überfällt sie der Gedanke an Schumann. „Viel geweint habe ich auf dem Spaziergange", „gehe jetzt täglich gezwungen etwas spazieren, aber mit welchem Herzen".

Viele Bewunderer Schumanns schreiben der Pianistin wohlmeinende Briefe. Andere bieten ihr finanziellen Rat oder Hilfe. Ferdinand Hiller, extra aus Köln angereist, schlägt ihr vor, in die Domstadt zu übersiedeln, wo sie mehr verdienen könne; der Verleger Härtel schreibt ihr aus Leipzig, er biete ihr ein Wohltätigkeitskonzert zugunsten ihrer Kinder; Paul Mendelssohn, Felix' Bruder, schickt ihr 400 Taler. Clara Schumann lehnt alle diese Hilfen ab, nein, sie will in Düsseldorf bleiben, das Geld vorerst nicht anrühren und „Konzert lasse ich niemand für mich geben, das tue ich selbst, wenn ich es bedarf". Wahrscheinlich trägt sie sich zu dieser Zeit schon mit der Idee, ihre Konzerttourneen wieder aufzunehmen.

Die Musik nimmt in der Folgezeit einen immer größeren Raum in Clara Schumanns Leben ein. Täglich berichtet das Tagebuch vom Musizieren mit Dietrich, Joachim und Brahms. Und immer stehen Werke Robert Schumanns dabei im Vordergrund. Am 21. März ist es „Faust", den man durchspielt, am 23. eine Ouvertüre, am 27. die Trios... Die Idee zu konzertieren reift in den nächsten Monaten heran. Mitte Mai scheint das künftige Leben geplant, denn Clara Schumann schreibt in ihr Tagebuch: „Ach hätte ich das Wochenbett hinter mir, dann muß ich etwas unternehmen - dies Leben halte ich nicht aus! - ich muß auch sehen, etwas zu verdienen, das Leben kostet doch gar zu viel, und Roberts Kasse schmilzt dabei immer mehr. Mein Hauptstreben geht jetzt dahin, das zu verdienen, was Roberts Krankheit kostet". Sie erkennt die Notwendigkeit zu handeln deutlicher als alle anderen, denn die Nachrichten aus Endenich sind wechselhaft wie eh und je. Marianne Bargiel sucht einmal den behandelnden Arzt,

Dr. Richarz, auf und findet Robert vor wie in den letzten Düsseldorfer Tagen. Dann kommt eine Nachricht, es ginge Schumann etwas besser, eine Woche später eine genau gegenteilige Meldung. Brahms, der Ende März nach Endenich fährt, kann Clara Schumann beruhigen; am 14. Mai kann die Pianistin ins Tagebuch schreiben, daß es ihrem Mann bereits seit vierzehn Tagen gut ginge, am 16. Mai berichtet sie wieder von Gehörstäuschungen und irren Reden. „Könnte ich doch nur jetzt schon etwas tun! es ist recht traurig, wie nichtstuend ich die Zeit verbringe", ruft Clara Schumann aus. Die Sorge um die eigene Existenz und die Zukunft der Kinder wird immer größer.

Im Juni, wenige Tage vor ihrer Niederkunft, erhält sie ein Schreiben des Bürgermeisters, daß Roberts Kündigung zurückgestellt worden sei und damit sein Gehalt bis auf weiteres ausbezahlt werde; eine schöne Geste derjenigen, die Schumann wenige Jahre zuvor ein so mühseliges Dirigentenleben bereiteten. Diese Aussicht nimmt Clara Schumann wenigstens für die nächste Zeit einen großen Teil der finanziellen Last.

Am 11. Juni schenkt sie ihrem achten Kind das Leben. Es ist ein Sohn: Felix Schumann. Felix, in Erinnerung an Mendelssohn. Zur Geburt Felix' schenkt Brahms Clara eine Komposition. Es sind Variationen über das „Albumblatt" aus den „Bunten Blättern" op.99, „über das innige herrliche Thema, das ich so tief in mich aufgenommen, als ich vorm Jahre die Variationen für den geliebten Robert komponierte".

Jetzt kann sich die Pianistin allmählich auf ein Leben in der Konzertöffentlichkeit vorbereiten. Im Juli fährt Clara Schumann für ein paar Tage nach Berlin zu ihrer Mutter. Sie nimmt die neunjährige Julie mit, um sie für längere Zeit bei Marianne Bargiel unterzubringen. Julie ist das erste ihrer Kinder, das aus dem Familienverbund gerissen und anderswo untergebracht wird. Es ist einfach unmöglich, mit sieben Kindern von Stadt zu Stadt zu reisen, ebenso unmöglich, die älteren Kinder ohne geregelte Erziehung zu Hause zurückzulassen. Julie ist noch zu klein, um ein Internat zu besuchen, und schon zu groß, um der Hausangestellten Bertha in Düsseldorf anvertraut zu werden. Die beste Möglichkeit ist also, das Lieblingskind Robert Schumanns in die Obhut der Großmutter zu geben.

In Berlin trifft Clara Schumann mit Joseph Joachim und Bettina von Arnim zusammen. Mit der Dichterin verbindet sie bald eine tiefe Freundschaft. Trotz von Arnim und Joachim, der ihr „die schönsten Stunden schafft", zieht es sie zurück nach Düsseldorf. Nach nicht einmal einer Woche ist Clara wieder in ihrer Wohnung, „war es mir doch, als sei ich lange fort gewesen, und als habe ich ein Unrecht wieder gutgemacht gegen ... den Geliebten, der wieder an mich dachte und mich mit seinem Geiste hier glaubte, während ich in Berlin"! Nach wie vor erlaubt man ihr nicht, Robert Schumann in Endenich aufzusuchen. Sie ist weiterhin allein auf die Nachrichten von Freunden und Ärzten angewiesen.

Wieder ist Clara Schumann mit ihren Kräften fast am Ende. Wieder rafft sie sich auf und fährt zur Kur nach Ostende, um danach endgültig ihr Konzertleben zu beginnen. Es ist August, als sie in Begleitung einer Freundin das Seebad erreicht. Die Bäderkur bekommt ihr sehr gut. Sie wandert gerne alleine am Meer auf und ab, in Gedanken ganz bei Robert Schumann. Außerdem ermöglicht ihr ein belgischer Bewunderer ein Konzert für die Badegäste, das leider keinen finanziellen Gewinn erzielt. Das Publikum amüsiert sich doch lieber bei leichterer Musik, für Beethoven, Schumann und dergleichen anstrengender Kost haben die Kurgäste keinerlei Sinn. In Ostende macht Clara Schumann allerdings die Bekanntschaft des Sängers Julius Stockhausen, der ihr ein guter Freund wird. Der „herrliche Sänger" gefällt ihr zunächst, weil er Roberts Eichendorff-Lieder „tief ergreifend" singt. Nach und nach entdeckt sie seine einnehmende Persönlichkeit. Julius Stockhausen, 1826 in Paris geboren, wo er auch studierte, ist ein großer Bewunderer Jenny Linds. Er war es, der die 'schwedische Nachtigall' zum deutschen Liedgesang anregte. Zu seinem Hauptrepertoire zählen Werke Bachs und Franz

Schuberts. Später wird Stockhausen ein enger Freund Johannes Brahms', der viele Liedkompositionen ausschließlich für Stockhausens Stimme konzipiert, die „Fünfzehn Romanzen aus Tieck's 'Magelone'" beispielsweise.

Am 6. September kehrt Clara Schumann nach Düsseldorf zurück. Zu ihrem Hochzeitstag erhält sie einen Brief von Robert, der sie „aufs tieffste erschütterte". Dr. Richarz hatte ihr einige Tage zuvor erlaubt, ihm zu schreiben, denn der Kranke zweifle an ihrer „und der Kinder Existenz", der Arzt wollte sehen, wie Schumann auf den Brief seiner Frau reagiere. Clara knüpft daran die Hoffnung, ihren Mann endlich besuchen zu dürfen, ein halbes Jahr hat sie ihn nun nicht mehr gesehen. Robert Schumanns Brief ist eigentümlich, nur auf die Vergangenheit gerichtet. Ob Marie und Elise noch Klavier üben und singen, fragt er, wo sie wohnen, ob sie sich an dies und das noch erinnern könne. Für Clara Schumann ist dieser Brief aber ein einziges Glück, wie sie schreibt.

Anderes bereitet ihr jetzt mehr Probleme: Geld und Kinder. Sie entschließt sich, die beiden Ältesten, Marie und Elise, ins Internat zu schicken und nur die Jüngsten im Düsseldorfer Haus bei der guten Bertha zurückzulassen. Doch damit ergibt sich ein neues Problem. Wovon soll das Schulgeld für Marie und Elise bezahlt werden? Der Haushalt in Düsseldorf muß auch von etwas leben, aber Geld hat sie keines mehr und einige von Roberts Manuskripten zu veräußern, das bringt sie nicht übers Herz. Mitte Oktober macht sie sich also auf den Weg ins Konzertleben.

Neuorientierung

In Begleitung Johannes Brahms' fährt Clara zunächst einmal nach Hannover, die Hauptstadt des gleichnamigen Königreichs. Soviel hat sie von ihrem Vater Friedrich Wieck gelernt: erst die Städte zu bereisen, in denen man schon bekannt ist, und dann immer weitere Kreise zu ziehen, der Ruf eilt einem schon voraus. In Hannover treffen sie Joseph Joachim, der sie sehr herzlich empfängt und ihnen schöne Musikstunden bereitet. Am 16. gibt Clara bei Hofe ein Konzert, das sehr freundlich aufgenommen wird. Doch ist Hannover nur die erste Station der Konzertreise, denn Clara Schumann drängt es nach Leipzig, in die alte Heimat. Bereits am 19. Oktober spielt sie im Gewandhaus im Abonnementkonzert. Das Publikum hat sie nicht vergessen und feiert sie stürmisch, noch ehe sie einen Ton gespielt hat. Mit kleinen Knicksen und Verbeugungen nimmt die Pianistin die Willkommensgrüße entgegen. Dann setzt sie sich an den Flügel, der Dirigent hebt den Taktstock. Sie spielt Beethovens G-Dur-Konzert; solch ein großes Werk hat sie lange nicht öffentlich gespielt, aber es gelingt ausnehmend gut, dafür, daß sie gar keine Zeit gehabt hatte, sich wie früher auf das Konzert vorzubereiten. Das Publikum applaudiert begeistert. Als Clara Schumann die Phantasiestücke Roberts zum besten gibt, wird der Beifall nur noch stärker. Der zweite Teil des Programms bereitet ihr auch große Freude. Niels Wilhelm Gades c-Moll-Symphonie erklingt. Clara Schumann hört das Werk in ihrer Loge an.

Nach diesem ersten Abend bringen die Studenten des Konservatoriums der Pianistin bei Fackelschein ein Ständchen. Freunde aus dem nahen Dresden kommen, um Clara nach langer Zeit wiederzusehen. Bewunderer scharen sich um sie. Natürlich wissen alle um Robert Schumanns Schicksal, und es ist nicht nur die Begeisterung für die Pianistin, die sie hertreibt, sondern zum großen Teil die Neugierde: Wie sieht die Frau aus, die derart schwere seelische Kämpfe bestehen mußte, wie sieht die Frau eines Verrückten aus, die gerade ihr achtes Kind geboren hat, und wie spielt sie, klingt ihr Spiel leidend, leidenschaftlich wie ihre Seele?

Am 23. Oktober gibt Clara Schumann ihr eigenes Konzert. Auf dem Programm stehen Schumanns Ouvertüre zu „Genoveva" und das d-Moll-Konzertstück. Danach erklingt „Das

16 Er war Clara
Schumanns Rivale: der
Komponist und berühmte
Klaviervirtuose Franz
Liszt.

Glück von Edenhall", eine Ballade nach Ludwig Uhland, von Schumann zu Claras vierunddreißigstem Geburtstag komponiert. „Er hörte es nicht", bedauert sie, „und ich hörte es, wie ein Unrecht kommt's mir vor. Gebe Gott ihm auch noch wieder die Freuden, seine Werke zu hören."

Schlußpunkt ihres Konzerts ist ein Werk von Johannes Brahms. Zum ersten Mal tritt sie mit einem Stück des „unerschöpflichen Genius" auf. Das markiert eine neuerliche Änderung in ihrem Repertoire: Brahms tritt allmählich an die Seite Schumanns. Noch ein Name taucht ab dem Jahr 1854 in ihrem Programm auf. Der Name ihres Halbbruders Woldemar Bargiel. Sie schuldet ihrer Mutter viel für den Beistand während der schlimmen ersten Wochen ohne Schumann, und die Mutter hütet ihre kleine Julie, da ist es nur recht, wenn sie ihrem bislang glücklosen Bruder ein wenig zu Anerkennung und Popularität verhilft. Zum allerersten Mal bestimmt Clara Schumann ihr Programm selbst!

Die Tournee geht weiter. Das „brillant besuchte" Gewandhauskonzert deckt die Kosten dafür ab. Die nächste Stadt ist Weimar, wo wieder ein alter Bekannter bereitsteht, die Pianistin zu empfangen: Franz Liszt. Der Virtuose des Klaviers hat seine Karriere seit vielen Jahren beendet. Seit 1848 lebt er als ordentlicher Kapellmeister in Weimar und leitet nebenbei die Musikfeste in Karlsruhe. Liszt ist reich geworden durch seine Konzertjahre, nun ruht er sich auf der Kapellmeisterstelle aus. Clara Schumann beneidet ihn um sein erfülltes Leben: Anders als sie selbst konnte sich der Pianist ganz dem Konzertleben widmen und seinen Ruhm bis zum letzten Tropfen voll auskosten, und sich jetzt, da auch er in die Jahre kommt, gemütlich den eigenen Kompositionen hingeben. In der letzten Zeit hat Liszt einige symphonische Dichtungen geschrieben: „Mazeppa", „Faust", „Dante" entstehen. Clara Schumann kann sich mit dieser Art Musik nicht anfreunden. Es ist ihr „eine wahrhaft höllische, teuflische Musik", „ein Chaos von Dissonanzen"! Und wenn sie seine charmante Persönlichkeit, die sie als „verzogenes Kind" charakterisiert, auch liebgewonnen hat, „als Komponist könnte ich ihn beinahe hassen". Das Urteil ist ungerecht; heute ist es hinlänglich bewiesen, daß Franz Liszt ein wesentlicher Schritt in die Moderne zu verdanken ist; er inspirierte z.B. seinen späteren Schwiegersohn Richard Wagner zu vielen Modifizierungen seiner Opern, setzte sich auch sonst rückhaltlos für das Bühnenwerk Wagners ein, indem er „Lohengrin" und den „Fliegenden Holländer" in Weimar aufführt. Clara Schumanns musikalisches Urteil soll zu einem Teil doch nur ihre Eifersucht auf den erfolgreichen Liszt verbrämen. Ihm hat das Schicksal alles im Übermaß geschenkt, was ihr und ihrem Robert versagt geblieben ist. Dazu lebt dieser Franz Liszt ganz und gar nicht gottgefällig, daß man sich fragen muß, warum der Himmel ihn dafür noch belohnt. Erst verführt er die Gräfin d'Agoult, lebt mit der Verheirateten in der Schweiz, dann trennt er sich von ihr, die ihm drei Kinder geschenkt hat, weil er der Fürstin Carolyne von Sayn-Wittgenstein verfällt, eine ebenfalls verheiratete Frau. Mit der schriftstellernden Fürstin lebt er ungeniert in Weimar zusammen, ein Lebenswandel, der ihr, Clara Schumann, der treuen Frau Roberts, dem „deutschen Weib" und Mutter von sieben lebenden Kindern ganz und gar mißfällt! Da hilft es auch nicht, daß Franz Liszt sich wirklich rührend um das Werk Robert Schumanns bemüht. Im Weimarer Konzert leitet er Schumanns „Manfred" und die vierte Symphonie in d-Moll. Clara spielt danach das a-Moll-Klavierkonzert, das Franz Liszt einfühlsam dirigiert. Aber all das trägt Clara Schumann nicht über ihren Mißmut hinweg, während der gutherzige Franz Liszt ihre saure Miene mit weltmännischer Nonchalance übersieht und sogar in der „Neuen Zeitschrift für Musik" kräftig die Werbetrommel für die Pianistin rührt. Die Bilder, die er in seiner Schrift über Clara Schumann entwirft, prägen über die nächsten Jahre hinaus ihr Image beim Publikum: Sie wird die „sanft leidende Sybille" der Musik, „die Himmelslüfte atmend, mit der Erde nur noch durch ihre Tränen verbunden bleibt".

Franz Liszt kann Clara Schumann nicht lange in Weimar halten. Sie will ihre Tournee weitertreiben. Frankfurt ist die nächste Station. Hier warten keine Freunde, niemand steht ihr zur Seite. Sie muß sich allein durchschlagen, durch Organisation, Werbung, Spiel. Es gelingt ihr deshalb nicht, das Frankfurter Publikum zu gewinnen. Also schnell weiter, zurück nach Hannover, zurück zu Joseph Joachim und Johannes Brahms. Und gemeinsam mit den Freunden wieder weiter, rastlos, nach Harburg, von dort nach Hamburg.

In Harburg, einem Städtchen, idyllisch am Rand der Lüneburger Heide gelegen, nahe der Schwarzen Berge, einem Hügelgebiet der Heide, das heute als Naturpark ausgewiesen ist, konzertiert Clara Schumann am 7. November. Sie spielt unter anderem etwas von Brahms, ihrem „Trostesengel". Der gelungene Auftritt in Harburg öffnet Clara Schumann einen Blick auf den modernen Konzertbetrieb. Es reicht nicht mehr aus, die großen Kulturstädte der Welt zu bereisen, so wie es in ihrer Jugend üblich war. Paris, Wien, Berlin, allenfalls noch London, das genügte damals, um Weltruhm zu erlangen. Gut zwanzig Jahre später wird das Konzertgeschäft mühseliger. Die Konkurrenz ist größer geworden, der Musikmarkt hat sich zu einer Massenproduktion ausgeweitet. Das Publikum ist übersättigt mit guter Musik, und es ist anspruchsvoller geworden. Nur noch wenige Zuhörer reisen von einer kleinen Stadt in die nächste große, etwa von Harburg nach Hamburg, um einen der Stars am Musikhimmel zu hören. Die Konzertgeber müssen sich umstellen und zunehmend kleinere Städte in ihr Programm mit aufnehmen. Nur das garantiert ihnen Zulauf auf breiter Basis.

Mit Brahms und Joachim geht es weiter nach Hamburg, das nicht weit von Harburg entfernt liegt. Hamburg ist eine zwiespältige Stadt, einerseits bestimmt von wohlanständigen Kaufleuten, die den einmalig bürgerlichen Charakter der Hansestadt bilden, auf der anderen Seite bevölkert von dem großen Heer dunkler Seeleute und zwielichtiger Abenteurer, die in Hamburg gestrandet sind, angelockt von dem Geruch des Fremdländischen, der von den vielen Schiffen aus aller Welt ausströmt, die im Elbhafen ankern. Die Stadt hat daher zwei Gesichter: Der alte Stadtkern, wie ein Halbkreis am nördlichen Elbufer gelegen, gehört dem Bürgertum. Zweistöckige Bürgerhäuser, viele Fachwerkhäuser mit spitzen Giebeln, säumen die breiten Straßen, die auf die Kirchplätze, Petri-, Jakobi-, Michaeliskirche, zulaufen. Äußeres Zeichen der Kaufmannschaft sind die alten Kontorhäuser, die mit ihren mächtigen Höhen das Stadtbild dominieren. Das 'andere' Hamburg liegt dicht daneben: das Hafenviertel mit schummrigen Spelunken und billigen Pensionen; die Reeperbahn, 1854 noch ein begrünter Vergnügungspark mit diversen Erfrischungs-Pavillons, an denen man über schmucke Alleen bis hinauf zum Millerntor entlangspazieren kann. Brahms zeigt Clara Schumann die Stadt seiner Kindheit, die sie von früheren Besuchen her in schwacher Erinnerung hat, und führt sie zu seinen Eltern, bei denen sie sich sogleich wohl fühlt. Trotzdem verwundert sie sich ein übers andere Mal über die ärmliche, ungebildete Herkunft des jungen Komponisten, hundertmal fragt sie sich, „wie es möglich, daß Johannes sich unter solchen Verhältnissen so entwickeln konnte".

Am 13. November spielt Clara Schumann im philharmonischen Konzert, und zwar ihre Glanzpunkte: das G-Dur-Konzert von Beethoven und einige „Phantasiestücke" von Robert Schumann. Am 16. Dezember tritt die Pianistin im nahen Altona auf, diesmal mit Beethovens Sonate C-Dur und Andante und Scherzo aus Brahms' f-Moll-Sonate. Beide Konzerte verlaufen nicht sonderlich gut. Das Hamburger Publikum verhält sich nach gewohnt nordisch-steifer Art sehr distanziert. Hier kann Clara Schumann keine Begeisterungsstürme entfachen wie in ihrem alten Leipzig! Die Kühle beweist ihr einmal mehr, daß sie nicht auf ihre früheren Erfolge als Clara Wieck und junge Frau Schumann aufbauen kann. Sie muß ganz von vorne beginnen und sich das entwöhnte Publikum allmählich zurückerobern. Keine leichte Aufgabe, zumal für eine Frau, die jenseits ihrer 'guten Jahre' ist. Welche Virtuosinnen reisen denn herum: junge Frauen, Mädchen, Wunderkinder, die die Zuhörer allein durch ihre bezaubernde Jugend zu fesseln vermögen! Die Geigerin Teresa Milanollo mit ihren siebenundzwanzig Jahren, die ein Jahr jüngere Pianistin Sophie Bohrer und ihre eigene Halbschwester, Marie Wieck, gerade mal zweiundzwanzig Jahre alt, alle unverheiratet, alle kinderlos! Man weiß ja, was das Publikum von reisenden Interpretinnen hält, die daheim Mann und Kinder zurücklassen, oder gar verlassen, der Karriere zuliebe. Sie werden verachtet, ihr Ruf ist ruiniert, wie der der Pianistin Marie Pleyel und der der Sängerin Wilhelmine Schröder-Devrient, die als geschiedene Frauen außerhalb jeglicher gesellschaftlicher Akzeptanz stehen. - Dieser Eindruck, den Clara Schumann einmal gewonnen hat, verstärkt sich noch in den nachfolgenden Konzerten in Lübeck und Bremen. „Es ist zum Verzweifeln", schreit es aus Clara heraus, „müßte ich es nicht, ich täte es wahrhaftig nicht mehr"!

Mit bitteren Gefühlen verabschiedet sich Clara Schumann von Bremen. Am 23. November begibt sie sich nach Berlin, während Brahms, dem sie mittlerweile das „Du" angeboten hat, nach Hamburg zurückkehrt. Die Pianistin fährt einzig in

17 Am 20. Dezenber 1854 in der Sing-Akademie zu Berlin: ‚Letzte Soire von Clara Schumann und Joseph Joachim'.

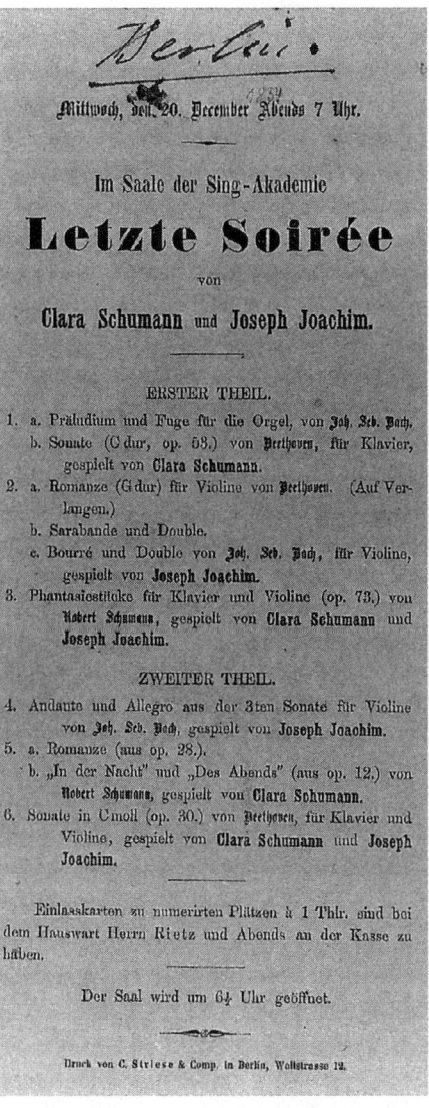

Begleitung eines 'Fräulein Schönerstedt' nach Berlin, da eine Frau unmöglich allein reisen kann, ohne nicht wenigstens von einer Anstandsdame begleitet zu werden. Der erste Weg in

Berlin führt sie zu ihrer Tochter Julie, die sich gut bei der Großmutter Bargiel eingelebt hat. Marianne Bargiel hat das Kind offenbar sehr ins Herz geschlossen. Es fühlt hier in Berlin zum ersten Mal mütterliche Aufmerksamkeit. Die eigenen Eltern, vielbeschäftigt und mehr auf sich selbst bezogen als auf die Kinder, haben ihr Fürsorge, die über das notwendige Maß elterlicher Pflichterfüllung hinausging, nicht bieten können. Julie gehe es gut, sie fühle sich wohl, schreibt Clara Schumann beruhigt an die restliche Familie.

Nach der Wiedersehensfreude kommt die alltägliche Ernüchterung des Konzertbetriebs. Sind die Plakate überall verteilt worden? Genügend Programmzettel gedruckt? Wie hoch ist die Saalmiete, wie hoch darf man die Preise für Konzertkarten veranschlagen? Billets kosten im Durchschnitt 20 Groschen, Karten zu Privatsoireen bis zu einem Taler (= 30 Silbergroschen). Mit einigen gut besuchten Konzerten ließen sich ein paar hundert Taler verdienen. Zum bitteren Vergleich: Ein erwachsener Arbeiter verdient etwa 80 Taler Jahreslohn, ein Kind ungefähr 20 Taler per anno, dabei beträgt die tägliche Arbeitszeit im Schnitt 13 bis 14 Stunden - auch für Kinder. Schumanns Gehalt in Düsseldorf beträgt das fünffache eines Arbeiterlohns, plus der Einnahmen aus seinen Kompositionen; sein Aufenthalt in Endenich kostet Clara Schumann 500 Taler jährlich. Wie hoch die Einnahmen aus ihren Konzerten sind, beweist am deutlichsten die Tatsache, daß sie bereits Ende November den ihr von Paul Mendelssohn überlassenen Kreditiv von 400 Talern auf Heller und Pfennig zurückzahlen kann.

In Berlin hat Clara Schumann großen Erfolg; die Kassen werden voll. Das G-Dur-Konzert von Beethoven ist nach wie vor ein Schlager. Auch ein Abstecher nach Breslau lohnt der Mühe. Obwohl Geld genug da wäre, verzichtet Clara Schumann auf die Begleitung Fräulein Schönerstedts, um deren Reisekosten einzusparen. In Breslau steht Schumanns a-Moll-Konzert auf dem Programm und wird mit Begeisterung aufgenommen. Zurück in Berlin erwarten sie Freunde: Die Familie Mendelssohn nimmt Clara Schumann herzlich auf. Man musiziert zusammen, natürlich Kammermusik des verstorbenen Felix. Bettina von Arnim heißt die Pianistin in ihrem Berliner Haus freundschaftlich willkommen. Eine neue Bekanntschaft bahnt sich durch Bettina an: mit den Brüdern Jakob und Wilhelm Grimm, den Philologen und Editoren des „Grimmschen Wörterbuchs"; „prächtige Leute", schreibt Clara, „die Gebrüder Grimm sind die Verfasser der Märchen, und der Sohn des einen, Hermann ... intimer Freund Joachims ... Es ist eine Familie, wie's wenige gibt, man fühlt sich so frei und behaglich dort - recht künstlerisch ist der ganze Ton dort". Der erwähnte Joseph Joachim erscheint auch prompt in Berlin, um sich an Clara Schumanns Soireen zu beteiligen. Sie spielen Bach und Beethoven, Schumann und Brahms. Auf der zweiten Soiree am 16. Dezember dominieren Schumanns d-Moll-Sonate und Mendelssohns Variationen op.83. Kurz vor Weihnachten findet die dritte Soiree statt, die „sehr besucht" ist, geradezu „unerhört für diese ungünstige Zeit". „Joachim spielte ganz herrlich" mit Clara zusammen Werke von Bach, Beethoven und Schumann, Clara alleine eine Beethoven-Sonate und danach aus Schumanns Klavier-Romanzen op.28 und eines der „Phantasiestücke" aus op.12.

Weihnachten! Das heilige Fest steht kurz vor der Tür und immer noch gönnt Clara Schumann sich keine Ruhe. Dieses Jahr wird die Familie ohne den Vater feiern, daran mag die Pianistin nicht denken und deshalb stürzt sie sich weiter in Arbeit. Am 21. Dezember fährt sie noch einmal nach Leipzig. Nach sechsstündiger Bahnfahrt eilt sie sofort ins Gewandhaus, um den Flügel zu prüfen und gibt danach eine Soiree mit Joachim. Am Tag darauf sitzt sie schon wieder im Zug, macht kurze Station in Hannover, um Johannes Brahms zu überraschen. „Ich hatte mich nach Johannes unendlich gesehnt! nur mit Ihm kann ich so recht über alles, was mein Herz bewegt, sprechen"! Noch am Nachmittag desselben Tages reist das Trio Schumann, Brahms, Joachim nach Düsseldorf. Die Kinder begrüßen johlend ihre Mutter; allen geht es gut, auch der winzige Felix scheint seine Mama nicht sonderlich vermißt zu haben. In Clara Schumanns Notizen steht nicht mehr, als daß „die Kinder wohl sind", weder, ob sie sie vermißte, noch wie sie die einzelnen Kinder nach langer Abwesenheit vorfindet, wie sich gerade das Jüngste entwickelt, denn zwei Monate sind eine gewaltige Zeitspanne enormer Entwicklungsschritte für einen Säugling. Nichts davon. Nichts, nur daß es ihnen gut geht. Claras Gedanken kreisen nämlich unaufhörlich um Robert. Morgen ist Heiligabend, denkt sie, und ich darf den armen Robert nicht sehen. Sie teilt ihre Gedanken den Freunden mit. Joseph Joachim, der sie so betrübt findet, verspricht ihr sofort, am 24. Dezember frühmorgens nach Bonn zu fahren, um Nachrichten vom Arzt einzuholen, vielleicht gestatte man es ihm auch, Schumann zu sehen.

Joachim fährt am Morgen nach Endenich. Die Heilanstalt sieht äußerlich einem großen Gutshaus ähnlich. Ein zweistöckiges Haupthaus mit hohen Fenstern dominiert die Anlage; rings herum befinden sich kleinere Bauten, in denen zum größten Teil das Personal untergebracht ist, in der Regel das Küchenpersonal, Hausdiener und Gärtner, außerdem die Pfleger und Pflegerinnen. Ein hübsch angeordneter und liebevoll gepflegter Garten umgibt die Gebäude.

Endenich ist eine Privatanstalt, nicht eines der städtischen Irrenhäuser, in denen die Patienten wie Vieh behandelt werden, teilweise angekettet, in enge Verschläge gesperrt, unter schlimmsten hygienischen Bedingungen, beaufsichtigt von prügelnden Wärtern, den Experimenten der Ärzte ausgeliefert. Da viele sogenannte Psychiater noch der Theorie anhängen, fast jede Seelenkrankheit sei auf organische Leiden zurückzuführen und die Seele befinde sich im Kopf, arten ihre Experimente meist zu chirurgischen Eingriffen an Schädel und Gehirn aus. Das heilende Gespräch sucht kaum einer von ihnen. Dr. Richarz, Roberts Arzt, ist dagegen ein für seine Zeit moderner Arzt, Endenich eine fortschrittliche Anstalt für betuchte Patienten. Zur Ausstattung des Hauses gehören sogar ein Musikzimmer und eine Bibliothek; bleibt allerdings fraglich, ob die

Patienten die Räume auch uneingeschränkt nutzen durften. Gewiß gibt es auch in Endenich Tobezellen für die schweren Fälle, bedient man sich archaischer Mittel wie der Fesselung ans Bett. Aber Dr. Richarz bemüht sich um Kommunikation mit seinen Kranken, versucht sie mit Hilfe von Medikamenten, gesunder Ernährung und Gesprächen zu heilen. Robert Schumann bewohnt zwei Zimmer in der Anstalt und geht täglich in Begleitung eines Dieners spazieren. Umsorgt wird er von der Pflegerin Elvire von Reumont. Er beschäftigt sich täglich mit Musik und Literatur.

Das sind die Eindrücke, die Joachim empfängt. Er darf Schumann nicht nur sehen, sondern auch mit ihm sprechen. Noch am gleichen Tag fährt der Violinist nach Düsseldorf zurück. „Er hatte Robert gesprochen und war selbst so beglückt, daß er mir die wonnige Nachricht nicht länger als nötig vorenthalten wollte ... ich war von allem furchtbar erregt, und das Sehnen faßte mein ganzes Herz in tiefstem Schmerz und Wehmut". Joseph Joachim erzählt Clara Schumann die positiven Eindrücke seines Gesprächs; die Pianistin läßt sich halbwegs beruhigen, daß es ihrem Mann besser gehe. Am 27. Dezember erhält sie Nachricht von Dr. Richarz, der ihr berichtet, Joseph Joachims Besuch habe „Robert recht heiter gestimmt". Die Freunde reden ihr zu, optimistisch zu sein, „Johannes und Joachim wollten gleich binnen kurzem völlige Genesung sehen, ich aber bin sehr vorsichtig in meinem Hoffen - es geht doch nur ganz Schritt für Schritt und ist wahrhaftig oft in Wochen kaum einer zu sehen". An den Kritiker Hanslick, seinen Freund in Wien, schreibt Joachim, was er Clara Schumann vorenthielt: Robert habe sehr viel und hastig gesprochen, „als ich fortwollte, nahm er mich noch geheimnisvoll in eine Ecke ... er müsse von Endenich weg, denn die Leute verständen ihn gar nicht, was er bedeute und wolle. Es schnitt mir ins Herz!"

„Ich bin sehr vorsichtig in meinem Hoffen", sagt Clara Schumann und meint damit, „ich habe schon resigniert". Ihre Resignation bezieht sich nicht allein auf die Krankheit ihres

Mannes, o nein, an Robert Schumanns Gesundheit hängt sehr viel mehr. Wird er gesund, dann liegt die Last des Arbeitens und Verdienens nicht länger bei ihr, das heißt, sie hätte wieder Zeit zum Komponieren. Trotz seiner oberlehrerhaften Kritiken erlaubte ihr Schumann immerhin die Komposition. Wie sie im vergangenen Halbjahr erfahren mußte, bleibt ihr neben dem Konzertieren keine Zeit für eine produktive Arbeit; sie hatte sich die Freiheit doch etwas anders vorgestellt, hatte geglaubt, wie Franz Liszt oder Niccolo Paganini zu werden, berühmt, geliebt, unermüdlich herumreisend und musizierend und dennoch mit der nötigen Muße, nebenher noch ein paar Kompositionen aufs Papier zu werfen. Aber Liszt und Paganini sind Männer; auf ihnen lastet nicht der Druck, an sieben Kinder denken zu müssen. Sie als Frau kann sich dagegen keinen Egoismus leisten. Nun steht es ihr deutlich vor Augen: Vielleicht nie wieder wird sie komponieren können; nur spielen, was andere erdachten. Dabei hat sie gerade ihren eigenen Weg eingeschlagen. Mit den „Variationen" op.20 tat sie den ersten großen Schritt. Mit den nachfolgenden Kompositionen orientiert sie sich kompositorisch neu.

Zwei der als „Drei Romanzen" op.21 erschienenen Stücke entstanden unmittelbar nach den „Variationen" op.20 im Juni 1853. Die erste der Romanzen tauscht Clara Schumann bei der Herausgabe 1855 gegen ein neu komponiertes Stück aus. Hier steht erst einmal die ursprünglich für op.21 als Eröffnungsstück vorgesehene Romanze a-Moll zur Debatte. Die a-Moll-Romanze ist dreiteilig aufgebaut. Der Mittelteil steht in A-Dur, damit ist die Unterscheidung zu Schumann schon gemacht. Schumanns Romanzen sind komplexer aufgebaut, sie umgehen mit vier und mehr Abschnitten eine klare Dreiteiligkeit. Für Robert Schumann bedeutet der Begriff 'Romanze' offenbar anderes als für Clara Schumann: Für ihn hat eine Romanze nicht nur mit Sentiment zu tun, sondern auch mit Geheimnis, Sehnsucht, Irrealität, „wie ein schönes Gedicht" sollten sie sein, wie eines der sehnsüchtigen Lieder Joseph von Eichendorffs! Um das „geheimnisvolle Schauern" kenntlich zu machen, greift Schumann in seinen Romanzen auf weit entlegene Tonarten zurück, b-Moll, Fis-Dur (bei Schumann Topos des Sehnsüchtigen), H-Dur ... die Komponistin füllt den Begriff 'Romanze' nicht mit so vielen Inhalten. Die Expressivität steht für sie an erster Stelle, das Sentiment. Ihre Tonarten brechen nicht aus den üblichen Grenzen heraus: a-Moll, F-Dur, g-Moll. Robert Schumanns Romanzen sind durch großzügige Phrasierungen, weite Atembögen gekennzeichnet, etwas, das es bei Clara Schumann nicht in dem Maße gibt. Die a-Moll-Romanze wird ganz von ihrer Anfangsmelodie getragen, die in vielfältigen harmonischen Veränderungen erscheint; die zweite Romanze ist auf scharfe Akzentsetzung ausgerichtet, die g-Moll-Romanze ist ein rauschendes Finalstück - Clara Schumann kann vom Virtuosen nicht lassen. Alle drei Romanzen sind echt romantische Piècen, originell und ausdrucksgewaltig. „Was es Herrliches ist, Künstlerin zu sein", jubelt die Komponistin; und wieder packt sie ihre Koffer. Drei Wochen bleiben ihr Zeit für die Kinder. Weihnachten ist vorbei. Silvester kommt. „Ich schweige über die Gefühle, mit denen ich das neue Jahr antrat und dies alte, schwere, unbeschreiblich unglückliche Jahr hinter mir ließ", notiert Clara. Neujahr. Das Baby Felix wird getauft. Dann verabschiedet sich die Mutter aufs neue von ihren Lieben.

Mein Wanderleben hab' ich angetreten

In Holland war man den Werken Robert Schumanns und ihrem Klavierspiel so freundlich begegnet, daß Clara Schumann eine neuerliche Tournee durch die Niederlande für den besten Start ihres Wanderlebens hält. Immer schön da anknüpfen, wo man Erfolg hat - die Devise ihres Vaters, die Clara Schumann bei jeder Konzertorganisation beherzigt. Mit Fräulein Schönerstedt als Begleiterin macht sich die Pianistin auf den Weg. Diesmal geht es nicht mit der Eisenbahn los, sondern mit dem Dampfschiff den Rhein hinunter. Die beiden Frauen sind knapp zwei Tage in Rotterdam, dem Ausgangspunkt der Tournee, da meldet sich in ihrem Hotelzimmer ein Besucher. Johannes Brahms ist seiner mütterlichen Freundin nachgereist und überrascht sie nun mit seiner Anwesenheit. Einige Freunde hat Clara Schumann dringend nötig, denn Holland empfängt sie nicht wie gewünscht. Der überragende Erfolg, den sie auf ihrer Holland-Tournee 1853 erlebt hatte, hat sie verwöhnt. Jetzt stößt sie nicht auf Begeisterungsstürme wie damals, lediglich auf angemessenen Applaus, und sie ist sehr enttäuscht. Weder das Festkonzert am 18. Januar in Rotterdam, bei dem Schumanns Frühlingssymphonie aufgeführt wird, noch die weiteren Konzerte in Leyden, Utrecht, Amsterdam und Den Haag gelingen zu ihrer Befriedigung. Ursache ist wohl in erster Linie ihr eher bescheidenes Spiel, um es vorsichtig auszudrücken. Seit einiger Zeit leidet sie an rheumatischen Beschwerden, die im Lauf der Jahre immer mehr zunehmen und ihr das Klavierspielen zur Qual werden lassen. Nach einem Konzert in Utrecht, das selten schwach beklatscht wird, vertraut sie ihrem Tagebuch an: „Es mißlang mir sehr, weil ich gänzlich von Kräften war". Klagen über Schmerzen, Krankheit und Unwohlsein finden sich in Clara Schumanns frühen schriftlichen Notizen recht selten, wenn überhaupt, beschränken sie sich auf simple Feststellungen. Krankheit bedeutet für sie etwas ähnlich Untugendhaftes wie Pflichtvergessenheit. Bei anderen kann man dergleichen dulden, für sie selbst kommt „krank zu sein" nur in wirklich schlimmen Situationen in Frage. In Sachen Krankheit ist sie abgehärtet. Was hatte sie nicht alles als reisende Klaviervirtuosin schon an Krankheiten erlebt. In Paris 1822 die fürchterliche Cholera, ihre schwere Krankheit auf der Rückreise in Frankfurt - der Vater hatte sie Tag und Nacht gepflegt. Gerade sie als reisende Künstlerin muß mit diversen Krankheiten und Seuchen leben. Das gehört mit zu ihrem Metier. Wie viele Virtuosinnen sind schon auf den Reisen umgekommen, den Torturen dieser Anstrengungen erlegen:

die Pianistin Sophie Bohrer, ein junges Mädchen noch, ein überaus begabtes Wunderkind ... vom Tod dahingerafft im fernen Petersburg. Und erst vor knapp zwei Jahren eine Cellistin, eine meisterliche Virtuosin, die Französin Lise Cristiani, gestorben an der Cholera.

Die Menschen des 19. Jahrhunderts leben anders mit ihren Krankheiten. Erst einmal werden sie sehr viel häufiger krank. Wesentlich mehr Infektionskrankheiten breiten sich aus. Das liegt an den durchweg schlechteren Lebensbedingungen im Vergleich zur heutigen Zeit: Der Begriff 'Hygiene' ist einfach ein anderer, die Straßen sind besudelt mit Unrat und Kot, die Kleider werden nach mehrmaligem Tragen ein paar Mal ausgebürstet, nochmals angezogen, ehe sie zur Wäsche gehen. Von bewußter Ernährung kann nicht die Rede sein, wenn das Gros der Bevölkerung, die unteren Schichten, in der Hauptsache von Kartoffeln, Kohl und Brot leben muß, und die medizinische Versorgung ist nicht so weit gediehen wie heute, wo wir uns durch Impfungen und Arzneien vor Krankheiten schützen können, die wir in unfaßbarem Selbstverständnis als 'leicht' titulieren und die vor etwa hundert Jahren das Leben Tausender kosteten. Eine Frau des 19. Jahrhunderts ist lebensgefährdeter als ein Mann. Allein die Geburten bedeuten ein nicht zu unterschätzendes Risiko. Hat eine Frau alle ihre Geburten überlebt, dann ist sie nicht selten von den üblichen vielen Schwangerschaften körperlich ausgezehrt, zum Sterben verurteilt. Jetzt stelle man sich die reisende Frau vor, eine Clara Schumann, die unter genau diesen Bedingungen zu leben und zu arbeiten hat. Kraft, Energie, Pflichtbewußtsein, ihre drei Charakterzüge dürften ihr über so manche Klippe hinweggeholfen haben; diese Frau muß sich Härte und Strenge als eine Art Selbstschutz aneignen, Wehleidigkeit, Gefühl, kann sie sich nicht erlauben. Unter diesem Aspekt muß man viele, uns unverständliche Verhaltensweisen der Pianistin begreiflich finden.

Während der Holland-Tournee müssen Clara Schumanns körperliche Beschwerden allerdings so zugenommen haben, daß sogar Johannes Brahms, aufmerksam geworden, interveniert: „ich meine, das ist zu viel. Das können Sie nicht aushalten, Sie müssen sich ausruhen ... Ich bitte Sie dringend". Fast gleichzeitig mit Johannes' Brief kommt aber auch ein Schreiben Robert Schumanns mit dem Schlußsatz: „Meine Clara, mir ist, als stünde mir etwas Fürchterliches bevor". Der Brief reißt Clara Schumann aus ihrer Krankheits-Lethargie. Er appelliert an ihre Mutterpflichten. Was ist ihr Rheuma gegen Schumanns Schizophrenie! Sie muß durchhalten, sie muß die Kinder versorgen, sie muß Roberts Anstaltskosten bezahlen. Sie muß spielen, und sei es „mit zerissenem Herzen". Wie schnell Clara Schumann ihre Krise überwindet, davon zeugt das Abschiedskonzert in Rotterdam, das sie am 8. Februar gibt.

Wieder einmal gönnt sie sich nur zwei Wochen Ruhe bei den Kindern in Düsseldorf. Joseph Joachim schickt zur Begrüßung seine neueste Komposition, die Schumann und Brahms gemeinsam durchspielen. Der gute Engel Brahms hat nach wie vor seine Zelte in Düsseldorf aufgeschlagen. Mit Stundengeben und mageren Kompositionseinkünften hält er sich über Wasser. Die meiste Zeit verbringt er im Schumann-Haus, auch wenn Clara nicht da ist. Für die Kinder, die noch im Haus unter Berthas Obhut leben, ist er ein großer Bruder, zu jedem Spaß bereit. „Wie auf einem Bilde sehe ich im Flur eines Hauses in Düsseldorf eine Schar Kinder stehen; die blicken staunend hinauf nach dem Treppengeländer", erinnert sich Eugenie Schumann, „dort macht ein junger Mann mit langem blonden Haar die halsbrecherischsten Turnübungen, schwingt sich von rechts nach links, hinauf, hinab; schließlich stemmt er beide Arme fest auf, streckt die Beine hoch in die Luft und springt in einem Satz hinunter, mitten hinein in die bewundernde Kinderschar. Die Kinder waren wir ... der junge Mann Johannes Brahms".

Brahms' Zuneigung zu Clara hat sich inzwischen zur Liebe gesteigert. Unter ironischen, spöttischen, fabulierenden und humoristischen Zeilen, die er seit 1854 an Clara richtet, bre-

chen seine aufrichtigen Gefühle unverfälscht durch: „Ich ...
schreibe Ihnen einen zweiten Brief aus 1001 Nacht ab ... Dein
Brief, o Herrin, ist angekommen und hat Balsam in eine von
Sehnsucht und Verlangen gequälte Seele geträufelt ... Wollte
Gott, es wäre mir noch heute ... erlaubt, Dir mündlich zu wiederholen, daß ich aus Liebe für Dich sterbe". Von Düsseldorf
aus beschreibt er der durch Holland Reisenden das Leben mit
ihren Kindern und fährt fort: „ich küsse sie immer als von
Ihnen, aber ich möchte Ihnen die Küsse auch wiedergeben".
Für Clara Schumann ist Brahms zunächst noch das „Traum-
bild", der „gute Freund", der „von Gott geschickte", ihr
„Halt". Mit Sicherheit empfindet sie mehr für ihn, als sie sich
eingestehen darf. Ihre strengen moralischen Grundsätze, mit
denen sie die geschiedene Wilhelmine Devrient und die wilde
Ehe des lotterlebigen Franz Liszt verteufelt, lassen eine intime
Beziehung zu Brahms (noch) nicht zu. Dem verliebten Brahms
bleibt nur, sich in aller ehrenwerten Freundschaft um Claras
Kinder zu kümmern, die die Mutter Ende Februar 1855 einmal mehr verlassen muß, um Geld zu verdienen.

Diesmal geht die Fahrt durchs Niedersächsische, Preußische bis in den Osten, bis Danzig und ins nordische Stralsund.
Hannover ist ihr Ausgangspunkt. Hier hat sie ihre Freunde;
auch Jenny Lind gastiert gerade in der Stadt. Joachim schließt
sich Clara als Begleiter an. In Berlin besucht Clara Schumann
zunächst ihre Tochter Julie und ihre Mutter Marianne. Es
treibt sie weiter. Da ist der Gedanke an Robert, dessen Aufenthalt in Endenich sich nun jährt. Sie muß ihre Gedanken
unterdrücken, weiterreisen und arbeiten. Zwei Konzerte gibt
sie in Danzig, der alten Hansestadt. Die Stadt mit ihrem mittelalterlichen Gepräge ist alles andere als dazu angetan, Clara
Schumanns neuerliche Depressionen zu verhindern. Da ist die
Weiterfahrt nach Pommern wie ein Aufatmen. Weil es
geschneit hat und die ebene Landschaft unter der März-
schneedecke von besonderer Schönheit scheint, fühlt sich Clara
bald wie in einem neuen Abenteuer. Abenteuerlich ist die
Fahrt bis Stralsund gewiß; Diesmal reist sie ohne jede Beglei-

*18 Die Kinder von Robert und Clara im Jahr vor Schumanns Tod.
Es fehlt Julie, die 1855 bereits in Obhut ihrer Großmutter Marianne
Bargiel in Berlin lebte.*

tung, weil die Berliner und Danziger Konzerte noch nicht
soviel Erträgnisse erbrachten, die die Finanzierung doppelter
Reisekosten ermöglichten. Ein Ausflug nach Bergen auf der
Insel Rügen im Schlitten über den zugefrorenen Strelasund

bereitet ihr großes Vergnügen: der Anblick der schier endlosen Eisfläche, die irgendwo nahtlos in die Tiefen der Ostsee übergeht! Als sie in Bergen ankommt, ist sie „gänzlich zerschlagen, denn der Weg war furchtbar". Dennoch spielt sie abends in einer kleinen Soiree, erleidet danach allerdings einen leichten psychischen Zusammenbruch. Sie hat sich wieder einmal überanstrengt, wäre aber nicht Clara Schumann, wenn sie nicht schon am nächsten Morgen nach ausgiebigem Frühstück wieder nach Stralsund zurückkehrte, bei Grieselschnee und Nässe auf Instrumentensuche ginge und die Probe zu ihrem Konzert am selben Abend in völlig durchweichten Kleidern und Schuhen abhielte.

Am 22. März kehrt Clara Schumann nach Hause zurück. Die jüngeren Kinder sind vollzählig und gesund versammelt; ein Brief Roberts liegt auf ihrem Arbeitstisch, in der typischen Art des Kranken geschrieben, also wenig hoffnungsvoll. Da ist die Anwesenheit Johannes Brahms' bedeutend erfreulicher. Clara Schumann vertraut ihrem Tagebuch an, wie glücklich sie ist, „den geliebten Freund" wiederzusehen. Brahms scheint der natürliche Ersatz für Robert zu sein. Mit den Kindern unterhält er sich liebevoller als deren eigener Vater, und Clara fühlt nach wie vor das Bedürfnis, einer 'leitenden Hand' untergeordnet zu sein. Sonst war es Robert, mit dem zusammen sie sich theoretische Studien vornahm, jetzt ist es Brahms, mit dem sie gemeinsam die großen Meister studiert. Früher genoß sie mit dem Ehemann die Welt der Musik, nun ist es Brahms, mit dem sie nach Köln fährt, um Beethovens „Missa solemnis" zu genießen. Die Künstlersymbiose, die Clara mit Robert Schumann eingegangen war, überträgt sie auf Johannes Brahms. Zu seinem Geburtstag am 7. Mai überreicht sie ihm eine eigene Komposition, ganz so, wie sie noch zwei Jahre zuvor ihrem Mann eigene Werke zum Geschenk machte. Es handelt sich bei der Komposition um eine Romanze für Klavier in a-Moll, offenbar im April 1855 geschrieben und vollendet, wie eine Anmerkung auf dem Titelblatt dokumentiert: „Meinem lieben Freund Johannes Brahms componirt den 2ten

April 1855". Die a-Moll-Romanze klingt mit ihrer melancho-
lischen Schwermut tatsächlich original 'brahminisch'. Die
Komponistin selbst hat ihren Charakter folgendermaßen
beschrieben: „Sie ist aber recht traurig in der Stimmung; ich
war's so sehr, als ich sie schrieb". Die Bemerkung Schumanns
gibt einen Begriff über die hohe biographische Motivation der
Komposition. Die traurige Stimmung, die sich im Werk spiegelt, kann nur auf Robert Schumann bezogen sein. Für wen
ist die a-Moll-Romanze denn nun bestimmt: Schumann oder
Brahms? Es existiert nämlich von eben dieser Romanze ein
zweites Autograph, auf dem jedoch Claras handschriftlicher
Vermerk „dem geliebten Manne am 8ten Juni 1855" steht. Ein
interessanter Blick in Clara Schumanns Seelenleben: Brahms
und Schumann scheinen ihr zu einem verschmolzen. Entscheiden kann sie sich weder für den 'guten Engel' Johannes, noch
für den 'lieben' Robert. Psychologisch aufschlußreich ist
zudem, daß Clara zur Veröffentlichung ihrer 1853 für Schumann komponierten Romanzen op.21 die erste gegen die für
Brahms geschriebene a-Moll-Romanze austauscht; angeblich
sei das später hinzukomponierte Stück qualitätsvoller gewesen.
Für den aufmerksamen Betrachter allerdings eine Kundge-
bung des Unterbewußtseins: Clara projeziert ihr Bild vom
'Überkünstler' Robert auf Johannes Brahms.

Robert Schumann im abgeschlossenen Endenich wird
immer mehr zum fernen Schattenbild. Zuweilen kommen
kurze Nachrichten des Arztes nach Düsseldorf, hin und wie-
der finden auch ein paar Zeilen Schumanns ihren Weg nach
Hause. Dr. Richarz ist weiterhin dagegen, daß Clara ihren
Mann besucht. Er ist auch nicht sehr erbaut davon, daß in
unregelmäßigen Abständen entweder Brahms oder Joachim in
Endenich aufkreuzen, um Schumann zu sehen. Die Briefe des
Arztes klingen wenig hoffnungsvoll. Roberts Wahnvorstellun-
gen treten in immer kürzeren Schüben auf. Dämonen und
Engel reden auf ihn ein, nachts kann der von Alpträumen
Geplagte keinen Schlaf finden. Dazwischen erlebt Schumann
Phasen höchster Produktivität. Er plant verschiedene Kompo-

sitionen, arbeitet mit seinen Büchern, Listen und Noten. In solchen Momenten ist er ganz klar. Mittlerweile steht für die Psychologen fest, daß die Schaffensphasen stets am Beginn einer neuerlichen Krisis stehen. Vergleichbar ist die Biographie des 1860 geborenen österreichischen Liederkomponisten Hugo Wolf, der an ähnlichen Krankheitssymptomen litt und ebenfalls seine letzten Lebensjahre in einer Nervenheilanstalt verbrachte. Wolf komponierte in Phasen plötzlicher Schaffenswut ein Lied pro Tag; zehn der berühmten Eichendorff-Lieder entstanden in dem minimalen Zeitraum von knapp neun Tagen. Nach einer solchen produktiven Phase erfolgte der unumgängliche Zusammenbruch. Hugo Wolf litt an Syphilis, jener Geschlechtskrankheit, die allmählich das Gehirn zerstört, der viele seiner Zeitgenossen erlagen. Psychologen haben seit Anfang unseres Jahrhunderts von Hugo Wolfs Leiden auf Robert Schumanns zurückgeschlossen. Schumann war als Student syphilytisch, konnte die Krankheit jedoch auskurieren, so daß sie nicht die Ursache seiner Geisteskrankheit gewesen sein kann. Die heute anerkannteste Diagnose lautet auf Schizophrenie, der aber nicht alle Forscher folgen wollen. Die romantische Legende, Schumann habe sich nach dem Scheitern im realen Leben, im Beruf und in seiner Ehe, bewußt in eine Irrenanstalt begeben, um angriffslos seinen Träumereien nachhängen zu können, sitzt nach wie vor steinern in den Köpfen mancher Biographen. Ihr Credo „Robert Schumann war nicht verrückt" gründen sie auf eine Aussage der Dichterin Bettina von Arnim.

Von Arnim verbringt mehrere Wochen des Frühjahrs 1855 in Bonn. Oft sucht sie den kranken Freund in der Endenicher Klinik auf. Dr. Richarz will ihren Besuch zunächst nicht zulassen, aber die resolute Dame verschafft sich lautstark ein Besuchsrecht. Strahlend begrüßt Robert die Freundin. Während von Arnims Tochter Gisela Schumanns Pflegerin mit einem Gespräch aus dem Zimmer lockt, beginnen Dichterin und Komponist eine vertrauliche Aussprache. Die Summe des Gesprächs und ihre Eindrücke berichtet Bettina von Arnim nach Düsseldorf. Ihrer Meinung nach leidet Robert Schumann mehr unter der Trennung von Familie und Freunden als an einer wahrhaftigen Geisteskrankheit. „Gerecht und gütig ... ist er einzig angestrengt, sich selbst zu beherrschen, allein, wie schwer wird ihm das, wo er von allem, was ihm heilsam und ermunternd sein könnte, geschieden bleibt? Man erkennt deutlich, daß sein überraschendes Übel nur ein nervöser Anfall war, der sich schneller hätte beenden lassen, hätte man ihn besser verstanden". Für Bettina von Arnim ist Schumann normal, den Arzt hingegen prangert sie als Hypochonder an, „der eher Schumanns Seelenadel nicht so wohl versteht, als ihn für ein Zeichen seiner Krankheit annimmt". Vehement plädiert sie dafür, daß Clara Schumann ihren Robert aus der Anstalt befreien soll, er sei nicht verrückt.

Ist Schumann geisteskrank? Liest man Bettinas Briefpassage über ihre Unterhaltung mit ihm, dann fällt auf, daß der Komponist von längst Vergangenem mit ihr gesprochen hat und in seiner Vergangenheitsbewältigung anscheinend von Hölzchen auf Stöckchen gekommen ist; „er unterhielt sich über alles, was ihm Interessantes im Leben begegnete, über Wien, über Petersburg und London, über Sizilien, über Brahms' und Woldemars Werke". Außerdem berichtet sie von Sprachlähmungen, die dem Komponisten die Kommunikation erschweren. Diese Merkmale sind dem Psychologen eindeutige Zeichen der Geisteskrankheit, für den Laien nicht durchschaubar. Es kommt im 19. und beginnenden 20. Jahrhundert recht häufig vor, daß 'Normale' in Heilanstalten interniert werden. Die Irrenanstalten sind zugleich Verwahranstalten, in die auch Personen eingeliefert werden, die der Gesellschaft einfach mißliebig sind: Prostituierte, Alkoholiker der verschiedensten Stadien, Taube, Blinde oder anders behinderte Menschen, Alte, Homosexuelle, Kriminelle, und schließlich unbequeme Ehefrauen - in der Irrenanstalt sind sie alle sicher aufgehoben. Die Normen dessen, was 'normal' und was 'verrückt' ist, sind im 19. Jahrhundert ungleich enger gefaßt als heute. Kein Wunder, daß die Vermutung nahe liegt, Robert Schumann könne zu Unrecht in die Irrenanstalt verbracht worden sein. Ähnliche Fälle gibt es zuhauf. Als beispielsweise die französische Bildhauerin Camille Claudel aufgrund ihrer Schizophrenie in die Heilanstalt kommt, schlagen die Empörungsrufe zahlreicher ihrer Freunde hohe Wogen: Camille wäre gar nicht verrückt, ihre logisch geschriebenen Briefe bewiesen das, man habe sie eingesperrt, weil sie die Geliebte ihres Lehrmeisters Auguste Rodin und darüber hinaus Künstlerin gewesen sei! Auch Clara Schumann zweifelt nach Bettina von Arnims Brief. Ob es nicht besser wäre, den Ehemann aus der Anstalt zu holen? Der getreue Joseph Joachim macht sich sogleich auf den Weg nach Endenich. Er bringt die Nachricht, daß Robert Schumanns Zustand unverändert sei. Clara muß jede Hoffnung auf eine Besserung seiner Gesundheit aufgeben.

Im Grunde paßt Robert gar nicht mehr in ihr Leben. Sie hat sich längst neu orientiert. An erster Stelle stehen die Freunde. Zu ihrem Bekanntenkreis gesellt sich die Prinzessin Friederike von Lippe. Clara Schumann hat auf dem Niederrheinischen Musikfest Kontakt zum Detmolder Hof geknüpft und ist gebeten worden, der Prinzessin Musikunterricht zu erteilen. Wenige Tage nach Roberts Geburtstag fährt sie nach Detmold, wo sie zwei Wochen lang unterrichtet und vorspielt. Sie findet das Westfälische sehr schön und angenehm. Die Landschaft gefällt ihr ausnehmend gut - der Teutoburger Wald, in dem in der Nähe von Detmold seit 1838 an dem Hermanns-Denkmal gearbeitet wird, das nicht zur Vollendung kommen will. Am Detmolder Hof stößt die Pianistin auf äußerst musikalische Adelige. Prinzessin Friederike zeigt sich sehr begabt, die Fürstenmutter außerdem „voller Herzensgüte". Jeden Nachmittag spielt Clara vor; zu ihrem Konzert stellt ihr der Fürst kostenlos Theater und Orchester. Die Prinzessin kommt im September sogar zu Clara Schumann nach Düsseldorf, um ihre Klavierstunden weiterzuführen. Mit Brahms verbringt die Pianistin einige Zeit in Bad Ems, mehr zum Urlaub als zum Arbeiten. Vorsichtshalber ist die Hausangestellte Bertha als Anstandsdame mit von der Partie. Merkwürdigerweise hat

Clara gerade in diesen Monaten eine konfliktreiche Beziehung zu ihren Freunden, ausgenommen der Detmolder Prinzessin. Mit Jenny Lind, die ebenfalls in Ems weilt, kommt es zum Streit über Brahms Werke, denen Lind nicht das Geringste abgewinnen kann. Sie weigert sich beinahe, ein Konzert mit Clara gemeinsam zu bestreiten, wenn diese die Werke des Hamburgers spielen wird. Was das für Schumann bedeutet ist klar: „Die Welt ist doch böswillig ... immer bereit, Neues, Bedeutendes mit Füßen zu treten". Clara selbst verhält sich Brahms gegenüber alles andere als freundschaftlich. Sie weiß genau, daß er sich mehr schlecht als recht mit Stundengeben durchbringt: Sie bemüht sich zwar, den Verleger Härtel für seine Werke zu gewinnen, aber ohne durchschlagenden Erfolg. Andere Hilfen bietet sie Brahms nicht an, schon gar keine finanziellen. Dabei verdient sie mit einem Konzert in Ems bare 1.340 Taler. Doch anstatt dem 'geliebten Freund' zumindest ein Darlehen anzubieten, schickt sie lieber 500 Taler an den Bankier Paul Mendelssohn, Felix' Bruder, der das Geld für sie anlegt. Auch mit Franz Liszt kommt Clara Schumann immer weniger zurecht. Einerseits bewundert sie ihn unverholen, andererseits ist sie eifersüchtig auf seinen Weltruhm als Pianist. Im Jahr 1856 begegnet sie ihm in Wien. Sie nimmt an einer Liszt'schen Soirée teil, die in einem kleinen, stickigen Zimmer vor unmusikalischer Adelsclique stattfindet. Als Clara Schumann sich über das Publikum beklagt, spielt Liszt den Vornehmen; „er sagte zu mir ... ja, warum spielten Sie nicht so ein paar schlechte Stücke von Liszt, die wären hier am Platze!" Clara Schumann übergeht sein 'fishing for compliments' und erwidert patzig: „Sie haben recht, doch das kann ich nicht". Franz Liszt geht mit der Nonchalance des großen Weltmanns über Claras sauertöpfische Miene hinweg. Er weiß nur zu gut, wie ungerecht und intolerant die Pianistin werden kann, wenn etwas gegen ihre moralischen oder künstlerischen Grundsätze geht. Er übersieht das geflissentlich. Clara Schumann hingegen fühlt sich bei all ihrer Kleinlichkeit vom impertinenten Liszt und seiner Adelsmischpoke beleidigt.

Die Stichelei mit Liszt fällt in die Zeit ihrer dritten Wien-Tournee, die Clara Anfang Januar beginnt. Vorher feiert sie noch im Kreis ihrer Kinder und Johannes Brahms' Weihnachten in Düsseldorf. Brahms, der Ersatzvater und -mann in persona, besorgt die Geschenke: „Ich laufe schon, so lange ich hier bin, an einem Laden oft vorbei, wo ich wunderschöne Soldaten entdeckt hatte. Gestern ging ich hinein mit dem Vorsatz, einen Purzelmann für Felix zu kaufen". Marie und Elise dürfen aus ihrem Pensionat nach Hause reisen. Julie muß bei Marianne Bargiel ihre Weihnachtstage verbringen. Seltsamerweise verfügt Clara Schumann (mit 1.000 bei Mendelssohn angelegten Talern!) nicht über das Reisegeld für Roberts Lieblingstochter. Zu Neujahr sitzt die Pianistin bereits in einem Prager Hotel und träumt von seiner Genesung.

In Prag und Wien feiert sie großartige Erfolge. Die Wiener beweisen einmal mehr, daß einem totgesagten Komponisten die Bewunderung zuteil wird, die man dem aktiv Schaffenden verweigert. Es ist Österreichs Spezialität, seine größten Komponisten zu Lebzeiten zu verschmähen, Wolfgang Amadeus Mozart und Franz Schubert beispielsweise, die im wahrsten Sinn des Wortes dadurch zu Tode Gekränkten nach ihrem Ableben künstlerisch und materialistisch zu vereinnahmen und bis zum heutigen Tag schamlos auszubeuten. 1856 entdecken Wien und Prag ihre Vorliebe für Robert Schumanns Musik, einzig dem unermüdlichen Einsatz Claras und österreichischer Schumannianer zu verdanken. Auf den Wiener Konzertprogrammen stehen diverse kleinere Klavierstücke - immer mit dabei einiges aus den „Phantasiestücken" op.12 -, das Quintett und das d-Moll-Trio. Das Repertoire wird mit Kompositionen Beethovens, Chopins, Mendelssohns und Brahms abgerundet. Damit bietet Clara Schumann ihrem Publikum einen reichen Überblick über die Gegenwartsmusik, von dem Epochenwandel von Klassik zu Romantik (Beethoven) über die Meister der Hochromantik (Chopin, Mendelssohn, Schumanns Frühwerk) bis zur Spätromantik (Schumann, Brahms). Mit dem gleichen erfolgreichen Programm konzertiert die Pianistin im Februar

in Pest, wo ihr nach der Veranstaltung am 27. ein Lorbeer-
kranz für den Komponisten des „Carnaval" überreicht wird.

Im März ist Clara Schumann in Leipzig, weit entfernt von
dem Gedanken, nach anstrengender Tournee nach Düsseldorf
zu fahren. Sie will endlich einen Plan wahrmachen, der schon
seit mehr als einem Jahrzehnt in ihr gärt, ja, den bereits ihr
Vater Friedrich Wieck mit seinen ehrgeizigen Ambitionen verfolgt hat. England! Seit Beginn ihrer Ehe hatte sie Robert
Schumann beschworen, mit ihr nach England zu reisen.
Damals war Maries Geburt dazwischen gekommen; Robert
war von dem Plan auch nicht sehr erbaut gewesen. Später,
wann immer Clara die England-Tournee zur Sprache brachte,
wurde er entweder krank, oder eine Schwangerschaft verhin-
derte die Unternehmung. Jetzt muß Clara keine Rücksichten
mehr nehmen, nicht auf labile Ehemänner, nicht auf störende
Säuglinge! Sie ist so gut wie frei und besitzt völlige Entschei-
dungsgewalt.

Anfang April 1856 setzt sie sich in die Bahn. In Ostende
löst sie ihre Passage nach Dover. Es ist bereits spät in der
Nacht, die Nordsee liegt unergründlich schwarz unter dem
Dampfschiff, da empfängt England die Reisende mit seinem
typischen Regenwetter. Wo fährt man hin, wenn man England
besucht? Nach London. London wird Clara Schumann erklär-
ter Ausgangs- und Rückzugspunkt. Dabei mag sie die Stadt
mit ihrer lärmenden Hektik eigentlich nicht. Wie gemütlich
kleinstädtisch geht es da doch in den anderen Metropolen
Europas, Berlin, Wien, selbst in Paris zu! In London dreht sich
alles ums „business". Das Leben pulsiert geschäftig und rasend
schnell. Englands Pionierstellung im beginnenden Industrie-
zeitalter merkt man seiner Hauptstadt deutlich an. Zwischen
dem modernen Treiben stehen die Denkmäler vergangener
Epochen, der Tower, die St. Paul's Cathedrale, in doppelt
schweigsamer Würde. 1851 wurde der Kristallpalast der Londoner Weltausstellung vollendet, eine monströse Glas-Eisen-
Konstruktion; zahlreiche Kirchen im neugotischen Stil werden
aus dem Boden gestampft. Der bekannteste englische Maler

dieser Zeit, William Turner, fängt die gewaltigen Veränderungen der englischen Umwelt in seinen Ölgemälden ein. Die Literatur reagiert auf die drastischen sozialen wie ökonomischen Umwälzungen des Viktorianischen Zeitalters mit realistischen, kritischen Romanen eines Charles Dickens, eines William T. Thackeray. Auf allen Gebieten der Kunst liegt England weit vorne - nur in Sachen Musik nicht. Die letzten bedeutenden Jahre englischer Musikkultur liegen mit Georg Friedrich Händels und Johann Christian Bachs Schaffen weit zurück im 18. Jahrhundert. Händel eroberte England mit seinen italienischen Opern und englischen Oratorien. Johann Christian Bach, einer der Söhne Johann Sebastian Bachs, veranstaltete ab 1765 erfolgreiche Konzerte. Diesen großen Gestalten der englischen Musikgeschichte vermag zunächst nichts zu folgen. Um 1800 ist England musikalisches Brachland. Einziger nennenswerter Komponist der englischen Romantik ist William Sterndale Bennett. Der Komponist begann seine Laufbahn als Chorknabe am King's College in Cambridge, studierte danach an der Royal Academy of Music in London. Felix Mendelssohn, der auf seiner Europareise Anfang der 30er Jahre England durchquerte, wurde auf Bennett aufmerksam und stellte den Kontakt zu Robert Schumann her. Dieser lobte Bennett als „stillen, schönen Geist", seine Kompositionen seien von „Formschönheit, poetischer Tiefe und Klarheit". 1856 wird Bennett Musikprofessor in Cambridge.

An William Bennett wendet sich nun die etwas hilflose Clara Schumann. Der Komponist tut alles Menschenmögliche für die verehrte Frau Robert Schumanns. Sämtliche Kontakte, die Clara in England knüpfen kann, verdankt sie dem selbstlosen Einsatz Bennetts. Er dirigiert in ihren Londoner Konzerten das Orchester. „Mittelmäßig", findet die zu anspruchsvolle Clara und bemängelt: „hier braucht man zur Probe nicht mehr Zeit als zur Aufführung, natürlich kann alles auch nur mittelmäßig gehen". Auch aus ihren Konzerten in Manchester, Liverpool und Dublin zieht sie nur eine Erkenntnis: „Es war eine fürchterliche Probe" - „Probemachen nennen sie hier einmal durchspielen" - „Sie sind furchtbar zurück oder vielmehr einseitig, von neueren wollen sie keinen gelten lassen außer Mendelssohn, der ihr Gott ist". Bei einer Soiree platzt der leicht jähzornigen Pianistin der Kragen. Das Publikum hat es wieder einmal gewagt, ihre Darbietungen mit lautstarker Unterhaltung zu sabotieren. Mitten in ihrem Vortrag unterbricht Clara Schumann und bleibt stocksteif mit steinerner Miene am Flügel sitzen. Pikiert schweigen die Anwesenden und Clara spielt in aller Seelenruhe weiter. Diese Erziehungsmethode hat sie schon einmal erfolgreich angewandt.

Inzwischen sind beunruhigende Nachrichten aus Deutschland bei Clara Schumann eingetroffen. Robert geht es immer schlechter. Sofort reist sie nach Hause zurück. Brahms kommt der „geliebten Clara" bis Antwerpen entgegen. Zehn Tage später, es ist der 14. Juli, fährt sie nach Bonn. Dr. Richarz verweigert ihr, Robert zu sehen und zu sprechen. Er habe keinerlei Hoffnung mehr für den Mann, gäbe ihm höchstens noch einige Monate zu leben. Am 23. Juli erhält sie ein Telegramm: „Wollen Sie Ihren Mann noch lebend sehen, so eilen Sie unverzüglich hierher. Sein Anblick ist freilich grausenerregend". Clara macht sich auf den Weg, aber wieder läßt Dr. Richarz sie nicht an Roberts Krankenbett. Am nächsten Sonntag hält sie es allerdings vor Besorgnis kaum mehr aus. Sie reist erneut mit Brahms nach Bonn und dringt so erbittert auf den Arzt ein, daß er ihr schließlich das Wiedersehen mit Robert Schumann erlaubt.

Schumann liegt ausgezehrt und erschöpft auf seinem Krankenlager in einer Tobezelle. „Er lächelte mich an und schlang mit größter Anstrengung, denn er konnte seine Glieder nicht mehr regieren, seinen Arm um mich - nie werde ich das vergessen".

Schumanns Anblick ist in der Tat grausenerregend. Seit Wochen hat er die Nahrung verweigert. Weder Gewalt noch gutes Zureden vermögen seinen Widerstand zu brechen. Das einzige, womit er sich am Leben hält, ist ein täglicher Schluck Wein und Gelee, zuweilen Kraftbrühe, verabreicht durch ein

19 In der Heilanstalt zu Endenich bei Bonn verbrachte Robert Schumann seine letzten Lebensjahre.

Klistier. „Wie mühsam mußte ich mir deine geliebten Züge hervorsuchen; welch ein Schmerzensanblick", erinnert sich Clara Schumann. Der Komponist ist derart geschwächt, daß er sich kaum bewegen, geschweige denn sprechen kann. Am dritten Besuchstag Claras stirbt Robert Schumann. Es ist der 29. Juli 1856, vier Uhr nachmittags.

Die Todesursache ist „Tod durch Verhungern", bewußt von Schumann in suizidaler Absicht herbeigeführt. Aber inwieweit können die Begriffe ‘bewußt’ und ‘Absicht’ für ein krankes Hirn gelten? Es heißt sogar, Schumann wollte durch seine Nahrungsverweigerung Claras Aufmerksamkeit gewinnen. Auch da wird eine bewußte Absicht angenommen. Man stößt sich heute daran, daß Clara Schumann ihren Mann während des zweijährigen Anstaltsaufenthalts nicht besuchte; man hat daraus einige Legenden konstruiert, daß Clara ihren Mann nicht mehr liebte, daß sie ihn hatte abschieben wollen, daß sie ihn in seinen Wahn getrieben, daß sie ihn zum Selbstmord angestiftet habe ... Vermutungen, die auf eine mangelhafte Kenntnis des 19. Jahrhunderts hinweisen. Es war nicht üblich, daß enge Familienangehörige ihre Verwandten in Irrenanstalten besuchten. Die Ärzte erlaubten dies in den wenigsten Fällen, meist erst, wenn der Tod des Kranken nicht mehr zu verhindern war. Die Gründe liegen in einer von unserer Gegenwart völlig verschiedenen sozialen und religiösen Auffassung von Wahnsinn. Selbst der fortschrittlichste Arzt des 19. Jahrhunderts ging von dem Grundsatz aus, Wahnsinn sei die Folge einer begangenen Sünde. Über Wahnsinn und Krankheit wird genausowenig gesprochen wie über intime Angelegenheiten. Andere Gründe sind mit Sicherheit die katastrophalen Bedingungen der Heilanstalten jener Zeit. Es gab kein ausgebildetes Pflegepersonal wie es heute der Fall ist; die Berufe Krankenschwester und -pfleger existierten noch nicht. Hatte ein Patient Glück, dann stellte man ihm eine Pflegerin zur Seite, die sich halbwegs idealistische Vorstellungen von ihrem Beruf machte; die Mehrzahl der Betroffenen war einem Pflegepersonal ausgeliefert, das, hoffnungslos unterbezahlt, Frust und Unvermögen an den Kranken ausließ. Kein Arzt konnte es sich erlauben, Angehörigen näheren Einblick in die reale Situation zu gewähren. Der Fall Clara und Robert Schumann ist also kein Einzelfall; die Biographien anderer 'verrückter' Persönlichkeiten sehen gleich aus: Camille Claudel lebt dreißig Jahre lang in der Heilanstalt, von ihrer Familie distanziert; der manisch-depressive Hugo Wolf klagt „niemand hat sich meiner angenommen" - nicht ein Freund besucht ihn in der Landesirrenanstalt; der an Katatonie leidende Dramatiker Friedrich Hölderlin vegetiert vereinsamt mehrere Jahrzehnte dahin.

Am 31. Juli findet in Bonn Schumanns Ehrenbegräbnis statt. Brahms, der unermüdliche Tröster, fährt kurze Zeit danach mit Clara in Urlaub. Am Vierwaldstätter See will die Witwe über das Geschehene hinwegkommen. „Brahms ... ist mein liebster, treuester Beistand ... und steht mir auch jetzt auf einer Reise tröstend zur Seite. Er, seine Schwester und meine ältesten Knaben sind mit mir".

Seit langem hat sie versucht, sich neu zu orientieren. Jetzt kristallisiert sich heraus, was in Zukunft für ihr Leben bestimmend sein wird: die Kunst, die Kinder, die Freunde. Die Kunst steht - wohlgemerkt - an erster Stelle. Clara ist klar, daß sie von nun an konzertieren muß, schon um zu überleben. Es ist Clara Schumanns einzige Chance, im Leben zu bestehen. Das bedeutet aber: endgültige Trennung von den Kindern. Julie ist zur Zeit noch gut bei der Oma untergebracht, Marie und Elise im Leipziger Pensionat. Sorge machen die beiden ältesten Söhne, Ludwig und Ferdinand. „Wie ich die Knaben unterbringen soll, das macht mir ... viel Sorge, denn auf der Reise habe ich wohl eingesehen, daß sie unter männliche Zucht kommen müssen, sonst werden gar keine Jungen aus ihnen". Am 18. Oktober bringt sie Ludwig und Ferdinand „zu Herchenbach in Pension". Nur die Kleinen, Eugenie und Felix, inzwischen fünf und zwei Jahre alt, bleiben unter Berthas Aufsicht in Düsseldorf. Die Familie Schumann ist zerbrochen. Die Mutter geht auf Tournee. „Wieder muß ich ja mein Wanderleben antreten".

Neudeutsch

Das Jahr 1857 beginnt mit Konzerten in Hannover, Göttingen, Köln und Elberfeld. Von da aus fährt Clara Schumann in ihre Heimat, konzertiert in Leipzig, Dresden und Berlin. In Berlin hält sie gleich nach einer passenden Wohnung Ausschau. Sie möchte nicht länger in Düsseldorf leben, wo jedes Haus, jede Straße sie an Roberts Krankheit, die schlimmsten Stunden ihres Lebens erinnert. Außerdem wohnt in Berlin ihre Mutter, die sich dann um Claras kleine Kinder kümmern kann, wenn die Pianistin ihr Wanderleben lebt. Schumann findet eine angemessene Wohnung, deren hintere Stube mit großen Fenstern zur Südseite hin liegt. Hier wird das kleine Tafelklavier der Kinder stehen, während ihr Flügel in einem dunkleren Vorderzimmer Platz finden soll. Clara veranlaßt den Umzug für den kommenden Herbst. In der Zwischenzeit reist sie nach England. Ihre Station ist wie im Vorjahr London. Diesmal wird sie sehr von Heimweh geplagt. Besonders zu Roberts Geburtstag am 8. Juni denkt sie an den Verlust des „herrlichsten der Männer". Brahms bringt an diesem Tag einen Grabstein zum Bonner Friedhof, Claras „ganze Seele begleitet ihn". In ihrer Trauer wird ihr die ganze Stadt verleidet. Sie klagt über mangelndes Kunstverständnis der Londoner, schimpft über versagte Anerkennung der Kritiker. Nur einen einzigen Abend im Kreise wahrer Musikfreunde, habe sie genießen können. Sie spielt natürlich Werke des geliebten Robert.

Ihre Konzerttage sind reine „Hetztage": Morgens früh fährt Clara Schumann in die Stadt, übt eine Stunde im Saal, fährt zu ihrer Unterkunft zurück, übt abermals, erledigt dann die nötigen Besuche „und vieles mehr den ganzen Tag über", bis sie abends um 11 Uhr im philharmonischen Konzert auftritt. Das im Juni stattfindende Händel-Festival hält die Pianistin ebenfalls in Trab; alle Veranstaltungen will sie miterleben; morgens hört sie das Oratorium „Israel in Ägypten", findet kaum Zeit zum Essen, denn abends steht „Medea" auf ihrem Theaterprogramm. Sie bedauert, daß die Freunde bei diesem Ereignis fehlen. Wenigstens kann Schumann sich dem russischen Komponisten und Pianisten Anton Rubinstein mitteilen, der als Klaviervirtuose in England Furore macht. Sie findet den Menschen sehr liebenswert, aber sein Klavierspiel unerträglich. Unkünstlerisch, ohne Anmut, mit zu hartem Anschlag, urteilt sie, muß sie urteilen, denn schließlich ist Rubinstein ein Konkurrent, ein Rivale im Kampf um das englische Publikum. Mißmutig sieht sie mit an, wie man den Russen als zweiten Mendelssohn feiert, während ihre Auftritte geringe Beachtung finden. Die gesamte Klavierwelt scheint von Männern beherrscht, hier Rubinstein und auf dem Kontinent Franz Liszt, den sie dafür haßt. Die Art ihres Spiels ist ähnlich; Rubinstein und Liszt haben beide einen sehr harten Anschlag, und beide sind ausgesprochene Solomusiker, die mit ihrem lauten Spiel jeden Mitspieler erdrücken. Das Virtuose gilt ihnen mehr als die notengetreue Wiedergabe einer Komposition. Franz Liszt greift manchmal recht eigenmächtig in die Werke ein, produziert Triller, Oktaven, kleine raffinierte Ausschmückungen, die man in der Komposition vergebens sucht. Sein Spiel klingt wahrhaft dämonisch bravourös, er beherrschte sein Instrument wie ein Teufel, sagt Clara. Sie selbst bemüht sich darum, ausschließlich dem Willen des Komponisten zu folgen. Keine Note mehr als verlangt, kein Tempo anders als vorgesehen. Während Liszt seine Ansprüche als Pianist jedem Stück aufzwingt, unterwirft sich Clara Schumann den Bedingungen des Komponisten; nur im Rahmen des jeweiligen Werks entfaltet sie ihre eigene Interpretation. Robert Schumann hob das sorgfältige Spiel seiner Frau hervor; er selbst hat in seinen Haus- und Lebensregeln betont: „Betrachte es als etwas Abscheuliches, in Stücken guter Tonsetzer etwas zu ändern, wegzulassen, oder gar neumodische Verzierungen anzubringen", und Clara hält sich an die Regeln ihres Ehemannes. Ein Kritiker zieht Vergleiche: Clara Schumanns Spiel klänge solide und gebunden, natürlich schwärmerisch, warm, eher introvertiert. Liszts Interpretationen seien leidenschaftlich, originell, kühn und egoistisch. Die „Neue Zeitschrift für Musik" rechnet Clara aufgrund der festgestellten Merkmale zur deutsch-sentimentalen, Liszt zur französisch-romantischen Schule. Die Art der unterschiedlichen Spielweisen bestimmt die Wahl der Instrumente - Schumann präferiert Flügel mit weichem Klang.

Wie hat man sich Clara Schumann am Klavier vorzustellen? Zeitzeugen, etwa Paganini, berichten, daß sich die Pianistin unruhig und viel bewegt. Sie pflegt, im Rhythmus der

Musik hin und her zu wippen. Liszt predigt seinen Schülern stets: „nicht mit dem Körper Metronomisieren wie Frau Schumann". Er selbst sitzt nahezu unbewegt am Klavier, nur seinem Gesicht ist Gefühlsregung anzusehen. Clara Schumann unterläßt sprechende Mimik; mit starrem Blick, aufgerissenen Augen spielt sie ihre Stücke. Ihre ganze Spielweise verrät ein tiefes Mitempfinden mit der jeweiligen Komposition, die Fähigkeit, sich völlig in ein Werk hineinzufinden. Die Musik ist das Ventil ihrer Gefühle, psychologisch interessant bei dieser Frau, die sonst sprachlich und körperlich Gefühle nur schwer ausdrücken kann. „Nur in der göttlichen Musik", sagt sie, könne sie „Leid und Freude so recht aushauchen".

Am 2. Juli kehrt Schumann von ihrer England-Reise zurück. Sie verbringt den Sommer mit Brahms und den jüngsten Kindern am Rhein. Ende September zieht sie nach Berlin. Die Kleinen bleiben in der Obhut der ältesten Schwestern und der Freundin Elisabeth Werner. Vorerst wohnt Clara in der Nähe ihrer Kinder, unternimmt lediglich kürzere Reisen nach Leipzig und Dresden. Mitte November gastiert sie in Augsburg und München. Viel Geld ist dabei nicht zu machen. In Süddeutschland sind die Eintrittspreise gering, höchstens 20 Groschen, dabei belaufen sich ihre Unkosten im teuren München auf 20 Louisdor. Mit Schrecken denkt Schumann an die Zukunft ihrer Kinder; der Gedanke an Verdienst und Geld wird für sie allmählich zwanghaft, ein Erbe aus ihren Wunderkind-Tagen, eine neurotische Hinterlassenschaft ihres Vaters, dessen Lebensmuster Clara Schumann mit zunehmendem Alter mehr und mehr übernimmt. In der Folge wird sie nicht mehr so oft im süddeutschen Raum auftreten, sondern ihr Stammpublikum im preiswerteren Norden suchen.

Ein weiterer böser Vorfall verleidet ihr München: Vor einem Konzert hat sie plötzlich Schmerzen im linken Arm. Nach einer durchwachten Nacht sucht sie einen Arzt auf. Rheumatische Entzündung und Überanstrengung lautet die Diagnose. Der Arzt verschreibt ihr das übliche Medikament, Opium.

Opium, oder besser 'Laudanum liquidum', ist das Allheilmittel des 19. Jahrhunderts, wohlgemerkt: Heilmittel! Die Folgen der Droge, wird sie regelmäßig in nicht verordneten, zu hohen Dosen gebraucht, werden noch nicht überschaut. Zahlreiche Künstler der Romantik bedienen sich jedoch der faszinierenden, halluzinatorischen Wirkung des 'Medikaments', benutzen es als Droge, die es ist, werden süchtig. Lord Byron, der englische Lieblingsdichter Robert Schumanns, braucht täglich sein Quantum Laudanum. Clara, die ab sofort öfters zu Opium greift, aber nie der Sucht verfällt, erlebt gleich nach der ersten Einnahme die Wirkung ihrer Medizin; der Schmerz vergeht, aber sie liegt die ganze Nacht im Delirium.

Trotz Armbeschwerden plant Schumann eine Tournee durch die Schweiz. Joachim bietet ihr einen Vorschuß für die Unkosten an, aber Clara lehnt ab. Am 6. Dezember reist sie ab. Unterwegs trifft sie auf den Komponisten Theodor Kirchner. Kirchner ist ein Bewunderer Robert Schumanns; das bezeugen seine Kompositionen, die Überschriften wie „Neue Davidsbündlertänze", „Neue Albumblätter" oder „Florestan und Eusebius" tragen. Der 1823 geborene Kirchner ist ausgebildeter Organist und Pianist, ein Schüler Mendelssohns, welcher seinem jungen Studenten eine Organistenstelle in Winterthur verschaffte. Clara findet den Schumann-Verehrer auf Anhieb sympathisch, hält ihn jedoch für einen ausgesprochenen Träumer, eine haltlose Persönlichkeit, aus der nichts werden wird. Sie verfolgt seine Laufbahn mit Aufmerksamkeit. Es entwickelt sich sogar eine über mehrere Jahre sehr vertraute Freundschaft, allerdings kein Liebesverhältnis, wie die Fama wissen will. Das beide verknüpfende Band ist Robert Schumann; Clara schickt Theodor eine Locke des Verstorbenen, die einmal gefaßte Meinung, er sei zu schwärmerisch, hält die Pianistin jedoch auf Distanz. Als Theodor Kirchner sich in sie verliebt, schreibt sie ihm 1862 ablehnend: „immer muß ich daran denken, was daraus werden soll, wenn sie so fort schwärmen ... Sie sagen selbst ... daß Sie über das Maß der Freundschaft hinaus gehen, aber, wo soll das hin? ein unnatürliches Verhältnis kann nicht bestehen ... am allerwenigsten für eine Frau in meinem Alter". Selbst wenn sie mehr als Sympathie für Kirchner haben sollte - Kirchner hat Schulden, trägt sich zeitweise mit Selbstmordabsichten ... einen solchen Partner kann Clara Schumann nicht gebrauchen!

In Zürich trifft Clara den Dresdner Komponisten Richard Wagner wieder. Seit seiner Beteiligung an der Dresdner Revolution 1849 lebt Wagner im Schweizer Exil. Er hat seine Oper „Lohengrin" 1850 zur Aufführung gebracht und schreibt im Züricher 'Asyl' an seinem Musikdrama „Tristan und Isolde". Nach wie vor findet Clara Schumann den Komponisten sehr unsympathisch, gehört der Dresdner doch zum Kreis Franz Liszts. Mit Liszt bahnt sich zu dieser Zeit eine heftige Kontroverse an: Schon lange ist es Clara Schumann ein Dorn im Auge, daß er in Weimar eine Gruppe Musiker, die 'Neudeutschen', unter der Maxime „Musik der Zukunft" um sich sammelt und ausgerechnet die von Robert gegründete „Neue Zeitschrift" zu seinem Sprachrohr macht. Liszt beruft sich genauso auf Robert Schumanns einstige Fürsprache wie Johannes Brahms, etwas, das Clara nie und nimmer akzeptieren kann. Mit Joseph Joachim, Julius Grimm und Brahms korrespondiert sie eifrig über dieses Thema. Ihren persönlichen Ressentiments geben die Freunde künstlerische Argumentationen zu. Franz Liszt schreibt seit einiger Zeit sogenannte 'Programm-Symphonien', Orchesterwerke, die ein außermusikalisches Thema, meist ein literarisches Programm tragen. So entstehen die „Dante"- und die „Faust"-Symphonie. Zu allem Überfluß verfaßt Liszt eine Schrift über Robert Schumann, in der unter anderem die Programmatik in Orchesterwerken legitimiert wird. Brahms und Joachim halten die Einfügung außermusikalischer Motive in reine Instrumentalmusik für verdammenswert, möchten sich von der Musikanschauung der 'Neudeutschen' distanzieren. Das uneingeweihte Musikpublikum ist nach wie vor der Ansicht, Robert Schumanns „Neue Zeitschrift" vertrete Liszt und Brahms gleichermaßen, zwischen beiden Kunstrichtungen gäbe es keinen bedeutenden Unterschied. Aus diesem Grund gewinnen die 'Neudeutschen' eine immer größere Lobby, ausgerechnet in Norddeutschland, beim Stammpublikum Brahms' und Clara Schumanns. Namentlich Clara Schumann fühlt die bedrohliche Rivalität Liszts in 'ihrem' nord- und mitteldeutschen Gebiet. Deshalb beschwört sie Brahms, dringender gegen die Lisztianer vorzugehen. 1860 veröffentlichen Claras Freunde einen offenen Brief gegen die 'Neudeutschen', mit dem sie sich von der in der „Neuen Zeitschrift" vertretenen Meinung abgrenzen möchten. Leider gerät ihr Kurz-Manifest sehr polemisch und fordert einen brennenden Streit geradezu heraus. Klugerweise hat Clara den Brief nicht mitunterzeichnet; auch die Hauptakteure des Konflikts, Liszt, Brahms und Joachim, enthalten sich bald wieder weiteren Äußerungen. Andere führen den größten Musikstreit des 19. Jahrhunderts weiter: Auf der Brahms-Seite ist es der Wiener Kritiker Eduard Hanslick, bei den Lisztianern deren Zeitschrift sowie Richard Wagner, der es jetzt plötzlich dem verstorbenen Robert Schumann nachträgt, daß dieser sich einmal abfällig über seine „Lohengrin"-Oper geäußert hat. Clara Schumann trägt ihren 'stillen' Kampf gegen Franz Liszt fort. Immer neu schwört sie die Freunde auf die Schumann-Brahms-Linie ein, besonders Joseph Joachim, der vor Zeiten einmal für Liszt schwärmte.

In den zurückliegenden sechs Jahren bereiste Clara Schumann ihre üblichen Tourneestädte im norddeutschen Raum, im Winter 1858 in Österreich und Ungarn und im Frühjahr 1859 in England. Für das Jahr 1862 plant sie eine Konzertreise nach Paris. Ihre Einnahmen aus den zurückliegenden Konzertjahren sind nicht bedeutend; ihre Wien-Tournee 1860 verlief „pecuniär schlecht". Im März '62 fährt sie kurzentschlossen in Maries Begleitung nach Paris. Ferdinand Hiller hat ihr geschrieben, daß die Pariser für Roberts Werke empfänglich seien. Die Schumanns logieren im Hotel des États unis, wo sofort einige Musikfreunde, darunter Julius Stockhausen, Pauline Viardot und Gioacchino Rossini, der „feine, sehr freundliche" „Wilhelm-Tell"-Komponist, vorsprechen.

Clara absolviert vier Konzerte in Paris, gemeinsam mit ihren Freunden. Auf ihrem Programm stehen in der Hauptsache Werke Beethovens und Roberts, für die man „viel Teilnahme zeigt". Daneben präsentiert sie auch Stücke des noch weitgehend unbekannten Johannes Brahms, allerdings nur in kleinen Soireen, die ihr mit jeweils 20 Louisdor honoriert werden. Den größten Erfolg hat sie mit ihrem 'klassischen' Repertoire, mit Beethovens Es-Dur-Konzert. Anfang Mai fährt Clara über Brüssel und Berlin nach Dresden, um ihren Vater zu besuchen. Wieck schart nach wie vor viele Schülerinnen um sich, „ein wahres Lehr-Genie" nennt Clara ihn. Als pflichtgetreue Tochter glaubt sie inzwischen, ihre gesamte glanzvolle Karriere dem Vater verdanken zu müssen. Sie betreibt eine regelrechte Heiligenverehrung ihres einstigen Impresarios. So vollkommen hat Friedrich Wiecks Erziehung gegriffen, daß Clara die zwanghafte und oft peinigende Zeit ihrer Wunderkindjahre im Nachhinein als schönste Zeit ihres Lebens glorifiziert.

Da die Pianistin bei ihrer Rückkehr in Berlin Julie sehr krank vorfindet, fährt sie mit allen drei Töchtern zur Kur nach Kreuznach, einer reizenden, ländlichen Gegend. Danach besucht die Familie Pauline Viardot in Baden-Baden, wo die Sängerin ihren alljährlichen Sommeraufenthalt hat. Viardot schlägt der Freundin vor, doch ganz nach Baden zu ziehen, in die schöne Natur, zusammen mit der gesamten Familie, zumal sich im sommerlichen Baden viele der Hautevolee niederlassen, die ihren Sprößlingen auch in der Sommerfrische Klavierunterricht erteilen lassen und über die man viele Kontakte knüpfen kann. Clara Schumann erwägt die Idee ernsthaft. Wenn alle Kinder in Baden-Baden wohnten und zur Schule gingen, betreut von den älteren Schwestern, könnte das Pensionsgeld gespart werden. „Allein der Musikunterricht, wieviel kostet der schon jetzt", überlegt Clara. Mit der Unterbringung der Jungen ist sie alles andere als zufrieden, „aber wohin mit ihnen"? Die kleine Eugenie kommt 1863 in Pension und leidet unter einer strengen Heimerziehung. „Freundschaften wurden nicht geduldet; sobald zwei Zöglinge sich enger aneinander schlossen, wurden sie getrennt ... wir wurden alle nur mit den Familiennamen angesprochen ... die Ernährung war ... schlecht ... die Schlafzimmer wurden auch im kältesten Winter nie geheizt". Eugenie schöpft Hoffnung auf ein richtiges Familienleben, als ihre Mutter in Lichtental bei Baden-Baden ein Anwesen kauft. Im April 1863 ist der Umzug. Marie richtet das Haus her, das einem schmucklosen Bauernhaus ähnlich sieht und von den Kindern „Hundehütte" getauft wird. Der Versuch 'Familie' scheitert allerdings. Clara Schumann denkt nun doch nicht daran, die Kinder aus den Pensionen zu holen. Sie hielte Ruhe nicht lange aus, behauptet sie: „da verfalle ich in eine Melancholie". Angebote auf feste Anstellungen, zum Beispiel am Hannoverschen Königshof mit monatlichem fixen Gehalt von 400 Talern lehnt sie ab, weil sie damit die Freiheit zu Konzertreisen verlieren würde. Also verzehren sich Eugenie und ihre Brüder weiter sehnsüchtig, mit Heimweh nach der Mutter. Lediglich in den konzertfreien Sommermonaten versammelt Clara die Kinder um sich und spielt ein bürgerliches Familienleben auf Zeit: Regelmäßiges Frühstück im Familienkreis, vormittags Spaziergänge und täglicher Klavierunterricht für die Kinder, nachmittags wird gelesen, genäht und punkt vier Uhr Kaffee getrunken. Danach kommen Freunde, oder man geht spazieren. Die Sommer gehen zu Ende, wenn die Mama mit systematischem Üben - erst technische Studien, dann ein Czerny-Stück, danach regelmäßig Bach-Fugen und einiges aus dem Repertoire - beginnt, und Marie die Galakleider Claras ausbessert.

Das Lichtentaler Haus hat soviel gekostet, daß Schumann ihr Kapital zur Deckung aller Ausgaben angreifen muß. Sie beschließt daher eine riskante Tournee nach Rußland. Ihre zweite Reise ins Zarenreich. Im Februar beginnt sie die Fahrt gemäß der Route, die sie vor genau zwanzig Jahren gemeinsam mit Robert einschlug. In Königsberg, Riga, Mitau, überall feiert sie königliche Triumphe, die Kassen klingeln, Clara lobt: „die Russen haben von der Natur eine musikalische Organisation". Plötzlich erkrankt sie leicht. Vor zwanzig Jah-

20 *Clara Schumanns Haus in Lichtental bei Baden-Baden, von den Kindern „Hundehütte" geannt.*

ren machte ihr „lieber Robert" in Rußland eine schwere Nervenkrise durch; erinnert sie sich daran und reagiert nun mit eigenen körperlichen Beschwerden? Damals war die Reise freilich abenteuerlich verlaufen, bei eisigen Temperaturen, schlechter Unterkunft. Jetzt, 1864, liegt das Land zwar unter einer tiefen Schneedecke, aber „die Kälte ist sehr erträglich". Außerdem ist Anton Rubinstein zur gleichen Zeit wie Clara in St. Petersburg und kümmert sich rührend, ohne Spur von Eifersucht auf Claras Erfolge, um die Pianistin. Die Konzerte in Moskau bringen mehr als 1.000 Rubel Gewinn, alles läuft nach Plan. Aber, schreibt die Pianistin einlenkend an Brahms, der Dirigent Hans von Bülow, Lisztianer und Liszt-Schwiegersohn, gibt zwei Konzerte in Moskau mit Werken des verhaßten Klavierrivalen!

Am 14. Mai befindet sich die Virtuosin wieder auf deutschem Boden. Nach dem zweiten Lichtentaler Sommer mit all ihren Kindern unternimmt Schumann per Bahn ihre Tournee durch Nord- und Mitteldeutschland, nach Schwerin, Hannover und Kiel, bei großer Kälte. Die Bahngleise sind dermaßen vereist, daß es nur mit Hilfe von zwei Lokomotiven vorwärts geht. Clara Schumann trägt eine schwere Erkältung davon, doch damit nicht genug, stürzt sie bei einem Spaziergang und verletzt sich die rechte Hand. Mehrere Wochen ist sie zur Untätigkeit verdammt. Wütend über sich selbst beklagt sie die großen Verluste von Konzerteinnahmen. Statt sich zu schonen - die Sorge ums liebe Geld läßt sie nicht ruhen -, reist die Pianistin mit der Tochter Marie und Halbschwester Marie Wieck nach England. Nach drei Konzerten in London ist ihr Name in aller Munde. Die Zeitungen berichten unaufhörlich lobend von ihrem Spiel und den Werken Robert Schumanns. Clara fühlt sich wie im Traum. Noch vor sechs Jahren stieß sie mit Roberts Werken auf weitgehende Ablehnung, jetzt findet sie eine große Zahl englischer Schumannianer. „Ach hätte Robert das erlebt", notiert sie nach einem Robert-Schumann-Abend, „wohl nie hat er gedacht, daß ihm - mal in England eine solche Anerkennung werden würde". Die Konzerte der Pianistin sind regelmäßig restlos ausverkauft. Als sie mit Beethovens Es-Dur-Konzert auftritt, einem ihrer Leib- und Magenstücke, ist der sie umjubelnde Beifall so groß wie seit Jahrzehnten nicht mehr. Die englische Kritik hebt Clara als einzig wahre Beethoven-Interpretin über alle anderen Pianisten. Fortan ist Clara Schumann die populärste Klaviervirtuosin Englands; Rubinstein und Liszt sind überwunden. Nach acht langen Jahren eines angestrebten Comebacks ist ihr ausgerechnet in England der endgültige Durchbruch als bedeutendste Pianistin ihrer Zeit gelungen.

Herbst 1868

Der Herbst bricht nach den heißen Spätsommertagen des Augusts 1868 mit tristen Tönen an. Clara Schumann hat sich in dem vergangenen Sommer nicht recht erholen können, obwohl sie gemeinsam mit Elise geraume Zeit in St. Moritz kurte. Die arbeitsreichen Wintermonate waren hart.

Die Pianistin fühlt sich ausgelaugt und am Ende ihrer Kräfte. Sie ist noch keine fünfzig Jahre alt, aber zum ersten Mal empfindet sie sich als alte Frau. Die sonst so energiegeladene Klaviervirtuosin, der selten weinerliche Töne über die Lippen kommen, schreibt klagend an Marie: „Früher hatte ich hier in der Schweiz so viel Freude an Allem, jetzt noch keine freudige Empfindung ... Mir ist, als wäre mein Herz in das Greisenalter getreten, und das macht mich doppelt traurig ... Ich sehne mich so schrecklich nach Euch".

Die letztjährige Wintertournee hatte mit einigen Unliebsamkeiten begonnen. Bereits im Sommer 1867 hat sich die Pianistin entschlossen, wieder einmal nach Wien zu reisen. Die letzte Wientournee liegt Jahre zurück, man darf nicht in Vergessenheit geraten. Ihre Wiener Konzerte hatten immer lukrativen Erfolg versprochen. Im Moment könnte sie garantierte Einnahmen gut gebrauchen, vielleicht wird es für ihre Sorgenkinder Julie und Ludwig vonnöten sein. Gerade als sie im Begriff steht, alles Erforderliche zu organisieren, erfährt sie von Brahms, daß Joachim und er längstens eine Konzertreise nach Wien fest geplant haben, die ersten Schritte in diese Richtung sind geschehen. Es ist natürlich unmöglich, daß Clara Schumann zur selben Zeit dort gastiert. Die Freunde wollen sich nicht gegenseitig das Konzertpublikum streitig machen. Und warum sollte die Pianistin in Wien Stücke von Brahms und Schumann spielen, wenn der Komponist höchstpersönlich seine Werke zum besten gibt, und noch dazu die von Robert! Clara ist verletzt; hätte Johannes sie nicht zumindest früher über seine Pläne in Kenntnis setzen müssen? Warum haben weder Brahms noch Joachim sie gebeten, mit ihnen zu reisen? Fürchteten sie ihre Konkurrenz? Wie können die beiden sie so übergehen! Brahms sagte ihr des öfteren, sie solle sich schonen, der Kinder zuliebe weniger konzertieren - reine Sorge um ihre Person? Hat er sie deshalb übergangen? Als Julius Stockhausen sie wenig später fragt, ob sie nicht mit ihm zusammen durch Norddeutschland reisen wolle, sagt Clara Schumann hastig zu. Schon um Brahms eins auszuwischen. Am 3. Okto-

21 Clara Schumann auf dem Höhepunkt ihrer Karriere, 1886.

ber teilt sie dem Freund ihre Pläne brühwarm mit: „Stockhausen schrieb mir in so netter Weise, ob wir uns nicht wieder zu Concerten vereinigen wollten, daß ich um so weniger abschlagen mochte, als es mit eine künstlerische Freude ist". „Eine künstlerische Freude"!

Ihren Unmut unterdrückt Clara Schumann. Die Briefe, die sie während ihrer Deutschlandtournee an Brahms und Joachim schreibt, sind ganz im alten Freundschaftston gehalten. Das heißt, nicht ganz; Clara Schumann ist sehr nachtragend und weiß, kleine Spitzen hervorragend zu verteilen; in den Briefen kritisiert sie vermehrt Brahms' Kompositionen. Offenbar spielt sie auch seltener seine Klavierstücke in ihren Konzerten. Johannes Brahms beklagt sich darüber, in seiner Komponistenehre gekränkt. Clara Schumann (im übrigen auch Joseph Joachim) setzt in dieser Situation den eigenen

Konzerterfolg über den Freundschaftsdienst - Selbstlosigkeit war noch nie ihr Fall: Brahms' Werke gelten allgemein als schwer und unverständlich; dem Publikum ist seine Musik zu modern, ungewohnt, anstoßerregend; es will Beethoven und Schumann, Mozart und Bach hören, und Clara Schumann hofiert ihr Auditorium lieber, als daß sie ihm etwas entgegensetzt, schließlich lebt sie davon. „Was das öffentliche Spielen Deiner Compositionen aber betrifft", rechtfertigt sie sich bei Brahms, „dem Componisten kann man es nie verdenken, wenn er viel seine Sachen spielt, der Dritte hat aber mit der Opposition häufig recht hart zu kämpfen und muß daher vorsichtiger zu Werke gehen ... durch dieses verdienen wir uns doch sicherlich nicht solch ein Mißtrauen! Du kränkst damit Deine Freunde". Brahms lenkt daraufhin ein. Die Mißhelligkeiten sind vorerst zerstreut. Brahms unterzeichnet weitere Briefe mit „in alter Liebe, Dein Johannes".

Am 12. Oktober 1867 startet Clara Schumann ihre Wintertournee mit mehrwöchigem Aufenthalt in Hamburg, von wo aus sie zahlreiche Abstecher nach Kiel und Lübeck unternimmt. Der Hamburg-Aufenthalt ist sehr kraftraubend. Da Johannes nicht dabei ist, finden sich Schumann und Stockhausen schlechter zurecht als sonst. Vier große Konzerte und unzählige Matineen und Soireen wollen bewältigt sein. Im November nehmen Pianistin und Sänger Abschied von Hamburg, um sich Richtung Berlin, Rostock, Schwerin und Hannover zu wenden. Ohne Pause geht die Tournee bis kurz vor Weihnachten weiter, nach Dresden, Leipzig, dann an den Rhein, nach Köln. In Frankfurt verbringt Clara Schumann die Feiertage. Wieder einmal sind die Kinder nicht vollzählig beisammen. Julie kurt in Divonne. Ihre Gesundheit läßt so sehr zu wünschen übrig, daß Marie sofort nach Weihnachten zu ihr reist, um der Schwester beizustehen. Freilich darf Marie nur wenige Tage bei der Schwerkranken ausharren. Die Mutter verlangt Maries Rückkehr. Schließlich hat sie eine weitere Konzertreise nach Belgien und England geplant. Da braucht sie Marie dringend als Begleiterin und für die Reisevorbereitungen. Während Julie also ohne geschwisterlichen Beistand auf dem Krankenlager in einer fremden Stadt liegt, Marie die Konzertroben ihrer Mutter ausbessert und packt, sitzt Clara Schumann in gewohnt kraftvoller Frische am Flügel und übt. Am 7. Januar beginnt die Tournee in Brüssel. Von dort aus geht es nach Antwerpen. Innerhalb von drei Wochen spielt sie in wenigstens fünf Konzerten! Die Anstrengungen seien bedeutend, teilt sie ihrer jüngsten Tochter Eugenie mit, die in Neu-Watzum bei Wolfenbüttel Pensionsschülerin ist. Ende Januar schiffen sich Clara und Marie Schumann nach England ein. Wie bei jeder Überfahrt hat Clara auch diesmal kein Glück mit dem Wetter. Ein Schneesturm überrascht die beiden Frauen auf dem offenen Meer. Da sie auf dem Deck sitzen, weil es billiger ist und die Pianistin lieber eine Erkältung in Kauf nimmt als auch nur einen Groschen mehr auszugeben, werden sie klatschnaß. Ohne sich trockene Sachen anlegen zu können, sitzen sie nach der stundenlangen Schiffsreise noch fast weitere drei Stunden in der Eisenbahn von Dover nach London. Wegen des unablassenden Schneetreibens werden sie mehrmals aufgehalten.

London bildet die feste Station in England. Nach einigen Problemen bei der Wohnungssuche finden sie ein einigermaßen hinreichendes Domizil. Von dort aus unternimmt die Pianistin Konzerte in verschiedene größere Städte. Das bedeutet Reisen von mehreren Stunden pro Tag für jeden Abstecher außerhalb Londons. Ein typisch Schumannsches Mammutprojekt, an Strapazen kaum zu überbieten. Bath, das Heilbad nahe Bristol mit seinen warmen Mineralquellen, ist die erste Station, es folgen Konzerte in Clifton und Torquay. In Liverpool tritt Clara Schumann am 5. Februar auf, beeindruckt von dem Industriemilieu der Eisen- und Stahlstadt. Bereits am darauffolgenden Tag gastiert die Pianistin in Bradford, einer Stadt in Yorkshire nahe Leeds, bekannt für ihre Wollwebereien. Wie Liverpool wächst auch Bradford zu einem großen Industriezentrum. Für Clara Schumann ideale Konzertstädte, denn es wimmelt nur so von reichen Industriellen, wohlhabenden

Geschäftsleuten und einer blühenden Mittelschicht, die sich für jedes Vergnügen, einen Ball, ein Hunderennen oder einen Konzertbesuch, nicht lumpen lassen. Die Kehrseite des Reichtums nimmt Clara nicht zur Kenntnis, die Arbeiterslums, die Barbarei der Kinderarbeit; wie denn auch: Die Weberaufstände zu Beginn des Jahrhunderts, die ganz Yorkshire und vor allem die Gegend um Bradford erschütterten, sind längst Vergangenheit.

Ganz andere Probleme dringen auf Clara Schumanns „armes Mutterherz" ein. Julie, die inzwischen wieder in Frankfurt wohnt, ist nach wie vor leidend, wenn auch auf dem Weg der Besserung. Felix ist ebenfalls erkrankt, Ludwig hat seine Stellung als Buchhändler verloren und träumt müßig in den Tag hinein. Zur Sorge um die Kinder kommen neue alte Diskussionen mit Brahms. Anfang Februar teilt er der Pianistin seinen Plan mit, sich in Wien niederzulassen. Um eventuellen Einsprüchen ihrerseits vorzugreifen, schlägt er Clara Schumann vor, doch mit ihm nach Wien zu ziehen. Clara Schumanns Antwort ist verhalten. Sie hat sich daran gewöhnt, Brahms als Ersatzvater für die Kinder in ihrem Haus, an ihrer Seite zu haben. Brahms ist ein fester Bestandteil ihres Daseins geworden, zieht er nach Wien, ist eine Distanz unvermeidlich. Was sie außerdem kränkt, sind Johannes' ständige Ermahnungen, weniger zu konzertieren, ihre Anstrengungen einzuschränken. Ihr unruhiges Leben schade nicht allein ihrer Gesundheit, sondern ganz offensichtlich auch dem Fortkommen der Kinder, die das Fehlen einer gewohnten familiären Umgebung bereits zu spüren bekämen. Darauf übersendet Clara Brahms einen ganzen Sermon rechtfertigender Argumente: „Du scheinst eigentlich auch der Einbildung zu leben, ich hätte wohl eigentlich genug und reiste nur noch zu meinem Vergnügen. Solche Anstrengungen muthet man sich aber denn doch nicht zum Vergnügen zu. Abgesehen davon, so wäre doch wohl jetzt, inmitten meiner größten und erfolgreichsten Thätigkeit, kaum der Zeitpunkt, mich ... von der Öffentlichkeit zurückzuziehen. Ich war gerade diese letzten Jahre überall mit solcher Wärme aufgenommen ... und spielte ich immer mit ganz wenig Ausnahmen, so glücklich, daß ich kaum wüßte, warum ich gerade jetzt aufhören müßte". Johannes Brahms entgeht Schumanns bissiger und angriffslustiger Stil keineswegs. Mit weiteren Briefen hält er sich sehr zurück. Julius Stockhausen informiert die Pianistin an Brahms' Stelle über gemeinsame Konzerte in Nord- und Ostdeutschland. Inzwischen befinden sich Marie und Clara auf dem Rückweg nach Deutschland. In Brüssel machen sie einen Zwischenstop, da Clara hier am 3. April zusammen mit Joseph Joachim ein Konzert gibt. Sie besucht Freunde in Düsseldorf und Hannover, dann fährt sie auf Drängen Maries zur Aufführung von Brahms' „Deutschem Requiem" nach Bremen. Marie erhofft sich von Claras Anwesenheit eine Aussöhnung zwischen ihr und dem Komponisten. Allen waren die Differenzen zwischen dem Künstlergespann aufgefallen. Ziemlich unentschlossen läßt sich Clara Schumann zum Konzertbesuch überreden. Mit Joachim und dessen Frau kommt sie „noch zur rechten Zeit zur Probe - Johannes stand schon am Pult. Das Requiem überwältigte mich wahrhaft ... Abends nach der Probe waren wir noch alle beisammen - ein wahrer Künstler-Congreß", auf dem es zur Aussprache zwischen Schumann und Brahms kommt. Die Musik hat beide wieder zusammengeführt. Einem Künstler von Brahms Format muß Clara Schumann alles vergeben, so sehr hat das Requiem sie ergriffen. Es wird deutlich, daß Schumann den Komponisten Brahms weit über die Person Johannes setzt, daß seine musikschaffende Potenz das war, was sie an ihm liebte. „Lieber Johannes", hatte sie im Jahr zuvor einmal bekannt, „Du siehst oder hörst es ja nicht, wenn ich mit Andern von Dir spreche, ich thue es wahrhaftig nicht in Exaltation. Daß ich aber oft mächtig erfaßt werde von Deinem reichen Genius, daß Du mir immer erscheinst als Einer, auf den der Himmel seine schönsten Gaben herabschüttet, daß ich Dich liebe und verehre um so viel Herrliches willen - daß das tief Wurzel in meiner Seele gefaßt hat, das ist wahr, liebster Johannes". Eugenie Schumann hat das diffizile Verhältnis ihrer Mutter zu Brahms in wenigen Worten entlarvt: Clara vermochte nicht, Brahms als Mann von Brahms, dem Künstler, zu trennen. Damit gibt Eugenie gleichzeitig den deutlichen Hinweis, daß zwischen ihm und Schumann eine Liebesbeziehung bestand, die wenigstens bis zum Jahr 1860 andauerte.

Im Herbst 1868 ist die Liebe zwischen Clara und Johannes endgültig zu Ende. Nach dem Erholungssommer, während dem sich die Beziehung der beiden wieder normalisiert hatte, flammen Brahms' Einwände gegen Clara Schumanns Konzertreisen erneut auf. Sie solle sich daran gewöhnen, gemütlicher und ruhiger zu leben. „Du mußt Dich ernstlich ändern, meine liebste Clara"! Aufs neue wettert er gegen ihre „Concerthetze", an die er sich nicht gewöhnen kann. Clara spielt die Beleidigte: Er sei seit Wochen furchtbar verstimmt, das Zusammenleben mit ihm unbehaglich traurig und „unter ihrer Würde". Nein, Robert Schumann hatte damals als ihr Ehemann leider das Recht, ihr das Konzertieren zu untersagen, aber von Brahms würde sie sich das nicht verbieten lassen! Johannes Brahms antwortet barsch. Von seinem Freundschaftstempel stünden nur noch die Ruinen, zwischen ihnen stehe eine Mauer, gegen die anzurennen vergebens sei! Wieder versucht Clara, ihre Konzertreisen zu legitimieren: „Du betrachtest es nur als Verdienst, ich nicht, ich fühle mich berufen zur Reproduction schöner Werke ... Die Ausübung der Kunst ist ja ein großer Theil meines Ichs, es ist mir die Luft in der ich athme!" Die Vehemenz und Dringlichkeit, mit der die Pianistin ihr Recht auf künstlerische Selbstverwirklichung einklagt (und zwar gegenüber Brahms als Institution des männlichen Musikbetriebs), überzeugen Brahms. Er lenkt ein, er bereue, was er hier und da gesagt habe.

Bereits am 30. Oktober bestreiten die beiden Künstler wieder ein gemeinsames Konzert. Es findet im Oldenburger Casino statt, beginnt um 7 Uhr abends und kostet wie üblich 20 Groschen Eintritt. Auf dem Programm stehen hauptsächlich Werke Robert Schumanns, nämlich das Quintett, ein Lied aus op.98a und die Arabeske op.18. Den Mittelteil der „Musikalischen Abendunterhaltung" bilden Chopins g-Moll-Ballade vor, und Beethovens d-Moll-Sonate nach der Pause. Das Schlußwort hat Johannes Brahms' Walzer zu vier Händen; Clara Schumann und Johannes Brahms sitzen friedlich vereint am Flügel.

Danach trennen sie sich für zwei Wochen. Clara fährt nach Berlin, wo sich ein Teil der Familie zusammenfindet: Marie, Eugenie, Ferdinand und Felix. Nur ein paar Tage bleiben der Familie, dann reisen Clara und Marie Schumann weiter nach Breslau, nach Wien, wo man glücklich mit Brahms zusammentrifft. Gemeinsam spielen sie Robert Schumanns „Andante und Variationen für zwei Klaviere" op.6. Der große Herbststurm ist vorbei.

Wie sah das Verhältnis Claras zu Johannes Brahms nun eigentlich aus? Wann waren sie Liebespaar, wann Freunde? Daß Clara Schumann und Johannes Brahms kurz nach Robert Schumanns Tod eine Liebesbeziehung begannen, steht heute außer Frage, obwohl Clara Schumann diese Tatsache ihr Leben lang ableugnete, einerseits um ihren 'guten Ruf' zu wahren, andererseits um ihr verkaufsträchtiges Image als Bewahrerin der Werke ihres Mannes nicht aufs Spiel zu setzen. Damals beschwor die Pianistin ihre Kinder, das heißt die Nachwelt: „Glaubt eurer Mutter, was sie euch gesagt, und hört nicht kleinliche und neidische Seelen, die ihm meine Liebe und Freundschaft nicht gönnen, daher ihn anzutasten suchen oder gar unser schönes Verhältnis, das sie entweder wirklich nicht begreifen oder nicht begreifen wollen"; allein die Künstlerseele Johannes Brahms' liebe sie, um Gottes Willen nicht den Mann! Die Briefe Brahms' und Schumanns sprechen dagegen eine andere Sprache. „Meine liebe Clara und jedesmal mit mehr Liebe und Verehrung schreibe ich Dir", „Ich bin ein Strohkerl und gar nicht werth, daß Du mich so in Dein Herz schließt Du Liebe, Du herrliche Clara. Aber thu's nur immer an und in Dein Herz wie ich Dich", heißt es bei Johannes Brahms, „Liebster Johannes", „Theurer Johannes", „kennte ich doch die Sehnsucht wie Du, süß durchschauernd - mir macht sie nur Schmerz, durchzuckt mir oft mit unaussprechlichem Weh das Herz", schreibt Clara Schumann. Selbst den Kindern, die dahin erzogen werden, in Clara eine Übermutter zu sehen, ist die wahre Art der Beziehung klar: „ich sah Brahms so gerne an, wenn er: 'Ihre Mutter' sagte. Sein Auge leuchtete dann so blau, so rein und innig", erinnert sich Eugenie. Clara Schumanns Kinder akzeptieren Brahms bedingungslos als Ersatzvater, vermutlich, weil er sich mehr als die leiblichen Eltern um sie kümmert, vor allem um die drei Jüngsten (Ferdinand, Eugenie und Felix), die ihren Vater Robert kaum und gar nicht gekannt hatten.

Die leidenschaftliche Liebe zwischen Clara und Johannes dauert etwa zwei Jahre an. Nachdem Brahms einige Zeit auf Vermittlung Clara Schumanns am Detmolder Hof als Klavierlehrer der Prinzessin Friederike verbracht hat, zieht es ihn 1858 nach Göttingen. Hier wirkt der Freund Julius Grimm als Musikdirektor. Brahms erhofft sich von ihm einige Hilfe bei der Durchsetzung seiner Kompositionen, vielleicht sogar eine Stellung. Nach wie vor schlägt er sich mit Stundengeben durch. Einige Zeit hat er gehofft, Nachfolger Robert Schumanns in Düsseldorf zu werden, doch da sitzt Tausch bereits fest im Sattel, und Brahms gilt als zu jung und unerfahren. Seine Kompositionen finden keinen Verleger. Die Musik klingt zu modern, zu gewagt. Selbst Härtel in Leipzig, dem Robert und Clara Schumann Werke Brahms' mehr als einmal empfehlen, sind die Erfolgsaussichten dieser Fortschrittsmusik zu vage. Dabei liegen bedeutende Werke in Brahms' Schublade: die frühen Klaviersonaten op.1, 2 und 5, „Variationen über ein Thema von Robert Schumann" op.9, ein Trio, Lieder, ein Klavierkonzert, und zur Detmolder Zeit sitzt er über seinen Orchesterserenaden. Grimm kann dem jungen Komponisten auch nicht viel helfen. Dafür lernt Brahms im Grimmschen Haus eine hübsche Professorentochter kennen. „Sie werden sich wundern", schreibt er einem Freund, „wenn Sie ... dort die schönen frischfröhlichen Professorentöchter kennenlernen"! Hals über Kopf verliebt sich Brahms in die „frischfröhliche"

22 Marie und Julie Schumann im Alter von etwa vierundzwanzig und zwanzig Jahren.

Agathe von Siebold, die, nebenbei bemerkt, eine angenehme Singstimme besitzt und Brahms zu einigen Liedern inspiriert. Seine Liebe wird erwidert, es kommt zur Verlobung.

Mitten in diese Romanze hinein platzt Clara Schumann, fünf ihrer Kinder im Schlepptau. Sie kurte in Wiesbaden und hat dort, vermutlich von Brahms selbst, die Nachricht von dessen Heiratsplänen gehört. Noch von Wiesbaden aus schreibt sie ihm in subtiler Art und Weise, wie stark sie für ihn fühle, daß keine ihn und seine Musik besser verstünde als sie selbst. Unermüdlich hebt sie hervor, daß er in erster Linie Musiker sei, dann Mensch. Am 26. Juli taucht sie schließlich in Göttingen auf, alle vier Töchter und Felix dabei, und quartiert sich für volle sechs Wochen bei Julius Otto Grimm ein. Für Brahms sicher keine leichte Situation. Man stelle sich vor, wie

Agathe von Siebold Zeugin wird, wenn Claras Kinder um Brahms herumspringen wie um einen Vater.

Bereits Ende des Jahres hat Clara den Komponisten fast wieder auf ihre Seite gezogen. Sie redet ihm ein, er sei ein Künstler, für feste Familienbande nicht geschaffen. Prompt schreibt der beeinflußte Komponist an seine Agathe: „Ich liebe Dich! Ich muß Dich wiedersehen! Aber Fesseln tragen kann ich nicht"! Die Verlobung wird aufgelöst. Clara triumphiert und ist sich nicht zu schade, Brahms gegenüber „die arme Agathe" heuchlerisch zu bedauern.

Anders als sie es sich vielleicht vorgestellt hat, kühlt sich jedoch daraufhin Brahms' Leidenschaft für Clara Schumann ab. Statt dessen wird er ausgerechnet auf die Schumann-Töchter aufmerksam. Im Jahr 1860 heißt seine Angebetete Marie; die Neunzehnjährige bleibt Brahms zarten Avancen gegenüber jedoch unempfindlich. Ein Jahr später entwickelt er eine Vorliebe für die sechzehnjährige Julie. Er, der inzwischen wieder in Hamburg lebt und an seinen berühmten „Händel-Variationen" schreibt, lädt Clara, die von Julie begleitet eine Konzertreise unternimmt, ein, in Hamburg doch bei ihm zu wohnen. Ein Angebot, das wohl mehr für Julie gilt. Im Februar 1868, dem Jahr des Streits, schreibt er gar an Clara über die krank in Divonne liegende Tochter: „Wie traurig für Dich, das arme Mädchen (an das man wirklich nicht ohne einige Schwärmerei denken kann) so weit und dazu leidend zu wissen". Im Sommer 1869 steht Johannes Brahms kurz davor, sich Julie zu erklären. Eugenie sieht „Brahms' Augen oft in hellem Leuchten an" Julie hängen. Sogar den Freunden fällt Brahms' Liebe auf. Hermann Levi und Rosalie Leser sind eingeweiht. Julie ist allerdings weit davon entfernt, der Mutter den Freund auszuspannen und verlobt sich mit einem Mann, den sie liebt.

Zu diesem Zeitpunkt ist die Liebe zwischen Clara Schumann und Johannes Brahms zu Ende. Was bleibt ist eine tiefe Freundschaft. Ihre Liebe mußte notwendig an den egoistischen Naturen der beiden scheitern: An Brahms, der Clara Schumann aus dem Konzertleben drängen will, an Clara , die sich nicht mehr bevormunden läßt und auf Johannes Vorwürfe, sie vernachlässige über die „Concerthetze" ihn und die Kinder, herablassend kontert, er solle endlich heiraten, damit er ruhig würde. Eugenie berichtet, daß Brahms sehr ruppig und hart werden konnte und Clara oft äußerst nachtragend darauf reagierte. Sie war es gewöhnt, zu dominieren und zu bestimmen. Robert Schumann hatte ihr mit seinem labilen Wesen nachgeben müssen, die Kinder hatte sie ebenfalls unter Kontrolle, aber Brahms war ein Mann, der ihr Stärke und Willenskraft entgegenzusetzen vermochte. Es gehört zu Clara Schumanns demütigendsten Erlebnissen, daß ihr dieser Mann nach dem bitteren Herbst 1868 die Untertänigkeit verweigert.

Ludwig

Mit Ludwig Schumann beginnt die Tragödie um Claras Kinder. Ausgerechnet im Jahr des großen Streits mit Johannes Brahms macht ihr ältester Sohn Clara Schumann Schwierigkeiten. Der Verleger Raimund Härtel hat sich des unglücklichen Jungen angenommen und ihm in Berlin eine Stellung bei dem Verlegerkollegen Rieter-Biedermann vermittelt. Anfang des Jahres 1868 muß es dort zu Unstimmigkeiten gekommen sein. Rieter-Biedermann interveniert bei Härtel, der daraufhin versucht, sich mit Ludwig auseinanderzusetzen und sich um den jungen Mann bemüht. Aber Ludwig, der nur mit wenigen Menschen zurechtkommt, vertraut Härtel nicht und kann sich in dem Verlegerhaus nicht akklimatisieren. Härtel schreibt postwendend an Clara Schumann. In seinem Brief stehen einige Bemerkungen zu Ludwigs schwierigem Charakter, seiner Träumerei, seiner Faulheit. Härtel deutet vorsichtig an, daß Ludwig geistig nicht ganz gesund sei. Clara reagiert elektrisiert: geisteskrank? Sollte sie diesen Schrecken nun auch mit ihrem Sohn erleben? So schnell will sie Ludwig nicht aufgeben.

Der Sohn sei ihm gewiß eine Last, antwortet sie Härtel, aber er solle versuchen, ihn am Leipziger Konservatorium unterzubringen, wenn man sich über die Kosten einig werden könnte. Ansonsten schicke sie ihn bereits jetzt zum einjährigen militärischen Pflichtdienst und sehe dann weiter. Härtel erfüllt Schumanns Wünsche; Ludwig bleibt zunächst in Leipzig.

Das ist also der Beginn einer Tragödie, oder bereits schon die daraus resultierende Katastrophe? Es gibt einige Aspekte im Leben Ludwig Schumanns, die aufhorchen lassen. Nach 1865 mehren sich Klagen über seinen abweisenden Charakter. Offensichtlich ist er unfähig zu sozialen Bindungen. Mit keinem Menschen scheint er auszukommen. Mit seinen Arbeitgebern nicht, mit dem hilfreichen Raimund Härtel nicht, selbst die Familie beklagt sich über sein Benehmen. Claras Halbschwester Marie Wieck schildert Ludwig als sehr unfreundlichen Gesellen, den man wegen seiner Unerträglichkeit nicht zu Familienfesten einladen werde. Clara Schumann selbst muß ratlos bemerken: „In eine Familie kann ich Ludwig nicht mehr bringen, denn es geht nirgends". Diesem Bild des jugendlichen Ludwig steht das des Kindes krass gegenüber. „Ein Prachtkerl", nennt Robert seinen Stammhalter stolz, „Ludwig gedeiht zu unserer Freude auf das herrlichste. Mama sagt, 'er könne uns allen gefährlich werden'"; „sein Gemüt warm und innig", gut und treuherzig, charakterisiert ihn seine Schwester Eugenie. Die Freunde und Bekannten haben Ludwig vor allen anderen Schumann-Kindern ins Herz geschlossen. Der Dirigent Hermann Levi nimmt sich Ludwigs besonders an. Wie also, kann sich dieses vielversprechende Kind dermaßen verändert haben? Da wird jeder Psychologe hellhörig antworten, zwischen Kindheit und Jugend muß Ludwig mindestens ein traumatisches Erlebnis nicht überwunden haben.

Als Clara Schumann mit Ludwig schwanger geht, steht sie unter besonderem seelischen Druck. Den Tod des ersten Sohnes, Emil, Ende Juli 1847 hat sie kaum begriffen, da weiß sie sich erneut guter Hoffnung. Mit großer Angst sieht sie der nächsten Geburt entgegen. Schuldbewußtsein plagt sie wegen des kleinen Emil; sie hatte das schwerkranke Kind ja nicht selbst gepflegt, sondern war mit Robert von Tournee zu Tournee gereist. Es quält Clara jedoch nicht so schwer, als daß sie nicht über die neue Schwangerschaft unwillig sein kann, da das ständige Unwohlsein und ihre Müdigkeit sie vom Stundengeben und Konzertieren abhalten. Es scheint, daß sie sich auf Ludwigs Geburt bedeutend weniger als auf die ihrer anderen Kinder freut. Nach seiner Geburt schiebt sie das Kind rasch zur Seite. Endlich hat sie die ungeliebte Schwangerschaft hinter sich und kann sich wieder voll und ganz der Musik widmen! Außerdem erleidet Robert Schumann in diesem Frühjahr einen Zusammenbruch, Clara kümmert sich um ihn, der Säugling gerät völlig ins Abseits.

Über Ludwigs Kindheit finden sich in Claras Aufzeichnungen selten Notizen. Es sieht danach aus, als lägen ihr alle übrigen Kinder mehr am Herzen, allen voran die Älteste, Marie, und der Jüngste, Felix. Ludwigs elterliche Bezugsperson scheint der Vater gewesen zu sein. Seine dramatische Krankheit und sein tragischer Tod hinterlassen eine tiefe seelische Zäsur bei dem damals sechs- bzw. achtjährigen Jungen. Logischerweise schließt sich das Kind nun stark an die Mutter und die Geschwister an: „Er hing mit ganzer Seele an uns Geschwistern", weiß Eugenie zu berichten, „und vor allem an der Mutter ... Waren wir Geschwister zusammen, so war Ludwig liebevoll, ja zärtlich". Aber auch dieser Halt wird Ludwig genommen: Die Mutter ist auf Tournee, erscheint nur in den Sommermonaten und allenfalls zwischen Weihnachten und Neujahr; die Geschwister werden voneinander getrennt. Im September 1856 entschließt sich Clara Schumann, die ältesten Knaben wie Marie und Elise in Pension zu schicken. Einen Monat später finden sich Ludwig und Ferdinand in einem Bonner Pensionat wieder. Ehe sie sich einleben können, verlangt die Mutter ihren Wechsel in die Stoysche Erziehungsanstalt in Jena (Mai 1857), vermutlich aus Kostengründen. 1856 bemerkt sie gegenüber ihrer Busenfreundin Emilie List: „Es ist wahrhaftig zu viel oft, was auf mir lastet. Denke nur allein fünf

Kinder in Pension ... nur deren Toilette bei Jahreswechsel, wie z.B. jetzt zu besorgen".

Jahre später - Ludwig und Ferdinand haben eine lange Odyssee durch viele Internate mitgemacht - faßt Clara Schumann einen neuen, noch kostengünstigeren Plan: Die Jungen sollen extern tagsüber eine Berliner Pension besuchen, ansonsten unter Maries Fürsorge in der Berliner Wohnung leben, „sie bekommen dann doch täglich ... die Eindrücke eines Familienlebens und komme ich einmal nach Hause, so haben sie auch mich". Bei ihrem Plan wird Clara von einem anderen, egoistischen Motiv geleitet, nämlich die Liebe der Jungen zu erobern, die sie entgleiten fühlt; die „ganze innere Entwicklung der Knaben umzuwandeln, ihnen erst die Liebe zu mir" mitzugeben, ist Claras Ziel. Dieser Plan hätte Ludwigs Leben in der Tat in andere Gleise lenken können, wäre er zur rechten Zeit realisiert worden. Statt dessen findet die Pianistin eine noch preiswertere Lösung für Ludwig. Er kommt zu einem Pfarrer Altgelt nach Wissen a.d. Sieg. Um sich das Lichtentaler Häuschen zu kaufen, hat Clara Schumann indes Geld genug. Es reicht ihrem begrenzten Familiengefühl, die Kinder in den drei konzertfreien Sommermonaten um sich zu haben, wobei sie verhängnisvollerweise dasselbe von den Kindern annimmt.

1863 besucht Ludwig das Gymnasium in Karlsruhe. Die Mutter hat ihn mehrere Male zu Fleiß und Pflichterfüllung, ihren Lieblingstugenden, ermahnt. Ludwig gibt sich alle Mühe, macht ihr „Freude durch Fleiß und seinen vortrefflichen Character", erschreckt sie aber manchmal durch unerklärliche „Eigenthümlichkeiten". Mit größter Anstrengung versucht Ludwig, der über alles geliebten Mutter „eine Stütze zu werden", „die Triebfeder aller seiner Handlungen". Keines der anderen Kinder hat so sehr unter Clara Schumanns Lieblosigkeit gelitten wie er. Seine ganze Lebensmotivation ist, die Liebe der Mutter zu erringen. Dabei ist ihm sein Unvermögen bewußt; enttäuscht erkennt er immer aufs neue, daß er trotz allen Fleißes Claras Erwartungen von einem ältesten Sohn nicht erfüllen kann. Das ist der zweite große seelische Bruch Ludwigs. Clara Schumanns Erwartungen an ihn entsprechen dem traditionellen Gesellschafts- und Erziehungsmodell: Auf Ludwig als dem ältesten Sohn wartet die Aufgabe, als Familienoberhaupt Geschwister und Mutter zu ernähren und alle Verpflichtungen der Familie auf seine Schultern zu nehmen.

Clara erwartet für sich selbst natürlich eine Befreiung oder Entlastung in Sachen Familienpflichten; als ganz selbstverständlich nimmt sie an, daß ihr die Kinder, vor allem die Söhne, vor allem Ludwig, erstatten, was sie sie gekostet haben - und sie meint das nicht allein im übertragenen Sinne, Rückzahlung etwa all ihrer Mühe und Zuneigung, sondern tatsächlich im finanziellen.

Angesichts der bevorstehenden Aufgaben Ludwigs hält Clara es für angebracht, ihn einen praktischen Beruf erlernen zu lassen. Gerade weil der Sohn zu Träumerei und Selbstvergessenheit neigt, erachtet sie einen lebensnahen Beruf für sinnvoll. Ein Arzt namens Professor Lazarus, den Clara im Sommer 1864 auf einer Schweizer Reise kennenlernt, beobachtet Ludwig eine Weile; er bestärkt die Mutter darin, ihren Sohn von seinen Träumereien ins praktische Leben fortzureißen. Ein Jahr später gewinnt Clara Schumanns Plan festere Formen. An ihre Freundin und 'Pflegemutter' ihrer Kinder, Elisabeth Werner, schreibt sie im September: „Denken Sie sich einen träumerischen Jungen, der eigentlich zu gar nichts neigt, als träumen, der so unpractisch in jeder Hinsicht ist ... wie gern hätte ich ihn eine höhere geistige Bildung noch gewinnen lassen, doch es war höchste Zeit, er muß nun ins practische Leben hinein, sonst ist er ein verlorner Mensch". Wenigstens bleibt Ludwig die Wahl zwischen mehreren kaufmännischen Berufen. Er entscheidet sich für den Buchhandel, hat er doch wie sein Vater und Großvater Schumann eine Vorliebe für die Literatur. Im Oktober tritt er in einer Karlsruher Buchhandlung seine Lehre an.

Bereits nach einem halben Jahr revoltiert Ludwig gegen den ungeliebten Beruf. Wahrscheinlich erschweren ihm körperliche

Handicaps die Arbeit. Seit seiner Kindheit ist Ludwig stark kurzsichtig. Infolgedessen benimmt er sich oft linkisch und ungeschickt. „Kaum trat er ins Haus, so geschah ihm ein Unglück; er stieß an irgend etwas oder irgend jemand an; bei Tische ließ er die Schüsseln, die er weiterreichen sollte, fallen", erinnert sich die jüngste Schwester. Schwierigkeiten hat Ludwig auch beim Lernen. Er liest und schreibt gerne, aber unendlich schlecht. Seine Jugendbriefe strotzen voller Fehler. Clara Schumann - man erinnere sich an ihre verworrene Orthographie - nennt ihn schlicht 'faul', er könne, wenn er nur wolle. Wie ähnlich klingt das den Worten Friedrich Wiecks, mit denen der sein kleines Wundermädchen beschimpfte, wenn es sich den stupenden Tonleiterstudien verweigerte! Daß Ludwig unter einer tatsächlichen Lernschwäche leiden könnte, nicht etwa zurückgeblieben ist, wie Clara unverhohlen verkündet,

230

daran denkt im 19. Jahrhundert niemand. Vielleicht hatte Ludwig Legasthenie, eine Behinderung, die erst seit zehn, zwanzig Jahren in ihrer eklatanten Bedeutung erkannt ist. Ludwigs drittes Handicap ist seine unüberwindbare Schüchternheit, ein Problem gleich mehrerer Schumann-Kinder.

Kurz: Ludwig kommt mit seiner Lehrstelle nicht zurecht. Seit Weihnachten 1866 mehren sich die Konflikte mit seinem Lehrmeister. Ludwig schreibt der Mutter, er wolle in eine Musikalienhandlung überwechseln. Clara Schumann mobilisiert Freunde und Bekannte, um den Wunsch des Sohns zu erfüllen. 1867 geht Ludwig als Lehrling nach Berlin. Er wohnt bei seiner Großmutter mütterlicherseits, die auch Ferdinand bei sich aufgenommen hat. Aber bald beklagt die sich über den Jungen. Nicht nur sie! Auch der neue Lehrmeister ist von Ludwig wenig begeistert. Der Lehrling ist ständig unpünktlich; er genießt offenbar das Berliner Nachtleben in vollen Zügen. Das Erbe des Vaters schlägt sich anscheinend in der Begeisterung für bayrisches Bier nieder. Nach nicht einmal einem halben Jahr verliert Ludwig seine Stelle. Von da an sorgt der Verleger Härtel für ihn.

1868 entscheidet sich Ludwig dafür, Musik zu studieren. Clara schlägt die Hände über dem Kopf zusammen: Der tut nichts, der kann nichts, aus dem wird nichts, und jetzt will der Musik studieren, wo er doch überhaupt nicht begabt ist! Er kostet „mich ohnehin schon immer extra", klagt Clara, ihr einziges stichhaltiges Argument gegen das Musikstudium. Robert Schumann hat schon früh „viel Lust zur Musik" bei Ludwig festgestellt. Brahms und Levi, offenbar die einzigen Parteigänger Ludwigs, halten ihn für eine echte Künstlernatur, dazu für sehr liebenswert. Schließlich fühlt der Junge selbst, daß er das Zeug zum ordentlichen Musiker habe. Doch seine Mutter schickt ihn lieber zu ihrem Vater nach Dresden. Friedrich Wieck hat schon ganz anderen die Phantastereien aus dem Kopf getrieben. Bei Wieck, hofft Clara, wird Ludwig die mangelnde Begabung schnell klar werden. „Sein Musicieren ist entsetzlich ... er hat weder Gehör noch rhythmisches Gefühl ...

Sein Componieren ist aber gar schrecklich", lautet der Tenor von Clara Schumann und Friedrich Wieck. Lange hält es Ludwig bei dem diktatorischen Wieck und der sitzengebliebenen Tante Marie nicht aus. Clara finanziert ihm ein Zimmer. Resigniert läßt sie Ludwig in den Tag hineinleben, während sie selbst auf Konzertreise geht. Von dem zurückgebliebenen Sohn läßt sie sich nicht vom Konzertieren abhalten!

In Begleitung ihrer Tochter Marie klappert sie all die ihr bekannten Tourneestädte ab: Oldenburg, Bremen, in Berlin stoßen Eugenie, Ferdinand und Felix für kurze Zeit zu ihnen; dann weiter nach Breslau und Wien, wo sie enthusiastischen Beifall bekommt. Danach gibt sie zwei Konzerte in Hannover. Unermüdlich geht es weiter. Marie und Clara ziehen durch Holland. Claras Halbbruder Woldemar Bargiel lebt seit kurzer Zeit als Musikdirektor in Rotterdam. Natürlich nimmt er Schwester und Nichte bei sich auf und hilft bei der Konzertorganisation. Fast ohne Unterbrechung drängt Clara Schumann weiter. Auf der gewohnten Route über Brüssel fährt sie nach London. Joseph Joachim hat sich den Frauen während dieser Reise angeschlossen. Drei Tage nach der Ankunft in London beginnt die Pianistin mit ihren üblichen Abstechern in die Umgebung. Manchester, Liverpool, Preston, Bath und Bristol heißen ihre Ziele. In ihren Programmen findet sich viel Musik Mendelssohns, der in England vergöttert wird. Claras Repertoire ist ganz danach berechnet. Im Mittelpunkt steht Mendelssohns zweites Klavierkonzert.

Schweren Herzens kehrt Clara Schumann im April 1869 aus England nach Baden zurück. Nicht nur, weil sie in London enorme Erfolge erzielt und das Publikum liebgewonnen hat, sondern weil sie aufs neue mit den Familienproblemen überhäuft wird: Ludwig erscheint ihr mehr und mehr geistesgestört. Im August konsultiert Clara einen Psychologen namens Binswanger, der Ludwig zur Beobachtung für einige Zeit zu sich nach Konstanz holt.

Man kann den Eindruck gewinnen, als wolle Clara Schumann ihren Sohn vorsätzlich in die Richtung 'geisteskrank' drängen, als wolle sie nur endlich die ärztliche Bestätigung für ihre Vermutungen. Einzig Lieblosigkeit? Die Pianistin ist mit der gesamten Situation schlichtweg überfordert, und sie will ihr, egal wie, ein Ende bereiten. Das setzt sie zwiespältigen Gefühlen aus. Ludwig als geisteskrank abtun? Mehrmals betont sie, ein solches Schicksal nicht noch einmal ertragen zu können. Andererseits ist Ludwig in einer Anstalt zeitlebens versorgt. Sie muß sich dann über seine Zukunft keine Gedanken mehr machen, er ist ja 'untergebracht'. Daß es eine andere Möglichkeit für Ludwig gibt, glaubt die Pianistin nicht mehr: Ludwig, sagt sie, werde sich nie irgendwo in der Gesellschaft einfügen. Binswanger scheint aber mit seinen Untersuchungen zu keinem eindeutigen Ergebnis zu kommen. Aus diesem Grund schiebt Clara alle Erwägungen vorerst beiseite und konzertiert in Wien.

Im Dezember 1869 gibt sie die zwei ersten Konzerte, die beide gut besucht sind. Am 5. Januar 1870 spielt sie im überfüllten Redoutensaal. Dann besucht sie weitere österreichische Städte. In Graz, wo sie am 11. Januar gastiert, lernt sie den Komponisten Heinrich von Herzogenberg kennen, einen lieben Menschen und großen Brahms-Bewunderer, der vor allem als Liedkomponist bekannt wird. Herzogenberg gehört rasch zum weiteren Freundeskreis Clara Schumanns.

Im Februar reist die Pianistin erneut nach London, um den vorjährigen Erfolg recht auszuschöpfen. Es gelingt ihr sehr gut, doch dann übermannen sie erneut die lästigen Armschmerzen, unter denen sie schon so lange leidet. Gegen „allerlei Erscheinungen in Armen und Fingern" trinkt sie regelmäßig das gewohnte Tröpfchen Laudanum, schleppt sich weiter von Konzert zu Konzert. Weitere Widrigkeiten erschweren ihre Situation: Kein Instrument ist zu finden, das Reisegeld ist fast verbraucht und ein Seesturm macht die Weiterreise zu Konzerten in Belgien unmöglich. In dieses Fiasko platzt eine brandeilige Nachricht von Ludwigs Zimmerwirtin. Ludwig ist krank. Schwerkrank. Vermutlich ein akuter Fall von Syphilis. Der junge Mann wird von Alpträumen heimgesucht, leidet unter Wahnvorstellungen. Wie sich die Bilder gleichen! Sollte Ludwig genauso schizophren sein wie sein Vater? Für Clara ist die schwere Krankheit Ludwigs der endgültige Fingerzeig für seinen Geisteszustand. Im Juni wird Ludwig Schumann in eine Anstalt in Pirna eingeliefert. „Der arme Junge, welch grausames Geschick", ruft Clara verzweifelt aus. Ein wenig Schuldbewußtsein plagt sie nun doch, läßt sie nicht zur Ruhe kommen, sie sieht „stundenlang den armen Jungen" vor sich „mit den guten treuen Augen, denen" sie „immer gar nicht widerstehen konnte". Dem setzt sie eine „heilige Pflicht gegen die anderen Kinder" entgegen, konzertiert nun auch den Sommer über, trotzdem ihr rechter Arm sie malträtiert, und startet im Oktober 1870 ihre übliche Wintertournee.

Gekrönte Häupter

Julie hat sich verliebt! Der Auserkorene ist ein italienischer Adeliger, der Graf Victor Radicati di Marmorito. Das hört sich zunächst einmal gut an - Julie Schumann als Gräfin! Leider ist Marmorito katholisch, Witwer und Vater zweier Kinder, außerdem nicht so wohlbestellt, wie man sich einen Grafen erträumt. Clara Schumann hat daher erhebliche Einwände gegen Julies Heirat. Der Mann ist Ausländer, Italiener, mit dem wird Clara „nie ordentlich sprechen" können. Sie ist tief traurig, trägt der Tochter all ihre Bedenken vor. Sie hofft, ihr Einfluß auf Julie sei so groß, daß die junge Frau von dieser hirnspinstigen Bräutigamswahl ablasse. Beinahe fällt sie in die Haltung, die ihr Vater Friedrich Wieck einst gegen Robert eingenommen hatte; rechtzeitig erinnert sie sich an ihre Brautzeit, und sie kann ihre Aversion gegen den Italiener mäßigen: „Liebe läßt sich nicht abschrecken; das weiß ich ja aus meinem eigenen Leben! Selten hat wohl jemand mehr Hindernisse zu besiegen gehabt, als mein theurer Robert und ich". Dennoch lauert Clara noch kurz vor der Verlobung auf eine Lösung der Beziehung, da auch Marmoritos Familie Schwierigkeiten macht, übrigens aus denselben konfessionellen, standes- und nationenbezogenen Gründen wie Clara Schumann. Am 10. Juni 1869 bittet der Graf offiziell um Julies Hand. Mit blutendem Herzen sendet Clara ihm das Ja-Wort. Am 22. September findet die Hochzeit in Lichtental statt. Johannes Brahms schickt seine frischkomponierte „Rhapsodie" für Alt, Männerchor und Orchester op.53 nach einem Goethe-Text, ein melancholisches, schmerzvolles Stück, seinen „Brautgesang" für die von ihm geliebte Julie.

Der Sommer 1870 zieht ins Land. Clara Schumann konzertiert gerade in Kreuznach, da wird sie von der Kriegserklärung Frankreichs gegen Preußen überrascht. Die Kriegserklärung wird vom französischen Regierungsmitglied Emile Ollivier verlesen, einem Schwiegersohn Franz Liszts. Ausgerechnet, denkt Clara, wann ist von einem Lisztianer auch schon einmal etwas Gutes gekommen! Natürlich reist sie sofort nach Baden-Baden zurück. Unterwegs, auf den Bahnhöfen sind wahre Völkermassen in Bewegung; Freiwillige, Rekrutierte, Menschen, die einfach nur nach Hause möchten. Gerüchte von marodierenden Söldnerheeren kursieren bereits jetzt. Mit allen Mitteln will Clara ihr Lichtentaler Haus gegen die Franzosen verteidigen, „nur wenn die Algerier kommen, dann lassen wir alles im Stich, denn diese sollen wie die wilden Thiere sein". Wenige Tage nach Claras Rückkehr wird Ferdinand Schumann eingezogen. Nach fünf Wochen Grundausbildung wird er an die elsässische Front nach Metz geschickt.

Seit langem schwelte ein Konflikt zwischen Frankreich und Preußen. Mit Argusaugen beobachtete Frankreich Preußens Hegemonialansprüche. Ministerpräsident Otto von Bismarck hat eine militärische Auseinandersetzung provoziert und sich bereits vor Jahren der Neutralität Englands, Österreichs und Italiens versichert. Die deutsche Armee ist wohlpräpariert. Nun findet der erwünschte Krieg tatsächlich statt. Clara Schumann berichtet von den Vorfällen in Straßburg und am 19. August von der Siegesnachricht von Metz. „Jeder neue Sieg bringt bei der Freude so viel Schmerz", erwägt die Pianistin und denkt an ihre französischen Freunde, an Pauline Viardot, die sich weder in Baden-Baden noch irgendwo in Frankreich vor Übergriffen sicher fühlt. Andererseits berichtet die Virtuosin stolz vom Mut des greisen Königs von Preußen, der die Schlacht bei Metz selbst leitete. Mit ihren Töchtern fabriziert Clara wollene Binden für Verletzte, beschwört Ferdinand telegraphisch, er solle sich mit Wollhemden, Tee und Schokolade versorgen, als ginge der Sohn auf einen Ausflug und zöge nicht in den Krieg. Sie bejubelt den Sieg bei Sedan, die Gefangennahme des französischen Kaisers Napoleon III., den „Heldenmuthe der Deutschen", die Belagerung von Paris. Im Herbst nimmt sie ihre Konzerttätigkeit wieder auf. Frankfurt, Leipzig, Dresden und Berlin sind ihre Stationen; in Berlin gibt sie ein Wohltätigkeitskonzert zugunsten der Verwundeten. Die Gräfin Bismarck bedankt sich schriftlich für Clara Schumanns Einsatz. Ferdinand schreibt dagegen von den Greueln des Kriegs, von Gefallenen, Verwundeten, schlaflosen Nächten bei eisiger Kälte und Kartätschenfeuer. Clara Schumann konzertiert bei ebendieser Kälte in Breslau, Berlin, Holland und England. In London erfahren Clara und die sie begleitenden Töchte Marie und Eugenie am 27. Januar 1871 von der Kapitulation Paris'. Was für eine Freude; und gleich die nächste schöne Nachricht: Jenny Lind ist in London! Clara ist überglücklich, die Freundin wiederzusehen. Beim herrlichen Singen der Lind fühlt sie die „alten wonnigen Gefühle" neu erweckt.

Im Frühjahr kommen die Englandreisenden nach Deutschland zurück. Am 10. Mai verbringt Clara Schumann einen „interessanten Nachmittag" in Koblenz, wo sie das französische Gefangenenlager sowie ein Lazarett besichtigt. Am selben Tag wird der Friede von Frankfurt am Main geschlossen; Preußen gewinnt Elsass-Lothringen. Im August erscheint Ferdinand zu Besuch; aus dem Krieg kommt er gereift und kör-

24 *Ferdinand Schumann als ‚Einjähriger' während des deutsch-französischen Krieges 1870/1871.*

perlich unverwundet zurück; die grauenhaften Eindrücke des Kriegs haben dennoch ihre Spuren im Gemüt des sensiblen Schumann-Sohns hinterlassen, die sich nach und nach physisch äußern. Seit den Feldzügen leidet Ferdinand an Rheumaschmerzen. Auch Clara Schumann klagt wieder über Armbeschwerden. Trotzdem gastiert sie in Norddeutschland, nachdem sie am 8. Oktober die große Ehre hatte, vor dem „deutschen Heldenkaiser" Wilhelm I., dem Sieger von Sedan, zu spielen. Anfang des Jahres 1872 widerfährt ihr die nächste bedeutende Ehre. Wieder darf sie einem gekrönten Haupt vorspielen, der Königin Viktoria von England. Ende April betritt die Pianistin den Buckingham Palace. Etwa 100 Gäste stehen im Konzertsaal, während die Königin, eine dickliche Matrone, mit weißer Mullhaube und schlichtem schwarzen Seidenkleid wenig geschmackvoll gekleidet, mit der Herzogin von Cambridge plaudernd dasitzt. Clara spielt. Die Königin unterhält sich weiter und gießt sich eine Tasse Tee ein. In der Konzertpause erklingt schottische Dudelsackmusik, die Lieblingsmusik der Königin, aber was für ein Kontrast zu Beethoven und Robert Schumann! Vor dem zweiten Teil nickt sie der Pianistin ein flüchtiges „sehr schön gespielt" zu und zieht sich gleich nach der Darbietung ohne jedes weitere Wort zurück. Clara Schumann ist gekränkt. Sie ist die erste Pianistin Englands, das Publikum honoriert jedes ihrer Konzerte mit brausenden Ovationen, Schülerinnen laufen ihr in Scharen zu und diese fette, alte Frau, zufällig Königin eines Landes, ignoriert ihr Spiel! Unfaßbar! „Mich sieht diese Königin nicht wieder bei sich, so viel weiß ich", meint Clara brüskiert.

Ihr Spiel und Roberts Musik sind nicht für gekrönte Häupter gemacht. Ihre Musik ist eine rein bürgerliche. Franz Liszt, das ist ein Mann, der in den fürstlichen Salons zu verkehren versteht, seine Weltgewandheit, seine Eleganz machen ihn zum Pianisten der herrschaftlichen Häuser. Gewiß, auch Clara Schumann hat ihre Erfolge an diversen Höfen; zu ihren Schülerinnen gehören die Prinzessinnen Friederike von Lippe und Elisabeth von Neuwied, aber ihre künstlerische Welt, ihr Stammpublikum ist das Bürgertum. Clara Schumann lernt aus dem Buckingham-Desaster: In Zukunft bleibt sie hauptsächlich bei ihrem nord- und mitteldeutschen Stammpublikum, dem Spiel an königlichen Höfen wird sie ab sofort mit gesundem Mißtrauen begegnen.

Der zweite Tod

Am 1. Mai 1872 kehrt Clara Schumann aus London zurück. Sie nimmt ihre gewöhnliche Reiseroute mit Zwischenstation in Brüssel. Vierzehn Tage später ist sie zurück in ihrem Haus bei Baden-Baden. An Ruhe ist allerdings nicht zu denken. Hermann Levi, der seit 1864 Hofkapellmeister in Karlsruhe ist, hat einen Ruf zum Hofkapellmeister in München erhalten. Die Karlsruher Philharmonie bereitet dem beliebten Dirigenten eine Abschiedsveranstaltung, an der Clara Schumann gemeinsam mit Julius Stockhausen teilnimmt. Johannes Brahms beteiligt sich mit seinem Chorwerk „Triumphlied", das er anläßlich des deutsch-französischen Kriegs 1870 komponierte, ein expressives Stück Musik, dessen patriotisches Pathos heute selbst eingeschworene Brahms-Verehrer befremdet. Das Karlsruher Publikum des Jahres 1872, das noch im Bann der Nachwehen des deutschen Siegs steht, ist von dem „Triumphlied" so tief ergriffen, daß Johannes Brahms am Schluß des Konzerts auf die Bühne gerufen wird. Clara Schumann und Julius Stockhausen geraten in diesem Brahms/Levi-Fieber ein bißchen aus dem Blickfeld der musikalischen Kritik. Vor wenigen Jahren hätte Brahms' Erfolg sie neidisch gemacht und die Freundschaft trüben können; inzwischen ist Clara Schumann jedoch eine so gefeierte Künstlerin, daß sie die Triumphe ihrer Kollegen frei von Konkurrenzgedanken akzeptieren kann. Nur Franz Liszt ist und bleibt ihr ein Dorn im Auge. Über einige ihrer Schülerinnen erfährt sie von Liszts Unterrichtsmethoden: „sie stapeln Alle wie mit Storchenbeinen auf dem Clavier herum, und das Schrecklichste bei der Sache ist, daß sie ihre Gesundheit bei dieser Art zu üben zusetzen ... Wenn ich nur 'mal ein paar Augenblicke diesen Anschlag versuche, bekomme ich schon die heftigsten Schmerzen in den Armmuskeln". Da Clara Schumann mehr und mehr daran denkt, ihre Konzertarbeit allmählich mit dem Unterrichten zu tauschen, stört sie natürlich Franz Liszts Ruhm auch auf diesem Gebiet. Ihr ewiger Rivale Liszt ist wahrlich mit Glück gesegnet; im letzten Jahrzehnt hatte er überwältigende Erfolge mit seinen Oratorien „Die heilige Elisabeth" und „Christus", und 1871 wurde er sogar zum „Königlich Ungarischen Rat" ernannt, was ihm ein kleines, aber regelmäßiges Jahresentgelt einbringt. Von derartigen Auszeichnungen und Ehrengehältern kann eine klavierspielende Frau nur träumen; diese Art der öffentlichen Anerkennung bleibt allein den männlichen Künstlerkollegen vorbehalten.

Vielleicht kommt ihr deshalb die Idee, ihrer Tochter Eugenie, die als einzige noch ohne festes Lebensziel dasteht, eine breitere musikalische Ausbildung zukommen zu lassen; ein gewisses Oppositionsdenken gegen die männliche Vorherrschaft auf künstlerischem Gebiet hat Clara Schumann sich ja immerhin bewahrt. Da Eugenie mit dem Klavierstudium bei ihrer Mutter keine allzu großen Fortschritte macht - wie sollte sie auch, da die Pianistin ihr wenige regelmäßige Stunden widmet -, bittet Clara Schumann den treuen Freund Brahms, sich der Tochter anzunehmen. Johannes folgt den Wünschen der Freundin prompt wie immer und erscheint nun zweimal pro Woche im Lichtentaler Haus, um der davon ganz und gar nicht erbauten Eugenie pianistische Feintechnik einzuschärfen. Johannes Brahms bemerkt sehr schnell, daß das Mädchen stark vom Klavierspiel der Mutter beeinflußt ist und deren Interpretationen nachzuahmen sucht. Bewußt läßt er Eugenie Kompositionen erarbeiten, die nicht zum Repertoire Clara Schumanns gehören, damit seine Schülerin ihren eigenen pianistischen Ausdruck findet. Vergeblich. Eugenie, obzwar die begabteste Schumann-Tochter, kommt nicht über das landläufige Klavierlehrerinnen-Niveau hinaus. Das Vorbild der Mutter hemmt jede ihrer künstlerischen Leistungen. „Fatalistische Hoffnungslosigkeit", nennt Eugenie ihr Unvermögen, sich von Clara Schumann lösen zu können: „ich spreche die volle Wahrheit, wenn ich sage, daß ich mir nie, aber auch nie ein Stück zu Dank gespielt habe: so spielen wie meine Mutter konnte ich nicht, aber anders konnte ich auch nicht spielen; denn ihr Spiel schwebte mir als höchstes Ideal unverrückbar vor".

Daß sie nie lernten, sich von der dominanten Mutter zu lösen, ist der Grund für das persönliche Scheitern aller sieben Schumann-Kinder. Sie konnten sich nicht von dieser Frau abnabeln, da sie nie die Nähe zur Mutter empfunden haben, die andere Kinder empfinden, und die natürlicherweise im

Laufe der Pubertät überhaupt zum Abnabelungsprozeß führt. Gegenüber der Mutter bleiben alle Schumann-Kinder gefühlsmäßig im Stadium des Kleinkindes verhaftet, selbst als sie ihre eigenen Familien gegründet haben, wie die Beispiele von Elise, Julie und Ferdinand noch deutlich machen werden, die Tragödie Ludwigs bereits verdeutlicht hat. Dazu stellt Clara Schumann in Erziehungsfragen viel zu hohe Ansprüche an die Kinder. Für Eugenie und ihre Geschwister wird jedes Tun, selbst das allerpersönlichste, zur Erfüllung einer Pflicht. Wie kann man sonst erklären, daß eine dreiundzwanzigjährige Frau bis zur Depression verzweifelt, wenn die Mutter sie tadelt, oder gar in Tränen ausbricht, wenn die Mutter sie lobt. Wie beherrschend Clara über ihren Kindern thront, offenbaren die unwesentlichsten Erinnerungsbruchstücke Eugenies, zum Beispiel die Anekdote von deren Freundschaft zu Elisabeth von Herzogenberg, der Ehefrau des Komponisten Heinrich von Herzogenberg. Als Clara Schumann die „liebe Liesl" kennenlernt und als ihre Freundin beansprucht, zieht Eugenie sich „als sei es ganz natürlich, zurück"; „die Musiker gehörten samt und sonders, mit Haut und Haaren, der Mama", die Kinder müssen wie selbstverständlich zurückstehen.

Besonders ergreifend ist das Schicksal Marie Schumanns. Sie führt ein Leben ohne äußere Dramatik, aber gerade deshalb ist ihr Schicksal das allerdramatischste, denn es spielt sich tief im Seelenleben ab. Maries Leben ist vollkommen auf das ihrer Mutter ausgerichtet. Sie ist die einzige Schumann-Tochter, die sich nicht verheiratet, die sich keine eigene Existenz aufbaut, sondern bescheiden im Schatten, an der Seite, im Dienst Clara Schumanns das Dasein einer Gesellschafterin fristet. Sie scheint zunächst zum glücklichsten der Schumann-Kinder bestimmt zu sein. Sie ist das erste Kind, über ihre Geburt kann Clara sich noch freuen, ihr widmet sie auch ungleich mehr Zeit und Fürsorge als allen weiteren Kindern. Das Kind Marie ist weder aufsässig wie Elise, die „oft die Rute fühlte" noch ewig kränkelnd wie Emil, Julie und Felix noch neigt es zu Träumerei und Selbstvergessenheit wie Ludwig und

Ferdinand, kurz, es ist das normalste der Geschwister. Robert Schumann beschreibt Marie als heiter, lebhaft, anschmiegsam, liebevoll und musikalisch mäßig, aber immerhin begabt. Außerdem glaubt er bei der zu diesem Zeitpunkt knapp fünfjährigen Tochter einen „Sinn für das Häusliche, Wirtschaftliche" zu finden. Vermutlich will Robert sein konventionelles Frauenbild wenigstens in der Tochter realisiert sehen, wenn sich seine Frau schon dagegen wehrt. Zu Maries Unglück nimmt Clara Schumann die Ansicht ihres Mannes unreflektiert auf und drängt die Tochter früh in die Rolle eines kleinen Hausmütterchens. Über Maries eigentliche Talente, ob sie überhaupt welche besitzt, wird gar nicht erst nachgedacht. Bei Maries Erziehung versagt Claras Oppositionsgefühl. Kurz nach Robert Schumanns Tod vereinnahmt Clara ihre Älteste mehr und mehr. Sie will sich aus der Fünfzehnjährigen eine Vertraute heranziehen, eine Mutter für die jüngeren Geschwister. Ihrem Tagebuch vertraut Clara im Sommer 1856 an: „Wie aber sehnte ich mich jetzt nach Marie namentlich ... eine Mutter findet gar zu gern eine Freundin an ihrer ältesten Tochter". Marie wird in einem kurz darauf geschriebenen Brief auf die Mutter eingeschworen: „schreibe mir doch immer so, was Du denkst und empfindest ohne Rückhalt, eine Mutter soll den Kindern nicht nur Mutter, sondern auch die liebste Freundin sein. Wem vertraut sich wohl schöner, inniger als der Mutter". Marie nimmt sich diese Worte sehr zu Herzen. Sie leidet wie alle Geschwister unter der distanzierten Liebe der Pianistin und ist nun höchst berührt, daß ihr eine besondere Nähe zur Mutter geboten wird. Halb mit Stolz, halb aus anerzogenem Pflichtgefühl heraus folgt sie den Wünschen Claras rückhaltlos, vertraut sich der Mutter bis in die geheimsten Gedanken an, gibt sich damit preis und völlig in ihre Hände. Die Pianistin ihrerseits denkt nicht im entferntesten daran, sich ihrer Tochter wie einer Freundin anzuvertrauen. Sie nutzt Maries verblendete Hingabe aus: Marie wird die Verantwortung für die jüngeren Geschwister auferlegt, und Marie übernimmt die Pflichten bereitwillig. Niemand fragt danach, ob

Marie außer einem Sinn fürs Häusliche noch andere Wünsche und Talente hegt. Niemand, nicht einmal der sonst so einfühlsame Johannes Brahms, der ihr zum Dank für viele köstlich zubereitete Mittagessen ein „Koch-Notiz-Buch für gute Hausfrauen" verehrt. Marie selbst kommt es nicht in den Sinn, sich einmal gegen das ihr aufoktroyierte Leben aufzulehnen. Mit keinem Wort verrät sie, was sie sich vielleicht statt dessen vom Leben erhofft. Sie fügt sich von vornherein ohne Kampf, sie resigniert, ohne jemals Ansprüche angemeldet zu haben. Als Clara Schumann Marie dermaßen bewährt findet, vereinnahmt sie sie noch mehr. Neben den Haushaltspflichten und der Geschwisteraufsicht bürdet sie der Tochter alle ungeliebten kleineren Konzertvorbereitungen auf, nämlich die Instandhaltung der Galakleider, die Kofferpackereien, die Sorge um Bahn- und Schifftickets. Marie wird Garderobiere und Sekretärin in einer Person. Ab 1858 steigt sie sogar zur Reisebegleiterin der Mutter auf. Marie hält das für einen unglaublichen Vertrauensbeweis. Clara Schumann denkt indes nur daran, Kosten für eine gemietete Begleitperson einzusparen. Die eigene Tochter stellt weniger Ansprüche und muß sich mit dem begnügen, was die Mutter ihr bietet. Daß die Konzertreisen die Tochter anstrengen könnten, kommt Schumann erst gar nicht in den Sinn, ist sie dieses Leben doch seit frühester Kindheit gewöhnt. Eugenie wundert sich mehr als einmal darüber, was die ältere Schwester tagtäglich bewältigt: „die Leitung des ganzen Hauswesens", „die Aufsicht über uns Kleinen, unsere körperliche Pflege, die Sorge für unsere Kleidung". Marie habe es nicht leicht gehabt, gesteht Eugenie: „tausend kleine Pflichten lagen ihr an den Konzerttagen ob; sie half der Mutter beim anziehen, sie schmückte ihr das seidenweiche, glattgescheitelte Haar mit schwarzen Spitzen und schönen Samtblumen. Sie blieb bei ihr bis zum letzten Augenblick". Und diesen letzten Satz darf man getrost auf Maries gesamtes Leben ausdehnen, denn Marie heiratet niemals, ergreift keinen Beruf, sondern stellt ihr Sein ausschließlich in den Dienst der Mutter.

Im Sommer 1872 muß Marie wieder einmal zurückstehen. Clara Schumann verbringt die Ferien mit ihr und Eugenie in der gesunden Schweizer Bergwelt, die sie über alles liebt. Von hier aus versucht sie, eine Renovierung ihres Hauses in Lichtental zu organisieren und weil das kaum funktioniert, muß Marie ihren Urlaub abbrechen und sich um die Bauarbeiten an der 'Hundehütte' kümmern. Julie kündigt ihren Besuch an. Marie bereitet alles zu ihrem Empfang vor. In der ersten Dekade des August 1872 kommen Julie, ihr ältester Sohn und ihr Ehemann, der Graf Marmorito, in Baden-Baden an. Marie ist erschüttert über Julies Anblick. Ausgezehrt, vergreist, von hohlem Husten geplagt steht die jüngere Schwester vor ihr, früher die schönste der Schumann-Töchter, „das Auge blau wie Himmelsblau, schön geschnitten und mit fein geäderten Lidern bedacht ... goldglänzendes, seidenweiches Haar ... blendend weiße Stirn ... wohlgeformte Nase, den beweglichen, nicht zu kleinen Mund", ein Gesicht, „in das jeder nur mit innigem Wohlgefallen blicken konnte", übergossen von Glanz, Herzensgüte und Seelenadel. 1869 hat Julie geheiratet und inzwischen zwei Jungen das Leben geschenkt. Sie ist zum dritten Mal schwanger; jeder, der sie sieht, ahnt, daß Julie diese Schwangerschaft kaum überleben wird. Selbst Clara Schumann, die sonst vor den Krankheiten und seelischen Konflikten ihrer Kinder gleichmütig die Augen verschließt, ist zutiefst erschrocken, als sie am 16. August in der 'Hundehütte' erscheint und die akuten Tuberkuloseanfälle Julies hautnah miterlebt. „Wir sahen ihre Leiden sich steigern von Tag zu Tag und konnten nichts thun, kein Arzt konnte ihr helfen, sie hatte ihren zarten Körper ganz aufgerieben, in all' den Sorgen für Haus und Kinder", kommentiert die Pianistin die letzten gemeinsamen Wochen mit Julie. Auch jetzt noch, wo sich Julies naher Tod so klar abzeichnet, versucht Clara, die verheiratete Tochter fest an sich zu binden. Sie schlägt ihr vor, den Winter über bis nach ihrem Wochenbett in Lichtental zu bleiben. Graf Marmorito wird zu diesem Vorschlag gar nicht erst befragt. Doch Julie setzt sich gegen die Mutter durch. Ihr

Wunsch ist, in südliche Gefilde zu reisen; das warme Mittelmeerklima ist ihre letzte Chance, glaubt sie. Am 27. September reisen die Marmoritos ab. Clara Schumann sieht ihre Tochter niemals wieder.

Die Wintertournee des Jahres 1872 hat begonnen. Clara gastiert in Heidelberg, Roberts Studienstadt. Sie wohnt recht behaglich bei Verwandten Hermann Levis, die sie freundschaftlich aufgenommen haben. Ihr Heidelberger Konzert ist für den 11. November angesetzt. Vormittags erhält die Pianistin ein Telegramm, in dem ihr der Tod Julies mitgeteilt wird. Julie Schumann ist am Abend zuvor, einem Sonntag, verstorben. Reagiert die Mutter nun mit Verzweiflung und Tränen? Weit gefehlt! Gnadenlos gegen die Tote, die Welt und sich selbst spielt sie am Abend ihr Programm herunter. Den bestürzten Freunden gegenüber rechtfertigt sie sich damit, das Konzert abzusagen, sei es schon zu spät gewesen. Sie sei ganz ruhig, schreibt sie an Levi, denn sie hätte bereits im September den Eindruck gewonnen, Julies Leben sei nicht mehr zu retten gewesen. „Das arme verlorne Kind", hat sie die Tochter da schon genannt und aufgegeben. „Verlorenes Kind" - dieselben Worte, die sie für den geisteskranken Ludwig gebraucht. Wegen Ludwig hatte sie ihre Konzertreise nicht unterbrochen, für Julie macht sie das auch nicht. Am 13. November verläßt Schumann Heidelberg und ist drei Tage später in Wien, wo sie erfolgreiche Konzerte bestreitet. Marie und Eugenie begleiten sie; der über Julies Tod tief betrübte Ferdinand findet sich ebenfalls zu einem Kurzbesuch in Wien ein. Von allen Seiten treffen wohlmeinende Beileidsbriefe ein. Die Freunde in Wien stehen der Virtuosin bei. Jeder meint, wie schwer das Fatum dieser Frau zusetzen müsse, dabei übersehen sie, wie gut Clara von dem neuerlichen Schicksalsschlag profitiert. In den Augen ihres Publikums gewinnt Schumann den Mythos der leidenden Witwe und Mutter. Man bevölkert die Konzertsäle, um diese gebeutelte und doch unbeugsame Frau zu erleben, weniger, um ihr Spiel zu hören. Die hübschen jungen Wundermädchen interessieren das Publikum jetzt nicht mehr. Die „liebliche

Spielgenossin der Musen" Clara wird übertrumpft von der „weihevollen, pflichtgetreuen und strengen Priesterin" Witwe Schumann. Mit ihrem Leidens-Image trifft Clara Schumann den Nerv der Zeit: Das Weihevolle, Pflichtgetreue bis zur Selbstaufopferung, das echt Deutsche hat Konjunktur, gerade jetzt nach dem Krieg gegen Frankreich. Clara Schumann wird ein Symbol deutscher Tugenden; pflichtbeseelte, treue Witwe; die deutsche Frau schlechthin. Von nun an wagt es kein Kritiker mehr, sich über sie als klavierspielende und umherziehende Künstlerin zu mokieren. Clara Schumann hat sich ein für allemal in der musikalischen Männerwelt durchgesetzt. Es sei „unsäglich rührend" wie sie am Konzertflügel ihr Herzblut für die Werke großer Meister gäbe, sie, die Witwe des unsterblichen Schumann, die unvergleichliche Künstlerin, edelste Frau und vortrefflichste Mutter, jubeln ihre Bewunderer. Clara Schumann nimmt diese Huldigungen dankend entgegen, im übrigen auch die finanziellen Geschenke, mit denen ihre Verehrer sie über den Verlust Julies hinwegtrösten wollen. Für Eisenbahnobligationen erhält sie die einmalige Summe von 30.000 Talern, zusätzlich jährliche 1.000 Taler auf eine Laufzeit von zehn Jahren.

Geht Clara Schumann tatsächlich so leicht und gleichgültig über Julies Tod hinweg? Julie gehörte nicht zu ihren Lieblingskindern; sie war Roberts Augenstern. Nährte Clara Schumann etwa aus Eifersucht eine geheime Aversion gegen Julie und schickte sie aus diesem Grunde als erstes der Kinder fort von zu Hause, von der Großmutter zum Großvater Wieck, von dort zu verschiedenen Verwandten und Bekannten? Ihre übrigen Töchter steckte sie auch in Pensionate, legte aber Wert darauf, daß der Kontakt nicht abbrach. Sie nahm Marie schnell zu sich, band auch Elise fest an sich, überhäufte Eugenie mit liebevoll-ermahnenden Briefen, aber Julie scheint von ihr stets vergessen worden zu sein. Wer in Clara Schumanns Briefen zu lesen versteht, der findet allerdings Hinweise, die besagen, daß die Pianistin von Julies Tod stark ergriffen ist: Ihr Arm fängt wieder an zu schmerzen. Die rechte

Hand tut so weh, daß sie kaum zu schreiben vermag, „besonders kann ich es gar nicht, wenn ich von unserer heißgeliebten Julie sprechen soll". Möglicherweise sind die körperlichen Beschwerden Ausdruck des sie plagenden Schuldgefühls gegenüber der vernachlässigten toten Tochter. Eugenie Schumann mutmaßt zu recht, daß Julies „sanfte Schwermut, die dann und wann die ... Heiterkeit ihres Sinns ... verschleierte" nicht nur Ausdruck der Krankheit, sondern „Erinnerung an ... den Verlust des Vaters" und „Schatten der langen Trennungen von der angebeteten Mutter, den zärtlich geliebten Geschwistern" war. Julie hat sich regelrecht zu Tode gekränkt und schuld daran waren insbesondere die Bedingungen, unter denen sie aufwuchs. Clara Schumann schiebt ihre ursächliche Beteiligung an Julies Sterben weit von sich. Unterschwellig macht sie statt dessen Julies Ehemann, den Grafen Marmorito, für den Tod der Tochter verantwortlich. Ehe, Haushalt, Kinder, das sei für die zarte Julie halt zu viel gewesen. Das ohnehin distanzierte Verhältnis zum Schwiegersohn kühlt sich daraufhin noch weiter ab.

Clara Schumann konzertiert weiterhin in Wien. Erst kurz vor Weihnachten bereist sie Dresden und Berlin, wo sie Konzert um Konzert bestreitet, ungeachtet zahlreicher durchwachter Nächte und quälender Kopfschmerzen. Im Januar weilt sie in Leipzig. Sie schwelgt aufs neue in Roberts Musik. Im Gewandhaus trägt sie sein Konzertstück vor, ein „wundervolles Stück von einer blühenden Romantik", wie sie bewundernd notiert. Ein weiteres unverhofftes Geldgeschenk erfreut sie: Freunde hatten während Roberts Anstaltsaufenthalt Geld für seine Pflege zusammengetragen und zinsbringend angelegt. Nun übergibt man der hocherfreuten Witwe rund 3.500 Taler in Wertpapieren; „das nenne ich doch mal treue Freundschaft", lobt die Pianistin.

Das Geschenk stimmt sie ein wenig milde. Ferdinand nutzt die Gunst der Stunde, seine Mutter über seine Verlobung mit einem Fräulein Antonie Deutsch zu unterrichten. Ferdinand hat sich verlobt! Ohne die Frau Mama vorher um Rat zu fragen, ohne diese Antonie überhaupt vorzustellen. Das war ein Fehler Ferdinands, insbesondere weil Antonie Deutsch keinerlei Reichtum vorzuweisen hat. Ferdinand selbst hat eine mittelmäßig dotierte Stellung als Bankkaufmann und ist auf gnädige Zuwendungen seiner Mutter angewiesen. Clara Schumann hatte erwartet, Ferdinand als neues Oberhaupt ihrer Familie zu sehen. Jetzt gründet er eine eigene Familie, wagt es, sich der mütterlichen Vereinnahmung zu entziehen! Ihrer Wut gibt Clara Schumann in einer lebenslangen Feindschaft zur Schwiegertochter Ausdruck.

Im August 1873 findet in Bonn eine Schumannfeier statt. Bei dieser Gelegenheit lernt die Pianistin Ferdinands Verlobte kennen, was ihr die ganze Feier um Robert versalzt. Ähnlich wie ihr Vater sich gegen ihre Hochzeit mit Schumann wehrte, verweigert sie nun die Zustimmung zu Ferdinands Eheschließung. In einem perfiden Intrigenspiel zieht sie ihre Töchter auf ihre Seite; die gesamte Familie Schumann macht schließlich Front gegen Antonie Deutsch. Während der Trauung bleibt ein Platz in der Kirche unbesetzt - Clara Schumann weigert sich, an der Hochzeit teilzunehmen. Ihre Aufzeichnungen verschweigen die mißliebige Heirat.

Statt dessen berichtet sie en detail von den Feierlichkeiten zu Ehren Schumanns in Bonn. Im Vorfeld der Ereignisse diskutiert sie mit den Freunden, welche Musik Roberts während der Feierlichkeiten gespielt werden soll. Sie möchte das Requiem aufgeführt wissen. Joachim wird dirigieren. Sie selbst will als Interpretin der Werke ihres Mannes auftreten und dieses Feld keinem anderen Pianisten überlassen. Die Schumannfeier verläuft höchst erfolgreich. Die Witwe und Priesterin Clara Schumann wird mit Beifallsstürmen und über 150 Blumensträußen überhäuft. Die Einnahmen der Festlichkeiten sind überwältigend: 4.000 Taler bleiben für ein kleines Schumann-Denkmal übrig. Aus Wien erhält Clara ein Ehrengeschenk von 10.000 Talern. Außerdem tritt ein Verlag an sie heran, Lieder Roberts für Klavier zu setzen, eine Aufgabe, die ihr sehr schwer fällt, sie angreift, wie nie eine Arbeit zuvor. Aber anderen eine solche (honorierte!) Aufgabe zu überlassen, das hält sie für unrecht; sie und nur sie allein ist die rechtmäßige Verwalterin von Roberts musikalischer Hinterlassenschaft.

Durch all die Erfreulichkeiten der spätsommerlichen Feiertage dringen beklemmende Nachrichten. Ferdinand David, der Jugendfreund Robert und Clara Schumanns, stirbt im Sommer 1873. Felix erkrankt an einer Brustfellentzündung. Will auch er sich zu Tode kränken wie Julie, auf diese Art die Aufmerksamkeit und mütterliche Liebe der Künstlerin erobern? Den ganzen September über verbringt der Schwerkranke im Bett. Clara ist an seiner Seite, denn noch hat die winterliche Konzertsaison nicht angefangen. Das rettet Felix für dieses Mal das Leben. Ob sie von ihren Kindern nicht zu viel verlange, fragt die Pianistin besorgt bei Brahms an.

Im Oktober erreicht sie eine noch schlimmere Nachricht: Der Vater ist krank. Krank auf den Tod. Er stirbt am 6. Oktober. Erst im Vorjahr hat Clara ihre Mutter verloren, nun auch den trotz allem verehrten Vater. Über seinen Tod schreibt sie eine ellenlange Epistel in ihr Tagebuch, mehr als sie jemals über ihre Kinder zu sagen hatte. Es ist der zweite Tod nach Robert Schumanns, der wirklich und wahrhaftig ihr Innerstes berührt. „Ich war aufs tiefste erschüttert", berichtet sie, „mit ihm entschwand mir der letzte Anhalt an meine Jugend. Heiß hatte ich ihn geliebt ... seine Natur hatte etwas Großartiges ... meine Trauer war so groß und tief ... er war meiner Kindheit ja alles gewesen". Nun ist er für immer dahingegangen. Friedrich Wieck, der Erfinder des Mythos Clara.

Die Pianistin schließt ein weiteres Lebenskapitel ab. Sie verkauft ihr Haus in Lichtental, das zum Ende hin nur noch Tod und Krankheit beherbergt hat. Sie gibt dem vergangenen Lebensabschnitt auch eine äußere Zäsur und bezieht mit Marie und Eugenie eine Wohnung in Berlin.

Frauenbildung

In den Zelten 11. Die neue Adresse der Schumanns in Berlin. Die Wohnung mit ihren hohen Fenstern, die den ganzen Tag über der Sonne Einlaß gewährt, ist recht gemütlich und von Marie behaglich eingerichtet. Sie liegt in der Nähe des Tiergartens, bietet also einen grandiosen Ausblick ins Grüne. Die Nachbarschaft ist angenehm, es sind nämlich die Joachims, die in ihrem kleinen Haus gerade gegenüber wohnen. Außerdem leben Julius Stockhausen mit Familie sowie Claras Halbbruder Woldemar Bargiel in Berlin. Für Clara Schumann ist die Anwesenheit der Freunde ein schwerwiegender Grund, sich gerade Berlin zum neuen Wohnsitz zu erwählen. Ein weiterer Punkt ist die Nähe zu ihren Söhnen. Felix studiert hier Jura, interessiert sich nebenbei für Sprachen und die Dichtkunst, hält sich im übrigen viel bei Joseph Joachim auf, der sein Geigenstudium fördert; wie auf allen intellektuellen Gebieten entwickelt Felix Schumann auch in der Musik eine schöne Begabung; Joachim schenkt ihm seine kostbare Guarnerie-Geige und legt dem Jungen nahe, fleißig zu üben, mindestens eine Stunde täglich. Ferdinand arbeitet in einem Berliner Bankhaus. Mit seiner Karriere steht es nicht zum besten. Er hätte eben erst an sein Fortkommen denken müssen, dann heiraten, nicht umgekehrt. Aber nun ist Clara Schumann ja zum Glück in seiner Nähe, um die junge Ehe zu überwachen und Ferdinands beruflichen Aufstieg zu unterstützen. Bekannte und Freunde findet sie in Berlin reichlich, die sie zu ihren Zwecken einspannen kann, sogar der Generalfeldmarschall Moltke befindet sich unter ihren Bewunderern. Wer weiß, zu was diese Bekanntschaft noch nutze ist. In Berlin findet die Pianistin freundliche Aufnahme. Die Berliner Musikfreunde sind stolz darauf, eine dermaßen berühmte Künstlerin unter ihren Dächern zu beherbergen. Dabei kann sich Clara Schumann ihrer neuen Heimatstadt nicht so gut präsentieren, wie sie es vorgehabt hatte: Ihre rheumatischen Armbeschwerden haben wieder zugenommen. Seit Ludwigs Einweisung in die Irrenanstalt und Julies Tod werden die Schmerzen von Mal zu Mal unerträglicher; sie wisse nicht, schreibt sie an Brahms, ob sie jemals wieder sein d-Moll-Klavierkonzert spielen könne, das sie am 3. Dezember im Leipziger Gewandhaus überaus erfolgreich interpretierte, „denn meine Schmerzen im Arm sind sehr schlimm - ich kann jetzt gar nicht spielen, soll auch eigentlich nicht schreiben ... was ... mit London wird, weiß ich nicht! Ich hatte das Engagement schon reducirt auf 5 Wochen nur und nur 2 mal wöchentlich kann ich aber die Schmerzen nicht fortbringen, so muß ich ganz abschreiben". Tatsächlich ist sie gezwungen, auf die diesjährige Wintertournee zu verzichten. Clara Schumann ist darüber zutiefst betrübt, sogar bestürzt und wütend aus Verzweiflung. Schlimmer als alle bisher erlebten Schicksalsschläge sei der erzwungene Verzicht auf ihre Englandreise, tobt sie, Robert, Ludwig, Julie, alles nichts gegen diese künstlerische Pause! Ihre Wut läßt sie an Marie und Eugenie aus, denen das sonnige Berliner Heim rasch verleidet ist. Ferdinands Frau, Antonie, steht ebenfalls im Kreuzfeuer schwiegermütterlicher Jähzornsanfälle. Überhaupt, ganz Berlin sei abscheulich, zopfig, mittelmäßig, sie höre nichts, was ihr ein wenig Freude mache, niemand sei da, mit dem sie vernünftig über Musik diskutieren könne - als wären Joachims, Woldemar Bargiel und die Kinder niemand.

Täglich kommt eine Masseuse ins Haus In den Zelten, eine derbe, gewöhnliche Person, die Clara Schumanns Arm gründlich durchknetet, wofür sie mit einigen Talern und einer Stärkung, bestehend aus Stullen und Bier, entlohnt wird; um ihren Arm zu kurieren, damit sie bloß ja wieder konzertieren kann, gibt Clara Schumann jeden Taler gerne. Die 50 Taler jedoch, die sie als Weihnachtsgeschenke an Verwandte verteilt, tun ihr in der Seele weh, dennoch brüstet sie sich stolz mit ihrer angeblichen Großzügigkeit. Dabei hat sie just in diesem Dezember Extraeinnahmen aus Roberts Kompositionen, zusätzlich zur Hinterlassenschaft ihres lieben, verstorbenen Vaters, die rund

60.000 Taler beträgt. „Wie dankerfüllt mein Herz für ihn schlägt", jubelt Clara Schumann trotz all ihrer Armschmerzen.

Aus ihrem Unmut reißt sie ein Abstecher nach Leipzig heraus. Johannes Brahms gibt dort im Januar zwei Konzerte. Auf dem Programm stehen ungarische Rhapsodien und Liebeslie-

25 *Fünf Jahre (1873–1878) wohnte Clara Schumann ‚In den Zelten' in Berlin-Tiergarten.*

der des Komponisten. Clara ist über alle Maßen begeistert von Brahms' Musik. Ohne allen Neid erkennt sie die Übermacht seines musikalischen Genies an.

Dann kommt der Februar. Joseph Joachim verabschiedet sich zu einer Englandtournee von der Pianistin, Clara Schumann läßt ihn „schweren Herzens" ziehn. Lieber wäre sie an seiner Stelle. Sie wünscht sich weit weg von Berlin, denn Felix' Gesundheit bereitet Probleme: eine Lungenentzündung, düsterer Vorbote der Tuberkulose, jener Krankheit, die die Menschen des 19. Jahrhunderts in Scharen dahinrafft, ähnlich verbreitet wie heutzutage die weitaus harmlosere Grippe. Die Tuberkulose, die „Modekrankheit" des 19. Jahrhunderts, eine Krankheit mit Kultstatus, romantisch verbrämt, legendenumrankt: Frédéric Chopin ist ihr erlegen, die dichtenden Schwestern Charlotte, Emily und Anne Brontë aus England, Alexandre Dumas setzt ihr in seinem Roman „Die Kameliendame" mit der Figur der schwindsüchtigen Edelprostituierten Marguerite ein sentimentales Denkmal. Julie Schumann ist ein Tuberkulose-Opfer, Felix Schumann wird das nächste sein! Der in aller Eile konsultierte Arzt, der Husten und Auswurf des Studenten eingehend begutachtet, plädiert für einen mehrmonatigen Aufenthalt im berühmten Lungenkurort Davos, ansonsten sei Felix rettungslos verloren. Am 25. März reist der junge Mann in die Schweiz ab. Noch hat er minimale Überlebenschancen, doch seine Mutter hat ihn bereits aufgegeben, getreu ihrer Einbildung, jeder Kranke sei verloren: „ich habe furchtbare Tage verlebt, unsäglich angekämpft gegen den Kummer darüber - ein geliebtes Kind nach dem andern soll ich verlieren und meine treueste Helferin und Trösterin die Kunst vielleicht auch"! - der Verlust der Kunst wäre natürlich ungleich schrecklicher.

Ihren 'verlorenen' Sohn Ludwig hat sie übrigens seit geraumer Zeit nicht gesehen; sie besucht ihn in den langen Jahren seines Anstaltsaufenthalts überhaupt nur drei Mal. Ludwig, von dem man nicht weiß, ob er zum Zeitpunkt seiner Einlieferung ins Irrenhaus wirklich verrückt war, verkümmert allmählich geistig, wird in der ihn umgebenden Atmosphäre tatsächlich wahnsinnig. Clara Schumann bekümmert das wenig, er ist in ihren Augen längst verloren, ein lebendig Begrabener.

Um ihre Armschmerzen sorgt sich die Pianistin mehr.

Anfang des neuen Jahres sucht Clara Schumann Hilfe bei einem Spezialisten in Kiel. Im Mai 1874 fährt sie in Begleitung Maries zur Kur nach Teplitz. Auf der Rückreise im Juni besucht sie ihre Tochter Elise in Rüdesheim. Elise, das einzige Kind, das der Mutter niemals Sorgen bereitet, sich rechtzeitig abnabelt und selbständig sein Brot als Musiklehrerin verdient, bloß weit weg von der Übermutter, in Rüdesheim und anderswo, besucht daraufhin ihrerseits Clara Schumann in Berlin. Zu Claras Freude spielen sie gemeinsam Variationen für zwei Klaviere von Johannes Brahms. Hat sie vielleicht die falsche Tochter zu ihrer ständigen Begleiterin gemacht, überlegt die Pianistin. Elise besitzt das ausgereifteste pianistische Talent der drei Töchter. Wäre es keine bezaubernde, verkaufsträchtige Idee, zusammen mit einem 'Fräulein Schumann' aufzutreten? Zum ersten Mal besieht sich Clara Schumannn ihre Töchter genauer. Alle drei haben niemals eine echte Ausbildung erhalten. Marie und Eugenie spielen nur leidlich Klavier, zu wenig, um sich wie Elise einmal selbst durchzubringen, wenn die Muttter nicht mehr für den Unterhalt sorgen kann. Eugenie ist noch jung, heiratet vielleicht eines Tages, ist versorgt, aber Marie zählt schon vierunddreißig Lenze, eine Verheiratung zeichnet sich in ihrem Leben nicht ab. Clara Schumann beschließt, die musikalische Ausbildung Maries und Eugenies zu forcieren. Onkel Woldemar Bargiel wird als Theorielehrer angeheuert. Harmonielehre und Kontrapunkt stehen auf dem täglichen Stundenplan. Eugenie besitzt, wie sich später herausstellt, eine nette, angenehme Stimme. Sofort schickt Clara sie in die Hochschule, später engagiert sie Stockhausen für Eugenies Gesangsausbildung, der den Unterricht im Gegensatz zur Hochschullehrerin wesentlich kostengünstiger erteilt. Für die verehrte Frau Schumann tun die musikalischen Freunde einfach alles. Clara Schumanns plötzliche Rücksicht auf die Ausbildung ihrer Töchter hat noch eine weitere Ursache. In den Tagen vor der Schumannfeier des Jahres 1873 lernte sie die feministische Schriftstellerin Fanny Lewald kennen. „Ein eigenthümlicher Besuch kam uns eines Abends 1/2 10, wo wir uns eines solchen wahrlich nicht versahen von Fanny Lewald ... eine bekannte Persönlichkeit", notiert Clara Schumann in ihrem Tagebuch, „wir sahen sie später öfter und fanden sie sehr angenehm". Diese freundliche Empfindung beruht auf Gegenseitigkeit. Fanny Lewald ist von der Pianistin sehr angetan: Die 1811 in Königsberg geborene Autorin, der es erst 1844 gelang, sich aus dem Familienverbund zu lösen, dem ein diktatorischer Vater vorstand, und sich professionell der Schriftstellerei zuzuwenden, beschäftigt sich in ihren Romanen, vor allem in dem Meisterwerk „Wandlungen" mit allen Konfliktfragen ihrer Zeit, angefangen von der Judenemanzipation bis hin zur Frauenfrage. Vehement wehrt sie sich gegen die mangelnde Ausbildung von Frauen, in der sie eine „Geringschätzung der Frauen, ein völliges Verkennen, ihrer Stellung und ihrer Aufgabe innerhalb der menschlichen Gesellschaft sieht"; „zum nutzlosen Dahinleben in den Banden der Familien" seien die Frauen „verdammt". Solche Äußerungen fallen bei Clara nicht auf ungepflügten Boden. Ein nutzlos dahinlebender Mensch ist ihrer Vorstellung nach das Schlimmste auf Erden. Allein schon aus dem Grund, die Töchter zu Persönlichkeiten mit Pflichten und Pflichtbewußtsein, zu Fleiß und Arbeitseifer zu erziehen, bemüht sie sich um eine gediegene Ausbildung ihrer Kinder. Außerdem fühlt sie, daß sie ihre Rolle als Verwalterin des Schumannschen Werkes irgendwann einmal an die nächste Generation wird weitergeben müssen. Auch sie hat zu vererben: die Art ihres Spiels, ihre Interpretationen großer Meister der Musikgeschichte; wer könnte berufener sein als die eigenen Töchter, ihr Spiel der Nachwelt zu vermitteln: Auf diese Weise spielte die größte Pianistin ihrer Zeit, so und nicht anders reproduzierte sie Beethovens Klavierkonzerte, in diesem Tempo intonierte sie diesen und jenen Satz dieser und jener Scarlatti-Sonate!

Ob Clara Schumann sich über die persönliche Bekanntheit mit emanzipierten Frauen wie Fanny Lewald oder Bettina von Arnim hinaus bewußt mit dem Thema auseinandersetzte, bleibt ungewiß. Ob sie jemals einen Roman Lewalds gelesen hat, steht bei ihrer mangelnden Begeisterung für Literatur sehr in Frage. Ihr Erziehungsideal und ihre persönliche Motivation geben ihr weit mehr Anlaß, die Töchter ausbilden zu lassen, als die intensivere Beschäftigung mit der Frauenfrage. Andere ihrer Äußerungen und Verhaltensweisen lassen viel mehr darauf schließen, daß sie der Frauenemanzipation zweifelnd, wenn nicht sogar ablehnend gegenüberstand. Nachdem Clara Schumann im Jahr 1855 ihr letztes Opus vollendet hatte, macht sie sich eines zum Leitsatz: Frauenzimmer können nicht komponieren. Immer wieder kommt es zu Konflikten mit Klavierschülerinnen, die ihr kompositorisches Talent entdecken und ihrer Lehrerin Schumann die Früchte ihres Talents vorlegen. Herablassend, höhnisch sieht die Pianistin die vorliegenden Noten durch, kritisiert sie in Grund und Boden mit so harten Worten, daß viele ihrer Schülerinnen danach nicht wieder bei ihr auftauchen.

Eine ihrer Klavierschülerinnen aus der Lichtentaler und Berliner Zeit ist die hochbegabte Natalie Janotha. Janotha, 1856 in Polen geboren, ist zunächst Schülerin des Pädagogen, Komponisten und Clara Schumann-Schülers Ernst Rudorff. Über ihn kommt sie in Kontakt mit Eugenie, die im Jahr 1869 wie die junge Polin bei dem Komponisten in Berlin studiert. Eugenie ist von dem „eben erwachsenen jungen Mädchen, dem die dicht am Kopfe gedrehten aschblonden Löckchen, die weiße Kittelschürze über dem kurzen Kleide ... dazu ein Paar stramme Beine in weißen Strümpfen ein noch kindliches aussehen geben" auf der Stelle eingenommen. Ihrer Mutter erzählt sie von dem „außerordentlichen Talent", „rassigen polnischen Temperament" der kleinen Pianistin. Natalie gegenüber schwärmt Eugenie von ihrer Mutter. Bald danach spielt Janotha im Hause Schumann. Clara ist von ihrer Begabung begeistert und stimmt zu, als Natalie sie um Unterrichtsstunden bittet. Rasch entwickelt sich Natalie zur Lieblingsschülerin Clara Schumanns, die ihr selbst dann Unterricht gibt, wenn sie sich in einer Krisensituation befindet und am liebsten alles Konzertieren und Stundengeben hinwerfen möchte, zum Beispiel im Jahr 1871, nachdem sie wieder schlechte Nachrichten von Ludwig erhält: „Selbst musiciren that ich wenig, nur Stunden gab ich der kleinen Natalie Janotha, ein großes Virtuosentalent", heißt es im Tagebuch. Ihre Schülerin erfährt höchst selten, was Clara Schumann tatsächlich von ihr hält, daß sie ihr Freude macht und ihr Talent den Freunden anempfiehlt. Julius Stockhausen diskutiert mit Clara Schumann über das vollendete Spiel des jungen Mädchens und gratuliert zu einer solchen Schülerin. Im Unterricht lobt Clara ihre Schülerin kaum. Das Mädchen trägt ein aufgegebens Stück vor, Clara hört ruhig zu. Nach Beendigung des Vortrags bringt die Lehrerin bärbeißig ihre Tadel und Korrekturen an, diese oder jene Stelle wird wiederholt, der Delinquent darf schließlich gehen. Keine ihrer Schülerinnen kommt mit dieser Unterrichtsmethode zurecht, auch Janotha nicht. Erbarmungslos kommentiert Clara Schumann die Fehler ihrer Schülerinnen, unbeeindruckt, wenn die in Tränen aufgelöst aus dem Studierzimmer stürzen. Eine angehende Pianistin darf eben nicht zimperlich sein, wie ein nicht näher benanntes Fräulein X., das, beleidigt über Clara Schumanns spöttische Tadel, auf nimmer Wiedersehen dem Unterricht davonläuft. „Am 10. März hatte Fräulein X. ihre letzte Stunde, ich muß sagen Gott sei Dank", wettert Clara Schumann 1873 in ihrem Tagebuch: „Nie ist mir eine Dilettantin vorgekommen, die so gut und doch so grenzenlos langweilig spielt". Außer an Natalie Janotha habe sie an keiner ihrer vielen Schülerinnen Freude, bekennt sie an anderer Stelle des Tagebuchs. Im Winter 1874 trübt sich das Verhältnis zu Janotha. Natalie beginnt nämlich zu komponieren. Sie wird später eine der vielversprechendsten Komponistinnen ihrer Zeit. Clara Schumann erfährt von Natalies Arbeiten. Es kommt zu Spannungen zwischen Lehrerin und Schülerin. Schumann gestaltet ihre Unterrichtsstunden immer unerträglicher; in Janotha keimt der Wunsch, sich von dem Haus Schumann zu lösen. Im Februar 1874 notiert Clara Natalies Weggang ins Tagebuch: „Ende des Monats zog Natalie (Janotha) von uns fort. Es wurde mit schwer sie von uns zu weisen, aber ich mußte es doch". Erst im Jahr darauf nimmt Janotha den Unterricht bei Schumann wieder auf: „Natalie fing ihre Stunden wieder an - spielte vortrefflich, damit macht sie mich immer am ehesten wieder weich".

Da Natalie fort ist, Clara Schumann wegen ihres Arms nicht konzertieren kann, ihr außerdem jede musikalische Freude fehlt, wird die Pianistin immer unleidlicher. Das bekommen nicht nur die Schülerinnen zu spüren, sondern hauptsächlich die Töchter. Namentlich für Eugenie wird es in Berlin unerträglich. Eine erste Liebe ist in ihr Leben getreten, eine Frau, die österreichische Sängerin Marie Fillunger. Clara Schumann nimmt Eugenies Freundin herzlich im Kreis der Familie auf - als 'Nur'-Freundin ihrer Tochter; daß zwischen beiden ein Liebesverhältnis besteht, ignoriert sie standhaft. Innerlich schreibt sie auch Eugenie ab: ein weiteres „verlorenes Kind", in seiner Unfähigkeit zur 'Normalität' ein neuerliches Opfer der Schumannschen Selbstsucht. Trotzdem: Marie Fillunger wird im Haus Clara Schumanns nicht anders als die Töchter behandelt; die Pianistin vereinnahmt auch sie als Kammerzofe und Sekretärin.

Im Juli 1874 stimmt ein Schreiben aus Amerika die geplagte Mutter und Virtuosin ein wenig freundlicher. Sie wird zu 100 Konzerten in den Staaten eingeladen. Obwohl sie wegen ihrer Armschmerzen absagen muß, weiß sie die große Ehre zu schätzen. Amerika wäre ein schwer zu eroberndes Neuland für die Pianistin; wer weiß, ob sie dazu noch die Kraft aufbringen würde, überlegt Clara Schumann. Lieber bleibt sie bei ihrem angestammten deutschen, österreichischen und englischen Publikum; das garantiert ihr Erfolg. Sie hat inzwischen soviel Kapital angehäuft - der größte Teil steht beim Berliner Bankhaus Mendelssohn -, daß sie auf eine waghalsige Amerika-Unternehmung verzichten kann. Im August leistet sie sich eine weitere Reise, die der Besserung ihrer Rheumabeschwerden dienen soll. Marie, Eugenie und Felix begleiten sie in diesem Sommer; Felix nur, weil sein Zustand ihr große Sorgen bereitet. Einen ihrer Söhne will Clara Schumann sich unter allen

Umständen zum Familienoberhaupt heranziehen. Da Ludwig ohne Aussicht auf Besserung in der Anstalt bleibt, Ferdinand wegen seiner Heirat mit der unseligen Antonie Deutsch in Ungnade gefallen ist und offenbar manche persönliche Probleme (genaues ahnt Clara noch nicht) hat, setzt die Pianistin nun auf ihren Jüngsten, Felix. Clara Schumann spürt, daß der Sohn sich von ihr zu entfernen droht. Felix besitzt wie sie den Wieckschen Dickschädel; unvermeidlich geraten die beiden deshalb immer wieder aneinander. Felix scheint außerdem nicht auf die Mutter fixiert gewesen zu sein wie die übrigen Schumann-Kinder, sondern trauert sein Leben lang dem Vater nach, den er niemals kennengelernt hat. „Am Grabe Robert Schumanns" ist ein Gedicht Felix' überschrieben:

„Vor dein Grab, o Vater, tret' ich sinnend,
hänge um den Stein den Kranz aus Lorbeer,
Liebe und Verehrung half ihn flechten
Dir, dem nie Geschauten, der mich zeugte.
Myrthen sah ich blühn, Zypressen träumen
und Platanen kühle Schatten breiten,
Vögel singen, Schmetterlinge schwärmen
selig still gleich Ewigkeitsgedanken -
Hier in einsam lieblicher Verträumnis
hat man deinen Erdenstaub gebettet,
aber hoch im wolkenlosen Äther
lauscht dein Geist der Harmonie der Sphären".

Die gemeinsamen Augusttage vergehen rasch, ehe es zwischen Clara und Felix zu einer vertrauteren Annäherung kommt, und sie ihn erneut auf sich einschwören kann. Im September besucht Clara ihren verwitweten Schwiegersohn Graf Marmorito. Für ihre beiden Enkelsöhne empfindet sie eine übergroße Zärtlichkeit, namentlich für den älteren, den kleinen Duaddo, in dem sie Züge Julies wiederzuerkennen glaubt. Das Treffen mit den italienischen Verwandten ist ihre einzige Freude in diesem Herbst. Das Jahr schließt traurig für Clara: Am

Heiligen Abend stehen Marie Fillunger und die unerwünschte Antonie Deutsch mit unter dem Schumannschen Christbaum.

Aber schlimmer als alles ist, daß Clara Schumann 1874 nicht ein einziges Mal öffentlich auftreten konnte! Deshalb entschließt sie sich im neuen Jahr zu einer gewaltigen Roßkur, um den schmerzenden Arm endlich unter Kontrolle zu bringen. In Maries Begleitung reist sie Ende Januar nach Kiel zu dem Spezialisten Professor Esmarch. Einen Tag nach der Ankunft beginnt die Behandlung. „Massieren und kalt abduschen", hat der Professor angeordnet. Dazwischen soll Clara Schumann mit dem Arm arbeiten, das heißt Klavier spielen, bloß keine erzwungene Ruhe! Und Schumann übt täglich eine Stunde, obwohl die Schmerzen unerträglich sind. Esmarch hat jedoch auf Anhieb erkannt, daß er dieser energischen und pflichtbesessenen Frau das Äußerste abverlangen kann. Er ist nach zweimonatiger Kur dafür, daß sie öffentlich auftritt. Am 18. März gibt Schumann in Kiel ihr Probekonzert, das sehr gut angenommen wird. Professor Esmarch scheint begriffen zu haben, daß ihre Armschmerzen zum großen Teil seelisch bedingt sind; es sind krampfhaft unterdrückte Schuld- und Trauergefühle um Robert und die „verlorenen Kinder", die Clara zusetzen. „Esmarch ... ging nie ... von mir", schreibt Clara, „ohne daß er mich froher gestimmt, als ich es vorher war". Offenbar setzt Esmarch auf eine Gesprächs- und Beschäftigungstherapie. Clara Schumann erkennt selbst: „Mein Armleiden verringerte sich etwas, wesentlich aber doch nicht, ich spielte mit Schmerz, aber ich spielte doch, hatte den Muth dazu gewonnen - es war wie eine moralische Kur".

Der darauffolgende Monat bringt eine erfreuliche Nachricht, die effektiver als jede ärztliche Behandlung zum Positiven hätte führen können. Clara Schumann hält einen Brief Ludwigs in Händen, „ganz wie früher, ebenso vernünftig und ebenso sonderbar". Im Juni besucht sie den Sohn in der Irrenanstalt. Der Besuch ist schrecklich. Die Heilanstalt, in der Ludwig lebt, ist kein penibel gepflegtes Endenich, sondern eine landläufige Irrenanstalt wie es sie zu Hunderten gibt. Dafür ist die Anstalt in Colditz wesentlich preiswerter. Aus diesem Grund denkt Clara Schumann nicht eine Sekunde daran, Ludwigs Aufenthalt abzubrechen, obwohl die behandelnden Ärzte nur sporadisch von seiner Entwicklung berichten und Ludwig sich über seinen prügelnden Wärter beklagt. Ludwig „freute sich außerordentlich mich zu sehen, umarmte mich ganz krampfhaft und bat ihn mit fortzunehmen, da er ganz gesund sei. Welche Qual, ihm nun sagen zu müssen, daß das nicht anginge ... Mein Kind, wie in einem Gefängnis zu sehen, sein flehender Blick, als ich ging"!

Folgen von Claras Besuch bei Ludwig sind allein neuerliche Schmerzattacken und die Fortsetzung der Kur in Kiel. Am 15. Juli reist Clara Schumann von dort ab, besucht Johannes Brahms, mit dem sie dessen frischkomponiertes Klavierquartett e-Moll durchspielt, und danach Felix in Klosters. Ein paar Wochen später trifft Graf Marmorito mit Duaddo in Klosters ein, eine große Freude für Clara Schumann. Zärtlich beschäftigt sie sich mit ihrem Enkelsöhnchen. „Der Kleine hat große Aehnlichkeit mit seiner Mutter ... Welch eine erhitzte Phantasie hat der Junge, welch sinniges Gemüth - ein merkwürdiges Abbild, auch innerlich, seiner Mutter ... Der Himmel beschütze die zartangelegte Pflanze".

Der Herbst beginnt für Clara Schumann mit einer Aufführung von Roberts „Manfred" in München. Hier trifft sie mit den Freunden Joseph Joachim und Hermann Levi zusammen und genießt die vortreffliche Aufführung. Für den Herbst hat sie das Konzertieren noch zurückgestellt. Sie möchte die seelischen und körperlichen Wunden weitgehend ausheilen lassen, ehe sie sich wieder in die „Concerthetze" stürzt. Mit Joseph Joachim diskutiert sie dessen Vorschlag, an der Berliner Hochschule zu unterrichten. Sie hätte dann ihr Auskommen - für 6 Unterrichtsstunden pro Woche bekäme sie ein Gehalt von 1.000 Talern -, wäre jedem Reisestreß sowie den Armschmerzen enthoben. Doch Clara Schumann will sich nicht fest binden, erst recht nicht an Berlin, das ihr immer weniger gefällt. Um dem ungeliebten Berlin zu entgehen, reist sie weiter umher, von Graubünden nach Baden-Baden, nach Rüdesheim zu Elise, dann nach Kiel, schließlich nach Düsseldorf. An die Berliner Hochschule richtet sie eine fast unverschämte Gehaltsforderung von 1.500 Talern, verbunden mit einer Einstellung nur über das Wintersemester. Natürlich wird ihre Forderung abgelehnt. Clara erhält die Stelle nicht. Brillant hat sie sich aus der Affäre gezogen. Anderes steht ihr jetzt vor Augen: In Berlin gibt es für sie kein Bleiben mehr. Sie paßt einfach nicht in diese Großstadt, behauptet sie, „kann nur in einer mittelgroßen Stadt finden, was ich für den künstlerischen wie geselligen Verkehr bedarf". Freunde schlagen ihr vor, doch nach Düsseldorf zu kommen, wo man sie sehr vermissen würde. In Düsseldorf lebten allerlei Bekannte, viele ihrer Schülerinnen; Clara Schumann hingegen träumt von Wien. Darauf geht Johannes Brahms, der die Freundin bei aller Liebe nicht gerne wieder in nächster Nähe hätte, nicht ein. Freilich, gibt Clara zu, Wien sei viel zu weit weg von ihrem mitteldeutschen Stammpublikum, mit dem sie engen Kontakt halten müsse.

Die Umzugspläne werden vorerst ad acta gelegt. Clara Schumann hat ein anderes Thema gefunden, über das sie sich aufregen kann. Sie hört Richard Wagners „Tristan und Isolde" in München. Es sei das Widerwärtigste, was sie jemals gehört habe, greift die Pianistin ihren alten Feind Richard Wagner an. Die wundervolle Geschichte vom Helden Tristan, der für seinen König Marke um Isoldes Hand wirbt, sich unheilvollerweise nach Genuß eines Liebestranks in Isolde verliebt, wiedergeliebt wird von Isolde, die für ihn die eheliche Treue zu Marke verrät und am Schluß bei der Leiche des tödlich verwundeten Geliebten an gebrochenem Herzen stirbt. Diese Geschichte nennt Clara Schumann „Liebeswahnsinn", der jedes „Sittlichkeitsgefühl" empöre. Wagners Tristan und Isolde sind eben so ganz andere Typen als Roberts keuscher Siegfried und die erztreue Genoveva. „Ich finde das Sujet so elend", wehrt sich Clara gegen das „undeutsche" Libretto, „ein Liebeswahnsinn durch einen Trank herbeigeführt, kann man sich da noch im Geringsten für die Liebenden interessieren?

263

Das sind ja nicht mehr Gefühle, das ist Krankheit, sie reißen sich förmlich das Herz aus dem Leibe und die Musik versinnlicht das in den widerlichsten Klängen"! Wie mehr als ein Jahrzehnt zuvor versucht Clara, mit Brahms und den Freunden über die Neudeutschen zu diskutieren, eine neuerliche Kampagne gegen Wagner zu starten. Aber Hermann Levi schwärmt plötzlich von dem großen Dramatiker Wagner; Joseph Joachim hält sich mit seinem Urteil in der Mitte; Johannes Brahms rührt sich überhaupt nicht. Sie alle möchten der Pianistin gegenüber nur ungern zugeben, wie sehr Wagners Werk sie inzwischen gefangen hält. Clara Schumann hat indes ihre eigene Meinung zu Wagner. Und das Schlimmste: Seit 1870 ist Wagner Schwiegersohn Franz Liszts; er heiratete Liszts Tochter Cosima, die sich für ihn von ihrem ersten Mann, dem Dirigenten Hans von Bülow, scheiden ließ. Der Apfel fällt eben nicht weit vom Stamm. Wie das sittenlose Privatleben ins musikalische Werk einfließt, konnte sie ja bei „Tristan und Isolde" sehen und hören; außerdem verzeiht sie Wagner niemals, daß der bereits Dresdner Hofkapellmeister war, als ihr geliebter Robert noch stellungslos ums Überleben rang!

Mit Joachim versteht sich Clara nach dem „Tristan"-Erlebnis nicht mehr so gut. Ein Grund mehr, aus Berlin zu fliehen. Sie beginnt das Jahr 1876 mit kurzen Fahrten nach Chemnitz und Dresden, wo sie in bejubelten Konzerten die Kraft ihrer Finger erprobt. Im März tritt sie ihre erste große Konzertreise seit zwei Jahren an. Wie immer ist auch dieses Mal Marie an ihrer Seite, als die Pianistin nach England übersetzt. Die Schumanns schlagen ihre Zelte in London bei ihrem besten englischen Freund und Förderer Arthur Burnand auf. Nach William Sterndale Bennetts Tod ist es eine Zeit lang still im britischen Empire. Kraftlos schweigt die englische Musik. Ein ideales Feld für Clara Schumanns Repertoire, denn das englische Publikum schwört immer noch auf den längst verstorbenen Felix Mendelssohn, und diesen Acker bestellt die Pianistin gerne. In England muß sie nicht gegen eine aufkeimende

Avantgarde angehen, hier zählt die vornehmste Interpretin Mendelssohnscher Musik alles. Ihr Einfluß auf die wenigen britischen Nachwuchskomponisten muß groß sein. In der englischen Hauptstadt feiert Clara Schumann wahre Triumphe mit Johannes Brahms' Kompositionen, hauptsächlich mit dem f-Moll-Quintett. Nie im Leben habe sie herzlichere Aufnahme gefunden als in London, freut sich die Virtuosin. Die Engländer sind vom Phänomen 'Clara' begeistert. Wieder strömen ihr englische Schüler in Massen zu. Alle wollen spielen „like Misses Schumann"; zwei ihrer hervorragendsten Schüler, später selbst weltberühmte Virtuosen, sind die Engländer Leonard Borwick und Fanny Davies, übrigens einige der wenigen Schumann-Studenten, die die nervenaufreibenden Unterrichtsstunden Claras unbeschadet überstanden haben!

Zurück in Deutschland mischt sich Clara Schumann kräftig ins musikalische Intrigenspiel ein. Hermann Levi ist mit dem rivalisierenden Dirigenten Franz Wüllner in den Clinch gegangen. Beide haben sich um das Dirigat von Richard Wagners „Ring des Nibelungen" beworben. Jeder von ihnen möchte den Hauptteil der Tetralogie, die „Walküre" dirigieren. Keiner von beiden läßt in seinen Wünschen nach. Clara Schumann überredet Levi, Wüllner doch das „Rheingold" und die „Walküre" zu überlassen, dafür aber rechtmäßig alle übrigen Wagner-Opern für sein Dirigat zu beanspruchen, was im Endeffekt viel mehr einbrächte. Sie nimmt die Wagner-Affäre zum Anlaß, abermals gegen ihr Feindbild zu Felde zu ziehen. Es gelingt ihr noch einmal, Levi, den später unerschütterlichen Wagner-Verehrer, auf ihre Seite zu bringen. Mit Wohlgefallen liest sie die Worte aus Levis Feder: Brahms stehe als Musiker weit über Wagner, Wagners Instrumentalwerke seien langweilig und armselig; „die Bande, die sich Wagnerianer nennt, sie neben einem Wagner einen genialen Schwindler wie Liszt auf ihren Schild hebt, ist mir ... ekelhaft". Worte der Labsal für Clara Schumanns Künstlerseele! Von ihren Herbstkonzerten in Leipzig und Breslau aus bespricht sie mit Johannes Brahms ein ähnliches Thema. Man ist an Brahms herangetreten, mit der

Bitte die Musikdirektorenstelle in Düsseldorf anzunehmen. Clara mobilisiert alle Düsseldorfer Freunde, Brahms ja gut zuzureden. Geht er nach Düsseldorf, tut sie desgleichen! Es wäre wie in den alten Zeiten. Vielleicht frischte die Leidenschaft von damals wieder auf? Wenigstens 2.000 Taler erhielte er, schreibt sie an Brahms, und die Sommermonate seien frei. Brahms geht auf Claras Beschwörungen nicht ein. Die Düsseldorfer Stelle reizt ihn längst nicht mehr. Die 2.000 Taler hat er nicht nötig. Er ist ein anerkannter Komponist. Das „Deutsche Requiem" von 1868, die „Ungarischen Tänze" und vieles mehr begründeten seinen Ruf als Komponist erster Güte, der sich freies Schaffen erlauben kann. Soeben ist die c-Moll-Symphonie fertig geworden. Sie wird am 4. November in Karlsruhe uraufgeführt.

Clara Schumann erscheint diesmal nicht zur Uraufführung - sie konzertiert in Hamburg, Bremen und Berlin, ihre übliche norddeutsche Tournee. Leipzig steht im Dezember auf ihrem Tourplan. Die Winterferien verbringt sie in einvernehmlicher Freude mit Eugenie und Marie. Marie entlastet ihre Mutter nun auch beim Klavierunterricht; sie hat einige von Claras Schülerinnen übernommen.

Das Jahr 1877 beginnt mit der üblichen Konzertfahrt nach England. In Berlin feiert sie zunächst noch ungewohnte Konzerterfolge, die aber ihre geringschätzige Meinung über Berlin als Musikstadt nicht ausradieren können. „Wohin? hier will ich meine Tage nicht beschließen", ruft Clara verzweifelt aus. Ein letztes Mal versucht sie, Brahms doch noch für Düsseldorf zu gewinnen. Am 3. Februar konzertiert sie in der Rheinstadt, ihrer ersten Station auf dem Weg nach England. Von hier aus schreibt sie dem Freund, alle Düsseldorfer Bekannten wären über seine Absage zutiefst bestürzt. Brahms bleibt unnachgiebig. Also gibt auch Clara Schumann ihren Plan, nach Düsseldorf zu gehen, endgültig auf. Es ließe sich keine schöne Wohnung finden, schiebt sie als Argument vor. Den Freund bestraft sie für seine Entscheidung mit einem abfälligen Urteil über seine erste Symphonie: Der erste Satz sei zu nervös, unru-

hig, der dritte besäße ein unvollkommenes Finale, der Schlußsatz klänge wie willkürlich angefügt, die ganze Symphonie
nicht wie aus einem Guß. Brahms schweigt. Clara Schumann
spielt inzwischen in Utrecht. Beethovens G-Dur-Konzert ist
ihr Hauptprogrammpunkt. Von der Königin erhält sie die Einladung, in Den Haag zu spielen. Am 12. Februar findet das
Hofkonzert statt. Die Königin empfängt Clara Schumann
danach mit freundlicher Geste; die beiden Damen unterhalten
sich über die Gegenwartsmusik; erfreut hört Clara, daß die
holländische Regentin Brahms verehrt und Wagner verteufelt.
„Die gescheiteste Fürstin unter den jetzt lebenden", verkündet
sie jedem, der es hören will. Das Konzert in Den Haag bleibt
ihr die liebste Erinnerung dieser Wintertournee. Am 18. April
ist sie zurück in Berlin.

Dort warten zunächst nur schöne Ereignisse auf die Pianistin. Heinrich und Elisabeth von Herzogenberg kommen zu
Besuch. Anlaß für viele wundervolle Musikabende im Haus
Schumann. Von den Verlagshäusern Härtel und Novello
erhält Clara Schumann gleichzeitig ein Angebot zur Revision
der Werke Robert Schumanns; der englische Verlag Novello
lockt mit 1.000 Talern Gehalt, aber Clara Schumann fühlt sich
Raimund Härtel verpflichtet. Hin- und hergerissen zwischen
Geldgier und Pflichtbewußtsein, ihrem größten Laster und
ihrer höchsten Tugend, bittet sie Brahms um Rat. Brahms
empfiehlt ihr abzuwarten, beide Verlage durch Schweigen
gegeneinander auszuspielen. Er selbst schreibt an Härtel, der
deutsche Verlag sei geradezu in der Ehrenpflicht, sich um das
musikalische Erbe eines der bedeutendsten deutschen Komponisten zu sorgen. Brahms Brief treibt das für Clara vorgesehene Gehalt in die Höhe. 10.000 Taler soll sie für die Revision
der Gesamtausgabe erhalten. Es ist doch gut, denkt Clara, daß
ein Mann sich in diese geschäftliche Angelegenheit eingemischt
hat; sie als Frau - auch als Frau Schumanns - wäre in diesem
Geschäft völlig übervorteilt worden, wäre der getreue Brahms
nicht als rettender Engel erschienen. Sie allein hätte niemals
10.000 Taler aus der Sache herausschlagen können. Das

Musikverlagsgeschäft ist seit der Jahrhundertmitte ein monströser Markt geworden, Massenware produzierend für eine immer breiter werdende Schicht Musikinteressierter; eine Frau hat da wenig Chancen, sich durchzusetzen.

Brahms' Hilfe benötigt Clara Schumann in einer anderen Angelegenheit ebenso dringend. Es geht um Felix. Der Junge scheint völlig aus der Bahn geworfen zu sein. Seit neuestem studiert er Philologie und fabriziert Gedichte, die vor Melancholie und Morbidität nur so strotzen. Johannes solle sich doch 'mal um Felix' Seelenleben kümmern. Sie selbst zieht es vor, für ihren schmerzenden Arm zur Kur nach Kiel zu reisen. Von Brahms erfährt Schumann, daß Felix wieder Geige übt, sein Zustand sich nicht gebessert hat und der Junge sich seelisch unter dem Nullpunkt befindet. Brahms vertraut Clara auch ihren größten Verlust des Jahres 1877 an: Der kleine Enkel Duaddo, der Erstgeborene Julies, ist im Juli gestorben. Clara Schumann hing sehr an dem Kind, sie ist eine erstaunlich zärtliche Großmutter. Offener als über ihre eigenen Kinder spricht sie von ihren Gefühlen zu Duaddo: „ich hatte den Jungen sehr lieb, innig kann ich sagen ... dieser Schmerz!" Sie fährt nach Rüdesheim, um sich bei der standfesten Tochter

Elise Trost zu holen. Wäre Elise doch ein Sohn! Wieviel Halt
fände sie bei einem solchen Jungen! Zu ihrer großen Überra-
schung findet sie bei Elise einen männlichen Besucher, einen
gewissen Louis Sommerhoff. Sie sei verlobt, gesteht Elise der
Mutter. Die hat keinerlei Einwände gegen Elisens Verlobung,
ganz anders als bei Julie und Ferdinand: Erst einmal hat Elise
schon immer ihren eigenen Dickschädel durchgesetzt, zum
zweiten ist Louis Sommerhoff „ein gut situierter Kaufmann",
mit wunderbar laufendem Geschäft in Übersee. Das ist endlich
einmal ein Schwiegerkind nach Maß!

Mit Elise diskutiert Clara über Felix' seltsame Gedichte.
Der Junge hat sich nun in den Kopf gesetzt, die Gedichte zu
veröffentlichen. Man kommt überein, Johannes Brahms, den
bewährten Helfer, um Rat zu fragen. „Ich lege ... ein paar
Dichtungen von Felix bei", schreibt Clara nach Wien, „möchte wohl wissen was Du davon hälst ... Mich, die, wie Du weißt,
in Bezug auf sein dichterisches Talent immer ziemlich kühl war
... hat Vieles darin doch sehr überrascht, ... Felix will die
Sachen nämlich drucken lassen und das macht mir Sorge".
Was sie an den Gedichten überrascht ist weniger der eine oder
andere gelungene Vers, sondern die biographische Ehrlichkeit
der Poeme. In seinen Versen klagt Felix ein, was er vermißt,
zum Beispiel die Nähe zum ungekannten Vater, ein normales
Familienleben, wie es im Buche steht, die Liebe der Mutter, die
Liebe überhaupt, die Sehnsucht nach schöpferischer Tätigkeit
gleich dem Vater. In nahezu brutaler Schonungslosigkeit
beschreibt er die Ahnung vom eigenen Tod, was Clara Schumann besonders ergreift:

„Du bist noch jung, ich wär' es auch,
Wenn Jugend zählte nach Jahren.
Mir ist zu früh des Winters Hauch
Durchs wehende Gelock gefahren", oder

„Nicht lange mehr dauert's -
Mich friert und schauert's -

Dann schneidet die stumme,
Geschäftige, krumme
Alte den Faden entzwei".

Johannes Brahms hält nicht viel von den Gedichten. In der Tat klingen sie oft zu hohl pathetisch, zu sehr um das treffende Wort bemüht. Nur ein einziges der Gedichte findet Brahms zur Vertonung geeignet, die anderen seien rhythmisch zu willkürlich. Das betreffende Gedicht heißt „Es brausen der Liebe Wogen". Brahms veröffentlicht es 1882 in seinen Liedern op.86.

Das Problem Felix beschäftigt Clara den gesamten Herbst hindurch. Sie setzt dem Sohn, der seiner Krankheit wegen wieder nach Italien reisen muß - der September des Jahres 1877 beginnt mit eisiger Kälte, die dem Kranken schadet -, eine jährliche Rente von 800 Talern aus; „was er darüber braucht, wird ihm am Capital abgezogen", bestimmt Clara. Am 23. Oktober reist Felix nach Sizilien ab. Die Mutter konzertiert in Norddeutschland. Wie nicht anders zu erwarten, werden ihre Armschmerzen wieder unerträglich. Ausdruck der Konflikte um Felix. Am 19. November unterbricht sie ihre Tournee, um bei Elisens Trauung mit Sommerhoff anwesend zu sein – für Ferdinand und Antonie hat sie das nicht getan. Nach Elisens Hochzeit bereist Clara Schumann deutsche Städte. Ende Februar 1878 spielt sie in Frankfurt. Frankfurt! Warum ist ihr bisher nicht die Idee gekommen! Eine mittelgroße Stadt, ein reichhaltiges kulturelles Angebot. Es ist die Geburtsstadt des Dichterfürsten Goethe und des Dichterrevolutionärs Börne, eine Stadt aktueller geschichtlicher Bewegung; 1848 tagte in der Frankfurter Paulskirche die Deutsche Nationalversammlung. Seit dem Mittelalter ist die dominierende Gesellschaftsschicht Frankfurts die Kaufmannschaft. Entsprechend gestaltet und entwickelt sich das Musikleben zur vornehmlich bürgerlichen Musikkultur. Demgemäß werden Kammer- und Konzertmusik besonders gepflegt, aber auch das Oratorium, vor allem seit 1829, nachdem Bachs „Matthäuspassion" erfolgreich aufgeführt wurde. Die tragenden Frankfurter Musikinstitutionen sind der Cäcilienverein (seit 1818) und der 1808 gegründete Museumsverein, der sich auch um die Pflege der Dichtkunst bemüht. Im Jahr 1878 stiftet ein wohlhabender Frankfurter das nach ihm benannte Hoch'sche Konservatorium, für das die ersten musikalischen Kräfte Deutschlands als Pädagogen gewonnen werden sollen. Der Komponist Joachim Raff wird zum Direktor des Konservatoriums berufen. Als Clara Schumann in Frankfurt gastiert, spricht er bei ihr vor. „Da kommt kurz darauf Herr Raff und bietet mir eine Stelle an dem neu zu gründenden Dr. Hochschen Conservatorium, bietet alle nur mögliche Überredungskunst auf um mich zur sofortigen Annahme zu veranlassen, sagt sie wollen ... Alles thun, was mir angenehm sein könne". Es spricht für Claras hohes Ansehen als Künstlerin, daß eine solche Anfrage an sie, eine Frau, gestellt wird. Bislang ist einer weiblichen Musikschaffenden ein derartiger Lehrauftrag noch nie erteilt worden. Clara Schumann ist eben mittlerweile eine Institution, ein Aushängeschild der deutschen Musikwelt. Im März '78 unterschreibt sie ihren Anstellungsvertrag. Sie erhält 2.000 Taler Gehalt bei täglich 1 1/2 Stunden Unterricht, der bequemerweise in ihrem Haus stattfindet; vier Ferienmonate stehen ihr zu, außerdem kann sie sich winters jederzeit beurlauben lassen, um Konzerte zu geben. Clara Schumann hat in ihrem Vertrag eine Klausel ausgehandelt, die ihre Tochter Marie betrifft. Marie wird zur Hilfslehrerin am Konservatorium bestimmt, zu Claras rechter Hand gewissermaßen. Damit hat Clara Schumann wieder eine ihrer Töchter versorgt.

Im Mai werden Umzugsvorbereitungen getroffen. Marie wird natürlich die meiste Arbeit übertragen. Ein nettes Haus in der Myliusstraße ist das neue Schumann-Domizil. Kastenförmig, dreistöckig, von typischer gründerzeitlicher Imposanz steht das Haus Nr. 32 frei mitten im Grünen, umgrenzt von einem schmiedeeisernen Zaun. Die gesamte Umgebung von Frankfurt ist eine herrlich idyllische, grüne Oase. Ihre waldreiche Gemütlichkeit hat die wichtigste Handelsstadt Deutschlands heute natürlich verloren. Vor den Weltkriegen stehen noch sämtliche Fachwerkhäuser, bis auf die am Römerberg, mittlerweile Opfer von Gewalt, Zerstörung und moderner Bürohochhaus-Architektur. Der Main, an dessen Ufern Clara oft spazierengeht, schlängelt sich noch ungezügelt an der Stadt vorbei. Bei all dem landschaftlichen Reiz liegt Frankfurt aus Sicht der Konzertreisenden heraus optimal; „so recht im Mittelpunkt von Deutschland, Rhein, Schwarzwald, Schweiz, Bayern alles nahe", argumentiert Clara: „alles viel leichter zu erreichen als von Berlin"!

Nachdem der Sommer in Erwartung der bevorstehenden Übersiedlung verstrichen ist - Clara kurte dieses Jahr in Gastein und Berchtesgaden -, zerstört eine wahre Hiobsbotschaft beinahe alle Träume des neuen Lebens in Frankfurt: Felix, der den Herbst über seinen verwitweten Schwager Marmorito besuchen wollte, erkrankt so schwer, daß man ihn nach Hause zurückschickt. Als der Sohn am 24. August in Deutschland eintrifft, weiß Clara Schumann, daß sie einen Todgeweihten vor sich sieht. Über seinen Zustand macht sie sich keine Illusionen. Wir können sein Leiden nur erleichtern, helfen können wir nicht, heißt ihre traurige Überlegung. Felix schleicht indes wie ein alter Mann durch das neue Frankfurter Haus. Manche Tage kann er sich bloß an Krücken fortschleppen. Er hustet unentwegt, schläft nur noch mit Hilfe von hochdosierten Schlafmitteln. Clara Schumann versinkt in Selbstmitleid, ihr Herz sei gebeugt, durchleide die grausamste Prüfung eines Mutterherzens; sie hat unerträgliche Armschmerzen. Die Pflege des Sohnes überläßt sie allerdings Eugenie. Sie selbst unterrichtet, konzertiert sogar trotz ihrer Armschmerzen, bloß um dem unerträglichen Anblick Felix' zu entgehen. Am 3. Oktober schreibt sie an Levi: „Felix liegt nun schon seit 10 Tagen zu Bett, er läßt Eugenie keinen Augenblick von sich". Immerhin erfährt Felix in seinen letzten Lebensmonaten doch noch so etwas wie ein geregeltes Familienleben; damit erfüllt sich einer seiner geheimsten Lebensträume. Ins Frankfurter Schumann-Haus kehrt eine Art bürgerlichen

27 Empfangszimmer in der Frankfurter Wohnung auf der Myliusstraße. Clara, Marie und Eugenie Schumann hielten hier in der Wohnung auch ihren Unterricht ab.

Tagesablaufs ein. Ein ganz neues Leben beginnt, schreibt Eugenie. Nach dem Frühstück, immer regelmäßig zur festgesetzten Zeit, liest man die Post durch. Dann setzt sich Clara zur Erledigung ihrer Korrespondenz an den Schreibtisch. Danach übt sie. Am späten Vormittag erscheinen die Schüler. Nach dem Unterricht geht Clara eine Weile spazieren, dann versammelt sich die Familie am Mittagstisch. Nachmittags, nach dem Üben, kommt der Teestundenbesuch; hat der sich verabschiedet, widmet sich die Mutter den Kindern, liest ihnen vor, erzählt von früher oder musiziert mit ihnen und Freunden. Stockhausen, der in Frankfurt wohnt, erscheint regelmäßig.

Eine Erholung von der Trauer um Felix bietet das fünfzigjährige Künstlerjubiläum Clara Schumanns, das mit großem Gebraus in der neuen Wahlheimat begangen wird: Die Schülerinnen streuen ihr Blümchen, Joachim Raff hält eine Rede,

ihre Kompositionen werden gespielt, Geschenke und Lorbeer-
kränze überreicht. Clara Schumann ist zutiefst gerührt. Sie hat
erreicht, was keine Frau zuvor erreichte! Solche Anerkennung!
Internationale Anerkennung! Der König von Bayern verleiht
ihr die goldene Medaille für Kunst; Clara Schumann hält sie
hoch in Ehren, wie weiland ihr Vater Friedrich das Empfehlungsschreiben des Dichterfürsten Goethe. „Ein herrliches,
ungetrübtes Freudenfest"!

Das enthüllte Denkmal

Ein herrliches, ungetrübtes Freudenfest", schreibt Clara
Schumann über ihr Bühnenjubiläum. Den todkranken
Felix hat sie schier vergessen. Felix ist mit Eugenie in Falken-
stein; ein letzter Versuch, die Tuberkulose aufzuhalten. Am 1.
November kommen die Geschwister zurück. Felix noch
schwächer als zuvor. Seine Kräfte schwinden zusehends. Täglich sieht man ihn mehr und mehr dahinschwinden. Felix ist
glücklich, seine letzten Wochen im Haus der Mutter verbringen
zu können. Allein für ihn zur Freude feiert die Familie den
Weihnachtsabend wie immer - Clara hätte lieber keinen Christ-
baum geschmückt. Trotz Schmerzen hält sich Felix die Weih-
nachtstage über krampfhaft aufrecht.
   Im Januar bricht Clara Schumann zu einer kurzen Schweiz-
Tournee auf. Sie konzertiert in Basel, Zürich und auf dem
Rückweg in Freiburg. Die Reise dauert etwa zwei Wochen.
Länger kann sie der Schülerinnen wegen nicht fortbleiben. Im
Februar ist sie wieder in Frankfurt. Lieber wäre sie unterwegs,
als Zeugin zu sein, wie Felix' Gesundheit zusehends abnimmt.
Felix scheint selbst kein Bedürfnis zu haben, die Mutter in der
Nähe zu wissen. Clara sieht ihn „nur immer minutenweise,
weil es ihn zu sehr angreift", mit der Mutter zu sprechen. Clara
Schumann blutet das Herz über so viel Kummer. Immer sieht

sie seinen abgemagerten Leib vor sich. Ihre Frankfurter Konzerte bestreitet sie dennoch, als läge Felix nicht auf den Tod. Am 16. Februar 1879 stirbt Felix Schumann. In der letzten Stunde stand ihm nur die Schwester Marie bei. Clara sieht ihn am Morgen, erleichtert über seine Erlösung. Plötzlich wird ihr bewußt, was sie da verloren hat, ein Kind, ihr jüngstes Kind! „Das Schrecklichste war, als man ihn hinaus trug, welch ein Schmerz ist das! - Ich bin aber ruhig, nur furchtbar traurig", klagt sie Brahms. Welche Träume mit Felix zu Grabe getragen seien, schreibt sie an Levi. Es ist nur zu wahr, Felix war von ihren Söhnen ihre letzte Hoffnung; daß er einmal das Familienoberhaupt, der Erbe Robert Schumanns würde, war ihr geheimer Wunsch bis zum Schluß. Sie trauert zwei Monate tief um das Kind, dann rafft sie sich wieder auf, zum wievielten Male seit Roberts Krankheit. „Ich habe mit mir gehadert, gekämpft und was mich schließlich herausriß, war wieder die Liebe ... und das Pflichtgefühl für meine mich umgebenden Kinder".

Wie in jeder Krisensituation, stürzt sich die Pianistin in Arbeit. Neben dem Konservatoriumsunterricht erteilt sie zahllose Privatstunden. Sie bevorzugt es nun, einsam und allein spazierenzugehen; so hatte sie es während Roberts Krankheit gehalten. Vor dem Frühstück und nach dem Vormittagsunterricht zieht es sie an die frische Luft, in die grüne Umgebung Frankfurts. Nachmittags gibt sie Privatunterricht; zwischendurch muß sie die Härtelsche Gesamtausgabe der Werke ihres verstorbenen Mannes revidieren. Der Flügel in ihrem Studierzimmer ist überhäuft mit den Manuskripten Schumanns. Es ist lange her, daß sie sich mit seinen Werken beschäftigt hat. Richtig studiert hat sie zuletzt die „Papillons" op.2, aber das ist gut und gerne acht, neun Jahre her. Wenn sie Werke Roberts spielt, geht es ihr wie damals, als er krank wurde, es ist, als ob eine höhere Macht ihre Finger leite, als würde ihr ganzes Sein Musik.

Klaviermusik Robert Schumanns gehört selbstverständlich zum Lehrstoff ihres Unterrichts; die „Kinderszenen" und den

„Carnaval" beherrscht jede Schumann-Schülerin. Clara vermittelt ihren Studentinnen über das romantische und zeitgenössische (Brahms!) Repertoire hinaus die Spielweise der Klassik und des Spätbarock. Jede Schülerin, die Schumanns Lehrstunden durchlaufen hat, zählt diverse Beethoven-, Haydn- und Mozart-Sonaten zu ihrem Repertoire, daneben Fugen Johann Sebastian Bachs. Was in Clara Schumanns Unterricht allerdings verpönt ist, sind Klavierkompositionen Franz Liszts und seiner Anhänger. Einmal erdreistet sich ein Schüler, Liszts „Rhapsodie espagnol" vorzuspielen. Die Lehrerin ist brüskiert; der Schüler hat in ihren Augen verspielt.

Es geht ihr darum, den Schülern nicht nur technische Vollkommenheit beizubringen, sondern musikalischen Geschmack, geistreiches und reifes Spiel; die Schüler sollen ihren Vortrag empfinden, das jeweilige Werk in seiner ganzen Tiefe auffassen. Das klingt sehr nach den Unterrichtsmaximen ihres Vaters, der „von der Wichtigkeit eines reinlichen, präcisen, egalen, deutlichen u. rhythmisch Bezeichnenden u. endlich eleganten Spieles" überzeugt ist, gleichzeitig für ein „geistvolles Spiel" plädiert. Clara beherzigt zudem die Lebensregeln Roberts, die sie sich zur Unterrichtsmethode erwählt: „nur wo die Fertigkeit höheren Zwecken dient, hat sie Werth". Eugenie Schumann bestätigt in ihren Erinnerungen, daß Clara mehr auf eine gefühlvolle als technisch perfekte Interpretation hielt. Im Unterricht betont sie, daß der Interpret seine eigene Empfindungswelt mit ins Spiel einbringen müsse; eine Übereinstimmung der Gefühlsvorstellung des Komponisten mit denen des Reproduzenten garantiere erst das reife Spiel.

Trotz mancher Lieblosigkeit der Pianistin und ihres strengen Unterrichts, erzielen die Absolventen der Klavierklassen Clara Schumanns zu jeder Abschlußprüfung die besten Beurteilungen des gesamten Konservatoriums. Die ihr nachgesagte „richterliche" Strenge kann demnach für das Gros der Studenten nur förderlich gewesen sein. Man kann durchaus gut mit der Lehrerin Schumann zurechtkommen, wenn man ihre musikalischen Grundsätze akzeptiert. Die Schülerinnen müssen lediglich vermeiden, eigene Kompositionen vorzutragen, sonst kann es ihnen so ergehen wie einer Gräfin X., die mehrmals kommt, „mich zu quälen mit ihren höchst schauderhaften Compositionen", erzählt Clara Schumann. Und weiter sagt sie: „Sie bewundert alles an sich, und besonders ihren Mangel an musicalischem Gehör, ihren Mangel an harmonischen Kenntnissen, sie hört nicht das Schauderhafteste, kann keinen vierstimmigen Satz machen und componirt fort und fort ... Ich sagte ihr die Wahrheit heute ... Sie raubte mir eine Stunde Zeit".

Mit den Lehrern des Hoch'schen Konservatoriums kommt Clara Schumann einvernehmlich zurecht, obschon sie mit ihrem konventionellen Musikdenken auf einige Widerstände stößt. Da ist etwa der Direktor und Kompositionslehrer Joachim Raff, 1822 geboren, Protegé Felix Mendelssohns und Intimus Hans von Bülows. Er stammt aus ärmlichen Verhältnissen, muß sich die ersten Jahre als Lehrer durchschlagen, ehe er autodidaktisch Musik studiert. Von 1850 bis 1856 lebt er als Franz Liszts Sekretär in Weimar, bis er sich einen guten Ruf als Komponist erworben hat. Aus seinen Werken ragt vor allem die Kammermusik als Meilenstein der Musikgeschichte heraus. In seinen Orchesterwerken bleibt er dem Vorbild Liszts treu. Woldemar Bargiel schreibt seiner Schwester sogleich eine Warnung vor Raff: „Er fing an, ganze Haufen Salon-Musik zu schreiben ... schrieb Opern, in welchen er zu Wagner neigt ... Er lebte mit Liszt in Weimar ... seine Musik ... moderne harmonische Unreinheit! Nun - vielleicht bist Du von heilsamen Einfluß auf ihn". Clara Schumanns Einfluß am Frankfurter Institut ist in der Tat sehr hoch. Solange sie an dem Institut mitregiert, dominiert die romantische Chopin/Schumann/Brahms-Richtung. Damit prägt Clara entscheidend die Generation moderner Komponisten, die in Frankfurt studieren: Hans Pfitzner, Verfasser der Oper „Palestrina" und der Kantate „Von deutscher Seele" steht mit seinem Frühwerk ganz im Bann der Werke Brahms', und Anfang der 20er Jahre dieses Jahrhunderts unternimmt er den Versuch einer Robert-Schumann-Biographie; Paul Hindemith, der erst im Jahr 1963 stirbt und Musikgeschichte schreibt, hat die Nachwirkungen der Clara-Schumann-Epoche noch in sein Werk aufgenommen und wie Pfitzner ins 20. Jahrhundert hinübergetragen. Nach 1880 eingestellte Konservatoriumslehrer, zum Beispiel der Komponist Iwan Knorr, Mentor Pfitzners, werden prompt auf die Schumann-Tradition eingeschworen, auch wenn sie zur neudeutschen Richtung tendieren. Erst in den späteren Jahren, kurz vor Claras Tod, gewinnt die Wagner-Strömung, mit ihr die Moderne, Boden am Frankfurter Konservatorium, vertreten durch den Komponisten der Märchenoper „Hänsel und Gretel", Engelbert Humperdinck.

Im ersten Jahr ihrer Tätigkeit für das Hoch'sche Institut reist Clara Schumann lediglich im Mai 1879 zur Kur nach Kiel. Auf dem Heimweg besucht sie Hamburg, Berlin und Düsseldorf. Offenbar hat die Knetkur gut angeschlagen. Die Sommermonate verbringt sie in Gastein und Berchtesgaden. Der Oktober beginnt mit einigen Unliebsamkeiten. Die Wagnerianer ziehen plötzlich gegen Robert Schumann zu Felde; mit bitterbösen, polemischen Zeitungsartikeln versuchen sie, den alten Streit wieder aufflammen zu lassen. Clara Schumann reagiert erneut mit starken Armschmerzen. Enttäuscht muß sie in diesem Winter darauf verzichten, Johannes Brahms' Klavierkonzert vorzutragen - die Anstrengung wäre zu groß. Die neuerliche Wagner-Affaire hat weitere Auswirkungen: Es bahnt sich ein Streit zwischen ihr und Joachim Raff an. Raff ist immer noch überzeugter Liszt-Anhänger und halber Wagnerianer. Wahrscheinlich beruhen Schumanns und Raffs Konflikte auf Claras beharrlichem Festhalten an der romantischen Tradition. Im Streit spricht die Pianistin sogar ihre Kündigung aus. Soweit läßt es Raff dann doch nicht kommen. Er lenkt ein, die unverwüstliche Autorität Clara Schumanns anerkennend. Der Schumannsche Geist hat sich ein für allemal am Frankfurter Konservatorium durchgesetzt.

Getrost kann Clara Schumann Konzerte außerhalb Frankfurts geben. Ihre Ziele heißen Leipzig, Breslau, Karlsruhe,

Wiesbaden und Köln. Nach dem Kölner Konzert besucht sie alte Freunde in Düsseldorf. Das Gesprächsthema des Düsseldorfer Kreises ist die bevorstehende Enthüllung des Schumann-Denkmals. Mit dem Erlös der Schumannfeier 1873 und weiteren privaten Spendengeldern ist die Anfertigung eines Grabdenkmals bezahlt worden, das nun, im Mai 1880, feierlich enthüllt werden soll. Für Clara ist Robert Schumann längst ein Denkmal der Kulturgeschichte geworden; sie fühlt sich als Priesterin eines Weihbilds, das sie selbst auf das Podest des Musiktempels gehoben hat. Nach der Denkmalsenthüllung bemüht sie sich stärker als bisher um die musikalische wie schriftstellerische Hinterlassenschaft Roberts. Sie liest noch einmal die Briefe aus der Brautzeit, über seine „Polter-Abend- und Hochzeitsgedanken" bei der Komposition der „Davidsbündlertänze". Am 30. April reist Clara Schumann zum Festakt nach Bonn; Joachim und Brahms erwarten sie am Bahnhof. Die meisten Freunde und der Großteil der Familie ist anwesend. Wer nicht kommen kann, schickt ein Huldigungsschreiben. Am 2. Mai, einem leicht bewölkten, warmen Frühlingstag, findet die Feier auf dem alten Bonner Friedhof statt. Würdenträger der Stadt halten Reden. Musik von Bach und Mendelssohn erklingt. Man hat sich eine effektvolle Inszenierung ausgedacht: Die Sänger und Musiker befinden sich hinter der Baumgruppe, die Schumanns Grab umgibt; den Zuhörern verborgen spielt das Orchester wie überirdisch. Alle Teilnehmenden sind tief ergriffen. Zu Klängen aus „Das Paradies und die Peri" fällt die Hülle des Denkmals.

Die Feierlichkeiten gehen am nächsten Tag weiter; Konzerte, Matineen, Festessen - an alles wird gedacht. Für Clara hat das Fest allerdings einen faden Beigeschmack: Seltsamerweise ist Hermann Levi nicht in Bonn erschienen. Zu Claras großer Enttäuschung schickt er nicht einmal eine einzige freundliche Zeile: Natürlich! Levi ist ein Abtrünniger, ein der Wagner-Pest restlos Verfallener. Das schreibt Clara Schumann dem einstigen Freund gleich wutentbrannt, „es kommt mir vor wie eine schwere Krankheit, der sie verfallen sind mit Leib und

Seele". Die Pianistin versteht das Musikleben nicht mehr. Beinahe unbemerkt ist eine moderne Generation herangewachsen, die an die Grenzen der romantischen Tonalität stößt. „Wagner-Richtung" nennt Clara Schumann das alles, „von entsetzlich großer Tragweite"; keiner habe mehr Ohren für Wohlklang, „es ist entsetzlich, wie die Leute mit den Harmonien herumspringen, Auflösungen sind ganz überflüssig ... und wie wenig Natur haben die jungen Componisten! Alles soll originell sein ... und drinnen im Stück ist Nichts, bejammernswerthe Armuth". Die Zeit ist eben auch an Clara Schumann nicht spurlos vorübergegangen; die Einundsechzigjährige bemerkt es an dem Maße, wie das aktuelle Musikgeschehen an ihr vorbeigleitet. Sie bemüht sich um Verständnis, befaßt sich zunehmend mit der 'jungen' Musik. Und gerade um 1870 bis 1890 geschieht auf dem Gebiet der Musik so unglaublich viel in ganz Europa; die Weichen für die Moderne werden in diesen Jahrzehnten gestellt. Leicht vergißt man jene Phase der Musikgeschichte und fixiert den Beginn der 'Neuen Musik' mit dem spektakulären Datum der Jahrhundertwende 1900, spätestens jedoch mit den provozierenden Werken eines Arnold Schönberg oder eines Igor Strawinsky. Dabei passiert die große Revolution in der Musik, nämlich das Aufsprengen der Tonalität, die Entdeckung des Atonalen um 1870. In den Spätwerken Richard Wagners und den Symphonien Anton Bruckners erreicht die Tonalität ihre Grenzen. Alles wird ins Extreme gesteigert, Harmonien werden zu enorm komplexen Gebilden, ein aufwendiger Orchesterapparat ist nötig, komplizierteste Klanggebäude zu verwirklichen. Wagner regt eigens die Entwicklung neuer Instrumente an, etwa der nach ihm benannten 'Wagner-Tuba', um Höhen und Tiefen der Klangfarben auszuweiten. Es wird dabei klar, daß es bald nicht mehr ausreicht, traditionelle Mittel endlos zu steigern, um neues zu erreichen. Die traditionelle Musik steht in ihrem Zenit. Die nachwachsende Komponistengeneration muß andere Mittel und Wege finden. Das eine Mittel ist die Vernichtung der Tonalität. Dur und Moll, Grundton und Dominante, diese

Funktionen werden allmählich über Bord geworfen. In den Frühwerken des Münchners Richard Strauss und des Böhmen Gustav Mahler kündigt sich der Aufbruch in die Moderne an. Mahlers erste Symphonie, die nach mehrjähriger Arbeit im Jahr 1888 vollendet und im Jahr darauf uraufgeführt wird, räumt grundlegend mit dem Althergebrachten auf. Mit ihren fünf Sätzen verstößt sie gegen die viersätzige Symphonieform, mit ihren ungewöhnlichen Klangkombinationen gegen die Hörgewohnheit des Publikums. Mahlers Klavierlieder „Lieder eines fahrenden Gesellen" (1895) brechen in ihrer ironisierenden Übersteigerung mit den Vorstellungen von Schubertscher Liedromantik. In Frankreich schafft der 1862 geborene Claude Debussy Kompositionen, in denen Harmonien als Farben, nicht als tonale Gebilde gesehen werden. Debussys Musik glitzert, flimmert, webt und wogt, beständig wie in irisierendes Licht getaucht - der erste Ausdruck impressionistischer Musik. Und in Florenz macht sich ein junger Moderner bereits einen Namen als Komponist, Ferruccio Busoni, der 1907 das Manifest der Avantgarde veröffentlichen wird, den „Entwurf einer neuen Ästhetik der Tonkunst".

Ein Vorreiter der Moderne ist Franz Liszt. Es wird oft übergangen, daß seine Kompositionen eine Pionierstellung beziehen. Vor allem in seinen Klavierminiaturen verläßt Liszt immer wieder die Bahnen der Tonalität. „Dissonanzen über Dissonanzen", hält Clara ihm vor, seine Musik sei dämonisch. Nicht allein aus Rivalitätsgefühlen heraus bezieht Schumann Position gegen Liszt, sondern hauptsächlich aufgrund ihres immer noch in der Klassik und Romantik verhafteten Musikverständnisses. Clara Schumann ist nicht gegen die Fortschritte der Musik; neue Musik, ja, aber nicht auf Kosten der Harmonie, des Wohlklangs! Daher unterstützt sie mit all den ihr zu Gebote stehenden Mitteln den anderen Weg progressiver Musik. Diese andere Musikrichtung sucht die Loslösung aus der Tradition nicht auf formalem Weg, nicht im totalen Bruch mit der Romantik, sondern in der demonstrativen Weiterführung ihrer inhaltlichen Elemente, hauptsächlich der Vor-

281

stellung einer nationalen Musik. Der deutsch-französische Krieg fördert diese Musikanschauung zusätzlich. Die Franzosen Gabriel Fauré und Camille Saint-Saëns gründen gar eine Société Nationale de Musique, Debussy nennt sich selbstbewußt „musicien francais", Brahms verfaßt patriotische Gesänge. Die Komponisten verschiedener Länder entdecken ihre Heimat neu: der Russe Balakirew mit „Russia", der Böhme Bedrich Smetana schildert in seinem symphonischen Zyklus „Mein Vaterland" den Lauf der Moldau, Jean Sibelius besingt „Finlandia", für Liszt ist Ungarn sowieso ein unerschöpfliches Thema.

In Deutschland bilden sich verschiedene Gruppen der jeweiligen Musikanschauung, die sich Anfang dieses Jahrhunderts zu regelrechten Schulen zusammenschließen. Durch die vielen kleinen Gruppierungen und die herrschende Vielfalt musikalischer Ausdrucksformen ist es schwer, die Musik des ausgehenden 19. Jahrhunderts in einem Epochenbegriff zu charakterisieren. Da gibt es die Nach-Wagnerianer, unter ihnen der Märchenopern-Komponist Humperdinck und der Grazer Wilhelm Kienzl, dessen Bühnenwerk „Der Evangelimann" populär wird; da gibt es den sogenannten 'Münchner Kreis' und den 'Rheinischen Kreis' um Ferdinand Hiller; Brahms' Anhänger mehren sich in ganz Deutschland, ihr Zentrum ist allerdings Wien. Nachdem sein Erzrivale Richard Wagner tot ist, spielt man dort den Wagner-begeisterten Anton Bruckner gegen Brahms aus. Lisztianer tummeln sich zu Genüge auf dem Schlachtfeld der neuen Musik. Ja, es ist ein wahres Schlachtfeld und gekämpft wird um die Vormachtstellung in der modernen Musik. Clara Schumann hebt dabei das Panier der Konservativen hoch über ihr Haupt - sie ist deren verehrte Symbolgestalt. Auf ihrer Englandreise des Jahres 1881 spielt ihr ein jugendlicher Komponist „Symphonische Etüden" vor, es ist Eugene d'Albert, Hauptvertreter des deutschen Verismus, einer aus dem Italienischen kommenden, naturalistischen Operngattung. D'Albert gehört zu jenen, die Clara Schumann rückhaltlos fördert. Sie richtet ihr Augenmerk noch auf andere. Georges Bizets Zigeuneroper „Carmen" gefällt ihr sehr, von Pjotr I. Tschaikowsky, dem berühmtesten russischen Komponisten, ist sie überaus begeistert. Auf der anderen Seite hängt Clara Schumann plötzlich, nach Art alter Leute, wehmütig an der Vergangenheit. „Heißes Sehnen" nach Wilhelmine Schröder-Devrient überfällt sie, oft denkt sie an Felix Mendelssohn und natürlich an ihren Robert. Das alles stimmt die bisher harte, häufig hartherzige Frau weicher. Mit den Schülerinnen springt sie weniger drastisch um. Es regt sich Mitleid in ihr mit abgewiesenen Studentinnen: „dazu brachte fast jeder Tag eine hoffnungsvolle Mutter oder Vater mit Tochter, die geprüft sein wollen, was mich nicht nur äußerlich, sondern auch innnerlich ergriff, denn, die Meisten mußte ich abweisen und das kostet dann immer Tränen". Sie lädt ihre Schülerinnen zu kleinen gemeinsamen Abenden ein, die äußerst fröhlich und ausgelassen begangen werden. Das Schülertreffen zu Weihnachten wird bald obligatorisch. Früher glaubte Clara Schumann manches Mal, ihr Herz wäre kälter geworden, jetzt fühlt sie das Gegenteil. Marie und Eugenie leben unter der ungewohnten mütterlichen Wärme auf, Brahms, dem Claras Wandlung nicht unentdeckt geblieben ist, erscheint wieder häufiger in ihrer Nähe.

Nach der schönen Denkmalsfeier warten neue Kümmernisse auf die Pianistin. Julius Stockhausen und Joachim Raff sind aneinandergeraten. Clara Schumann ist als Mitglied des Konservatoriums gezwungen, Raffs Partei zu ergreifen, was ihr Verhältnis zu Stockhausen eine Zeit lang trübt. Familiäre Probleme kommen hinzu. Antonie Deutsch hat ihr gegenüber angedeutet, daß Ferdinand sich zum Schlimmen verändert. Er kränkelt, ist ohne Elan, mal dämmert er vor sich hin, mal sprüht er vor Lebensfreude: Seine wechselnden Launen schiebt er auf das Rheuma, das ihn angeblich seit seiner Heimkehr aus dem Krieg quält. Clara Schumann, die ganze Frankfurter Familie, weiß es besser: Ein bißchen Rheuma, schade, aber das erträgt die Mutter auch; Ferdinand hat eine Stelle, ein Auskommen, mittlerweile drei bezaubernde Kinder zwischen sechs und zwei Jahren, hat also alles, außer ... die richtige Ehefrau! Antonie wehrt sich zaghaft gegen die Vorwürfe. Sie fürchtet, Ferdinand werde opiumsüchtig, was die Familie Schumann hartnäckig ableugnet. Clara nimmt selbst seit Jahren Opium zur Betäubung der Armschmerzen. Süchtig ist sie nicht! Warum sollte ein Medikament, das ihr hilft, ihrem Sohn schaden? Sie beordert den Sohn zu sich nach Frankfurt und pflegt den Rheumakranken den Herbst über. Am 23. November 1880 kehrt er kränker als zuvor nach Berlin zurück.

Anfang des Jahres 1881 absolviert Clara Schumann eine Englandreise. Sie wird mit wahren Freudenempfängen umjubelt. Das englische Publikum liegt ihr wie stets zu Füßen. Ihre Konzerte sind so begehrt, daß die Veranstalter Hunderte von Menschen wieder fortschicken müssen. Am 1. April wird Clara zum Ehrenmitglied der Royal Academy of Music ernannt. Mitte April besuchen die Sommerhoffs Clara Schumann in London. Elise und Louis haben beschlossen, von Amerika nach Deutschland zurückzugehen. Gemeinsam mit Clara reisen sie nach Frankfurt heim, wo auch sie sich niederlassen. Das Jahr vergeht mit den üblichen Sommerkuren und diversen Konzerten in deutschen Städten: Clara Schumanns wiederentdeckte Milde hält an. Mit den Schülerinnen begeht sie feierlich-fröhlich den zweiten Weihnachtsfeiertag: „Eugenie erschien dann als Knecht Ruprecht und theilte kleine Geschenke mit Knittelversen aus - das gab viel zu lachen, und die Lustigkeit der Jugend steckte mich so an, daß ich auch ganz aufgeheitert war". Ihren Töchtern widmet sie sich in besonderem Maße. Plötzlich findet Clara es unrecht, wenn sie sich mit ihnen, „die so hübsch spielen", nie beschäftigt. In ebendieser rührenden Stimmung läßt sie beim Notar ein Testament aufsetzen, das Kinder und Enkelkinder nach ihrem Tod absichert. Sie kann es sich leisten. Die England-Konzerte von 1881 brachten ihr schon erstaunlich hohe Einnahmen, die des Jahres 1882 erbringen runde 10.000 Mark.

Im Juni 1882 stirbt Joachim Raff. Clara Schumann bleibt jedoch weiterhin in Frankfurt. Sie fährt zur Kur nach Gastein

28 Clara Schumann während ihrer letzten England-Tournee, London 1888.

und feiert anschließend ihren Geburtstag unter italienischem Himmel. Ihre erste Reise nach Italien! Die Rückreise führt sie nach Wien, zum lieben Freund Johannes Brahms.

Clara Schumann denkt immer noch nicht daran, langsam kürzer zu treten. Nach wie vor fertigt sie täglich unzählige Schülerinnen ab, unternimmt Konzertreisen durch deutsche Städte und wettert gegen ihre Erzfeinde Liszt und Wagner. Sie hört „Das Rheingold" und ihr ist „den ganzen Abend, als ob sie im Sumpf wate". „Entsetzlich langweilig" findet sie die herumstehenden Sängerinnen und „lappigen, schurkischen Götter". Etwas später lauscht sie der „Walküre", ihrer Meinung nach ebenso langweilig wie „Rheingold", mit lumpigen, dummen Göttern. Als Clara am 14. Februar 1883 das Telegramm über den Tod Richard Wagners liest, notiert sie lapidar ins Tagebuch: „das ist ein Ereignis".

Die letzten Konzerte

Johannes Brahms' dritte Symphonie, F-Dur op.90, erlebt 1884 ihre deutsche Uraufführung in Berlin. Bei der Probe und Premiere in Wiesbaden ist Clara Schumann anwesend. Bewundernd gesteht sie dem Freund zu, er habe wieder ein Meisterwerk hervorgebracht. Dergleichen hätte sie selbst niemals komponieren können. Mit Elise, die sich des öfteren im Haus der Mutter einfindet, geht sie die Symphonie am Flügel Takt für Takt durch. Elise muß die Mutter häufiger auf die eine oder andere Stelle aufmerksam machen. In letzter Zeit läßt Clara Schumanns Gehör nach. Die Aufführung der Symphonie hat sie nicht in all ihrer detailreichen Schönheit hören können. Erst am Klavier begreift sie die ganze Meisterschaft der Komposition; „welch' ein Werk, welche Poesie", schwärmt sie dem Komponisten vor.

Im Februar startet sie zu einer weiteren Englandreise. Sie hat einige Zweifel, ob sie die Reise tatsächlich antreten soll. Der Armschmerz plagt sie unaufhörlich ... und das Gehör! Wenn es sich nun nicht bessert, sondern sie auf ihre alten Tage zur Taubheit und zum Leben ohne Musik verdammt ist ... In London nehmen ihre Beschwerden zu. Aus dem Armschmerz wird ein Schmerz in den Brustmuskeln. Nachts findet sie keinen Schlaf, fürchtet eine Lähmung des ganzen Körpers. Ob die fis-Moll-Klaviersonate Roberts, die sie am Vorabend gespielt hat, das letzte Stück war, das sie je spielen sollte? Am 21. März fühlt sie sich äußerst schwach. „Neuralgie am ganzen Körper", notiert sie. Marie ruft in höchster Alarmbereitschaft einen Arzt. „Champagner und ein ordentliches Diner und die Gesundheit ist wiederhergestellt", meint der obenhin - schon im 19. Jahrhundert nahm man Krankheiten bei Frauen weniger ernst. Clara Schumann faßt sich, nimmt alle ihr verbliebene Energie zusammen. Ihre Schmerzen sind echt, nur zum Teil psychischer Natur; die Jahre als umjubeltes Wunderkind, die den zarten Mädchenkörper zu vielen Strapazen ausgesetzt hatten, rächen sich nun mit unerträglichem Rheuma. Die Pianistin reißt sich zusammen. Noch ein paarmal muß sie spielen. Ihre Einnahmen sind überaus glänzend. Die Konzertquälerei hat sich doch gelohnt. Clara Schumanns festes Ziel ist, das Vermögen noch zu mehren. Sie denkt dabei vor allem an Marie und Eugenie, die sich nach ihrem Tod als Klavierlehrerinnen werden druchbringen müssen. Zumindest sollen die Töchter ein kleines Kapital zur Sicherheit haben. Wie es um Klavierpädagoginnen bestellt ist, hat sie in London bemerkt: „Viele arme Lehrerinnen melden sich ... ach! wie soll ich ihnen helfen! sie glauben ... ich kenne ganz London und brauche sie nur als Lehrerinnen vorzuschlagen. Es thut Einem das Herz oft weh, wenn man sie wieder gehen sieht - wie Manche von ihnen haben kaum das Brot". Was soll eine bürgerliche Frau des 19. Jahrhunderts auch werden, wenn sie auf die Konvention 'Ehe' nicht eingehen kann oder will. Sie hat nur drei Berufsmöglichkeiten: Gouvernante, Gesellschafterin oder Klavierlehrerin. Da die ersten beiden Berufe sehr abhängig machen, entscheiden sich die meisten für die Klavierpädagogik. Klavierspielen kann schließlich jede Bürgertochter und jede muß es lernen.

Am 11. April kehren Clara und Marie aus England heim. Kurze Zeit später holen sie Ferdinands Familie zu sich. Ferdinand ist so krank, daß er seiner Arbeit kaum noch nachgehen kann. Antonie, soeben von einem Jungen entbunden, ist zum siebten Mal schwanger, daher kaum in der Lage, sich um ihre Ältesten zu kümmern. Clara nimmt sich der Kinder an, vor allen der Enkelin Julie, 'Julchen'. Sie findet daher kaum Zeit, sich mit Musik zu befassen. Um sie her sei künstlerische Öde. Sie fühlt sich stark isoliert, hauptsächlich wegen des nachlassenden Gehörs; Unterhaltungen kann sie kaum verfolgen. Also vertieft sie sich in die Vergangenheit, liest Roberts Briefe, die sie gleichzeitig entzücken und wehmütig stimmen.

Aus ihrer Frankfurter Einsiedelei wird Clara Schumann im Februar 1885 herausgerissen. Bei Stockhausen trifft sie mit

Anton Rubinstein zusammen. Man musiziert gemeinsam und unterhält sich trotz Claras Hörstörungen prächtig. Den Komponisten Rubinstein hält Clara für höchst talentvoll, den Menschen für liebenswürdig, aber den Pianisten für entsetzlich; übrigens hat Anton Rubinstein gerade als Pianist Weltrang erreicht. Im März folgt das nächste Ereignis: Der alte Saal des Leipziger Gewandhauses wird geschlossen. Man bittet Clara Schumann, beim letzten Konzert in diesen heiligen Hallen teilzunehmen. Mit Bedenken (das Gehör!) sagt Clara zu. Das Konzert des 26. März verläuft grandios. Vor 57 Jahren hat sie hier zum ersten Mal gespielt, nun ist es Zeit, sich vom alten Gewandhaus zu verabschieden.

Um dem unvermeidlich wiederkehrenden Alltag zu entfliehen, befaßt sich Clara Schumann vermehrt mit Roberts Briefen. Jetzt liest sie sie mit einem ganz anderen Hintergedanken: Sie möchte die Briefe teilweise veröffentlichen. Mit Herzogenberg geht sie die Schriftstücke einmal durch. Täglich verwendet sie etwa drei Stunden darauf, Briefe auszuwählen und zu ordnen. Schließlich faßt sie den Entschluß, nur die Jugendbriefe herauszugeben, ein Anhang soll die harmloseren Billets der Brautzeit wiedergeben. Der Verlag Härtel druckt die Sammlung sogleich. Marie besorgt die letzten Vorbereitungen vor der Drucklegung. Die Briefe verkaufen sich sehr gut und Härtel plant 1886 einen weiteren Band. Clara Schumann schreibt deswegen an Brahms, Joachim und die Mendelssohns, um den einen oder anderen Freundesbrief in die neue Sammlung aufzunehmen. Brahms schickt die seinen sofort, Joachim desgleichen. Es stellt sich aber heraus, daß Roberts Briefe an Brahms sämtlich aus der Endenicher Zeit stammen. Solche Briefe eines Wahnsinnigen passen natürlich nicht in eine Sammlung, die ein klares, verklärtes Bild des genialen, phantasiebegabten Komponisten präsentieren soll. Clara schickt diese Briefe nicht an Brahms zurück, sie bittet ihn vielmehr, ihr einige davon zu überlassen. Die gleiche Bitte richtet sie an Joachim, der sie aber strikt abweist; die Briefe sollten nicht in falsche Hände geraten. Clara ist beleidigt, das Verhältnis zu

Joachim daraufhin zeitweise getrübt; gerade ihre Hände, die falschen? Gerade in diesen Zeiten muß es zu Unstimmigkeiten mit den Freunden kommen! Selbst Brahms schreibt launenhafte, beleidigte Briefe, ohne daß Clara weiß, was sie ihm angetan haben könnte. Gerade in diesen Zeiten, wo viele des einstigen Schumann-Kreises sterben. Ferdinand Hiller am 10. Mai 1885, ihr Bruder Alwin Wieck im Oktober desselben Jahres, schließlich auch noch Franz Liszt am 31. Juli 1886. Liszt war zwar ein schlechter Komponist, betont Clara in ihrem Tagebuch-Nekrolog, aber doch ein „immerhin seltener Mensch", ein „eminenter Clavier-Virtuos", es bleibe nur zu hoffen, daß seine trivialen und langweiligen Werke bald vergessen sein würden. Im November 1887 stirbt Jenny Lind. Ihr Tod erschreckt Clara Schumann am meisten; sie fühlt sich bereits mit einem Bein im Grab stehen.

Familiäre Sorgen drücken sie wieder einmal. Ferdinand geht es immer schlechter. Auf seinen allmählichen Verfall reagiert die Pianistin mit eigenen körperlichen Beschwerden. Kniegelenksentzündungen, Hörprobleme, Neuralgie im Oberkörper ... die Tagebuchseiten füllen sich zunehmend mit Klagen über ihr Befinden. Es ist dieselbe Tagebuchschreiberin, die vormals Krankheiten und Wehklagen verächtlich vermied. Jetzt träumt sie sogar von der eigenen Beerdigung. Ihre Konzerte absolviert sie dennoch als wäre nichts und nie etwas gewesen, obschon sie mittlerweile so schlecht hört, daß sie „kein Musikstück mehr verfolgen kann ... in der Höhe alles um einen halben Ton zu hoch" hört.

Ende des Jahres 1886 verschlimmert sich Ferdinands Zustand. Er hat keine Kraft zu irgendetwas mehr, weder für seinen Beruf, noch für seine Kinder. Clara übernimmt die Fürsorge für die Enkel - übrigens ohne sich um etwaige Einsprüche Antoniens zu kümmern - nach bewährter Weise: Sind sie alt genug, werden sie in einem Pensionat untergebracht; wieder ist es eine Julie, das Enkelkind 'Julchen', die auf diese Weise als erste ihre Familie verlassen muß. Die Kinder Ferdinands und Antoniens hat Clara offenbar weniger gern als

ihren italienischen Enkelsohn und die Kinder der Sommerhoffs. Lieblingsenkelchen der Pianistin ist nach Duaddo die
kleine Clara Sommerhoff, die aber noch als Kleinkind an
Diphterie stirbt. Das Familienleben sei eine einzige Misere,
schreibt Clara bitter. Sie schickt Ferdinand (wieder über Anto-
nies Kopf hinweg) nach Blankenburg zur Entziehungskur. Als
Ferdinand sie schriftlich anfleht, ihn aus der Kur zu nehmen,
reist sie zu ihm. Mehr als die Aufmerksamkeit seiner Mutter
hat Ferdinand nie gewollt, jetzt hat er sein Ziel erreicht. Standhaft führt er die Entziehungskur durch. Clara Schumann
jedoch spürt ihr krankes Gehör wieder stärker. Sie kann
schnell aufeinanderfolgende Harmonien nicht mehr unter-
scheiden. Auf die eigenen Probleme konzentriert, entzieht sie
Ferdinand ihre Aufmerksamkeit wieder. Ferdinand wird rück-
fällig. Clara Schumann gibt ihn endgültig verloren; sie kämpft
nun mit der Sorge um die Zukunft der Enkel, sie wird nicht
mehr lange konzertieren können, das heißt, ihre Einnahmen
werden geringer, während Ferdinands Kinder immer mehr
kosten. Sie hat bereits Robert Schumanns Manuskripte für
15.000 Mark an die Berliner Bibliothek verkauft, angeblich,
um sie der Nachwelt zu erhalten. Dabei saß sie früher eifersüchtig wachend auf Roberts Handschriften, wollte sie um keinen Preis der Welt verschachern. Ferdinands Rekonvaleszens
kostet ebenfalls bares Geld. Den Winter 1888 soll der Sohn in
Meran verbringen. Eugenie, zum zweiten Mal in der Rolle
einer Krankenschwester, bereitet die Reise vor. Alle Bemühungen um den Sohn sind indes vergebens; er bleibt den Drogen
verfallen.

Über den gesamten Zeitraum der Jahre 1885 bis 1890, über
Ferdinands Sucht und die Tode vieler Freunde hinweg, sind
Konzerte und neue Musikereignisse ein konstanter Trost für
Clara Schumann. 1886 hört die Pianistin zum ersten Mal eine
Symphonie des österreichischen Komponisten Anton Bruck-
ner. Sie ist von Bruckners Werk überzeugt, obwohl sie seine
Wagner-Anklänge kaum überhören kann. Eine überraschende
Freude bringen ihr die Kompositionen des jugendlichen Kom-

ponisten Richard Strauss, Schöpfer der berühmt gewordenen Symphonischen Dichtungen „Till Eulenspiegel" und „Also sprach Zarathustra" sowie der charmant rokokohaften Oper „Der Rosenkavalier". In ihren Konzerten bleibt Clara Schumann freilich ihrem herkömmlichen Repertoire treu, bei aller Faszination für die Avantgarde. 1885 spielt sie im neuen Leipziger Gewandhaussaal das f-Moll-Klavierkonzert von Chopin, während ihrer England-Tournee des Jahres 1886, die sie beinahe abgesagt hätte, spielt sie hauptsächlich Beethoven. Man ruft sie eines Tags zu einer todkranken Dame, um der Sterbenden etwas vorzutragen. Clara Schumann betritt das unheimlich dunkle Zimmer einer Sterbenskranken und spielt Beethoven-Sonaten. „Die Engländer haben eine merkwürdig lebendige Empfindungsweise", resümiert sie am Ende ihres Londonaufenthalts. 1887 fährt sie nochmals ins britische Königreich. Sie spielt vor der Prinzessin von Wales, welche die Pianistin mit einer kostbaren Gabe, einem Schwan mit brillantenbesetzter Leier, beschenkt, sie andererseits aber äußerst herablassend behandelt. „Sie ließ mich nicht einmal niederset-zen", schimpft Clara Schumann beleidigt: „Das fand ich in doppelter Hinsicht, gegen mich als Künstlerin meines Ranges und als alte Frau unfreundlich, hochmüthig". Das ‚gewöhnli-che' Publikum verabschiedet die Virtuosin dagegen mit den Rufen „Wiederkommen Frau Schumann". Und Clara Schumann kommt noch einmal wieder, zum letzten Mal! Am 20. Februar 1888 reist sie über Brüssel nach London. Sie spielt Beethoven, Mendelssohn und Schumann, befindet sich vor jedem Konzert in hellster Aufregung, ob Arm und Gehör diesen Abend noch durchhalten, bewältigt ihre Programme aber glänzend wie immer.

England erwacht allmählich aus seinem musikalischen Dornröschenschlaf. Sehr konventionell, aber mit lauter Stimme regt sich die neue Musik auf der Insel. Ihre nationalen Töne sind unüberhörbar. Charles Stanford schreibt eine irische Rhapsodie. Charles Hubert Perry und Edward Elgar schwelgen in spätromantischen Sphären. Die romantische Musikauf-

29 Eine der zahlreichen Auszeichnungen Clara Schumanns: die Aufnahme als Ehrenmitglied des Vereins Beethoven-Haus Bonn im Dezember 1889.

fassung einer Clara Schumann verabschiedet sich auch von Großbritannien.

Vor ihrem 70. Geburtstag am 13. September 1889 bereist sie gemeinsam mit den Töchtern Oberitalien. Den Hochsommer verlebt sie in Franzensbad, um ihren Rheumatismus auszukurieren. Der 70. Geburtstag wird im Familienkreis begangen. Woldemar und die Kinder bereiten ihr einige Überraschungen. Die Jubilarin wird mit Geburtstagstelegrammen und Blumensendungen überhäuft. Die Kaiserin schickt ein Glückwunschtelegramm, die Großherzogin von Baden einen Korb Rosen, der Kaiser verehrt ihr die große goldene Medaille für Kunst.

Im Jahr 1890 erkrankt Clara Schumann schwer an Influenza. Die Töchter pflegen die alte Dame hingebungsvoll, aber sie braucht lange, bis sie sich einigermaßen erholt. Sie hat keine Lust mehr am Klavierspielen, sie, die lieber Mann und Kinder verließ als die Musik! „Ich betrachte mich auch immer so fertig, abgethan", seufzt sie. Eine kleine Mißstimmung mit Hermann Levi läßt ihren Mut weiter sinken. Levi ist ein ganz und gar Abtrünniger. Seit Wagners Tod lebt er ausschließlich für das Werk des Bayreuther Meisters. Mit Brahms ist Levi völlig auseinander. Clara Schumann fühlt, daß sie einen unschätzbaren Freund verloren hat.

Ein einziges Mal noch nimmt sie sich zusammen. Im kleinen Saal Frankfurts findet am 12. März 1891 ein Kammermusikabend statt, ausgerichtet von Lehrenden des Konservatoriums unter Mitwirkung Clara Schumanns. Zusammen mit dem Pädagogen James Kwast spielt sie Brahms' „Haydn-Variationen für zwei Klaviere". Ihr Spiel erregt einen gewaltigen Beifallssturm, der sich erst legt, als die Pianisten das gesamte Werk als Zugabe wiederholen.

„Vier ernste Gesänge"

Eugenie Schumann reist im März 1891 nach England. Marie Fillunger hat sich von dem Schumann-Haus und aus ihrem Sekretärinnen-Dasein gelöst und lebt seit einiger Zeit im britischen Königreich. Eugenie spielt ernstlich mit dem Gedanken, sich ebenfalls in England niederzulassen. Noch plagen sie Skrupel, die Mutter zu verlassen. Deshalb bleibt es vorerst bei Kurzbesuchen in London. Von hier aus schickt sie der Mutter eine betrübliche Nachricht: Arthur Burnand, der größte englische Schumann-Freund ist tot! Clara ist tief erschüttert. Sie hat ihr „home in England verloren".

Die Todesnachrichten reißen nicht ab. Ferdinand stirbt am 6. Juni 1891, morgens um 9 Uhr. Eine Verschlimmerung seiner Krankheit ist dem Tod vorausgegangen. Der behandelnde Arzt sieht Krankheit und Tod als „Folge der narkotischen Mittel", die seine inneren Organe zerfressen hätten. Clara Schumann empfindet auch den Tod des zweiten Sohns als Erlösung. Jetzt hat sie den letzten ihrer Söhne verloren; Ludwig vegetiert nach wie vor in der Colditzer Irrenanstalt dahin, ein „lebendig Begrabener"; seit 1877 hat sich keiner der Schumann-Familie mehr um ihn gekümmert.

Wie in jeder Lebenskrise stürzt Clara sich nach Ferdinands Tod in die Arbeit, „die beste Ableitung von Schmerz". Mit Schrecken denkt sie daran, daß sie sich nun die Enkelkinder aufbürden muß. Die Kosten! Ihre Geldsorgen sind unterdessen pure Einbildung, denn sie hat in ihren Wanderjahren ungeheure Summen Kapital zusammengetragen; aus Paris erhält sie jährlich etwa 1.500 Francs Tantiemen. Mit der Erziehung der Enkel ist sie ebenfalls gering belastet. Diese Aufgabe hat, ein weiteres Mal, Marie voll und ganz übernommen. Ferdinands Witwe, Antonie Deutsch, wagt keinen Einspruch darüber zu erheben, daß ihr die Kinder weggenommen und von ihrer Tante erzogen werden. Im Gegenteil muß sie dankbar sein. Als sie sich später doch einmal beklagt, die Kinder seien ihr entfremdet, darf sie sich von Marie und Clara eine Schimpftirade über ihre unverschämte Undankbarkeit anhören. Überhaupt, sagt Clara zu ihrer Schwiegertochter, sei sie schuld an Ferdinands Tod, sie hätte die Familie eher in Kenntnis über seinen Zustand setzen müssen, sie sei vielleicht sogar schuld an seiner Sucht! Daß Antonie bereits vor Jahren der Familie Schumann die Wahrheit über Ferdinands Drogenkonsum bekannt und vergeblich auf Hilfe gehofft hatte, scheint Clara vergessen zu haben.

Im Sommer sucht Clara Schumann Entspannung bei einer Kur in Franzensbad. Es soll ihr letzter Kuraufenthalt sein. Im September arbeitet die Pianistin an der Korrektur ihrer Kadenzen zum d-Moll-Klavierkonzert Mozarts, die sie herausgeben möchte. Brahms hatte die Kadenz zum Mozart-Konzert einst bearbeitet. Jahrelang spielte Clara sowohl ihre, als auch Brahms' Kadenz und weiß nun nicht mehr, welche Passage aus ihrer, welche aus Brahms' Feder stammt. Hilfesuchend wendet sie sich an den Freund, der sie darüber aufklären muß, daß die Kadenz ihre eigene Komposition sei. Wie konnte sie das vergessen! Sie hat ja einst komponiert! Wieviel Zeit ist seitdem vergangen ... ein halbes Leben. Eine Überschau ihrer Kompositionen: An prominenter Stelle stehen die Klavierwerke. Von op.1 bis op.4, von den „Quatre Polonaises" bis zu den „Valses romantiques", stehen ihre Klavierstücke in der zeitgemäßen Bravourmusik, es sind brillante Salonmusiken, technisch anspruchsvoll, aber inhaltlich unreif, Übungsstücke eines entstehenden Talents. Dann folgen die ersten originellen, geistig ansprechenden Werke für Pianoforte; die „Quatre Pièces caractéristiques" op.5 und die „Soirées Musicales" op.6. Ihr Klavierkonzert op.7, „Premier Concert" überschrieben, in der übersteigerten Hoffnung, weitere würden folgen. Ein kümmerlicher Versuch, mißlungen in der Instrumentation, ohne jegliche tiefere Beziehung zwischen Orchester und Klavier. Dutzendware, gefälliges Stück für den Moment, ohne Anspruch auf zeitlosen Wert. Mit dem „Sou-

venir de Vienne" op.9 gelingt der Druchbruch in die erste
Garde romantischer Klavierkomponisten. Das Stück präsentiert die gesamte Palette pianistischer Techniken; es fehlt nicht
an hübschen Melodien, an geistiger Tiefe, an kleinen Raffine-
ments, wie der bereits ab Takt 11 verschleiert, ab Takt 30 offen
eingefügten österreichischen Nationalhymne „Gott, erhalte
Franz, den Kaiser". Die späteren Klavierkompositionen, die
„Variationen" op.20 oder die „Romanzen" op.22 zeugen von
einer ungeheuren Weiterentwicklung ihrer kompositorischen
Fähigkeiten. Trotzdem erreicht Clara Schumann nicht die
Größe beispielsweise eines Johannes Brahms oder einer Loui-
se Adolpha LeBeau (übrigens eine Schülerin Claras). Im Vergleich mit ihrer Zeitgenossin Fanny Hensel-Mendelssohn zeigt
Clara Schumann ein zu sehr auf äußere Schönheit berechnetes
Klavierwerk. Hensels Klavierpoeme klingen ergreifender,
scheinbar schlichter in den Mitteln, aber inhaltsreicher. Die
unterschiedlichen Schaffensbedingungen beider Komponistinnen treten in der Klaviermusik deutlich zutage: hier die sorg-
los musizierende, improvisierende Konzertpianistin Clara, da
die im Stillen schaffende Fanny, die sich das Komponieren-
dürfen in zähen Kämpfen mit ihrem Vater ertrotzen muß. In
der Liedkomposition überwiegt Clara Schumanns Können.
Ihre Lieder sind sangbar, von großer Intensität. Fanny Hensel
setzt dagegen auf hohe Expressivität, meist auf Kosten der
Sangbarkeit, wie im „Schwanenlied" nach einem Text Heinrich
Heines. Clara hatte den Vorteil eines Lehrers wie Robert Schumann. Mit dessen Liedern sind ihre vergleichbar; musikge-
schichtlich sind sie der Schumann-Spätromantik zuzuordnen.
Claras Kammermusik steht auf ähnlich hohem Niveau. Ihr
Trio op.17, die „Romanzen" für Klavier und Violine op.22,
zeugen von den Kenntnissen des aktiven Kammermusikers, die
Kompositionen sind genau auf die Instrumente abgestimmt.
Aus eben diesem Grund fehlen Großkompositionen im Werk
Clara Schumanns. Ihre Arbeiten richteten sich nach ihrem tag-
täglichen Musizieren; Erfahrungen mit Orchester- und Chor-
musik bleiben ihr weitgehend fremd. Fanny Hensel hingegen,

wohlhabend genug, sich mit der Möglichkeit von Orchester und Chor privatim zu versorgen, komponiert ein Oratorium neben zahllosen Chören und Kammermusik. Wer weiß, denkt Clara Schumann, ob sie nicht auch zur Großkomposition gefunden hätte, wäre ihr die Zeit, die Ruhe geblieben, sich mit dem Komponieren zu beschäftigen.

Jetzt hätte sie wieder Muße dazu, aber nun fühlt sie sich zu krank, zu alt. Manchmal ist ihr, als ob ihr „Kopf unter Wasser stäke, Tag und Nacht braust es förmlich wie Ungewitter in" ihren Ohren, eine typische Alterserscheinung. Immer öfter muß sie Marie ihre Stunden übertragen, da sie sich nicht mehr in der Lage sieht zu unterrichten. Im Januar 1882 überfällt sie neuerlicher Kummer: Elisabeth von Herzogenberg ist tot, sanft eingeschlafen, jetzt friedlich, schön und lieb im Sarg liegend. „Es ist zu traurig, daß wir leben, um zu verlieren", schreibt Clara an Joachim. Sie selbst erkrankt im Februar schwer an einer Lungenentzündung. Mit dem Gedanken, vielleicht nie wieder zu gesunden, kündigt sie ihre Stelle am Frankfurter Konservatorium. Im Mai reist die Pianistin zur Rekonvaleszenz nach Oberitalien. Sie ist nun auf den Rollstuhl angewiesen. Die Rheumaschmerzen in den Kniegelenken machen ihr das Laufen unerträglich. Marie sorgt jetzt alleine für die alte Mutter. Eugenie hat sich endlich, als Einunvierzigjährige (!), von der Mutter getrennt und ein eigenständiges Leben als Klavierlehrerin in England begonnen. Dank des verehrten Nachnamens 'Schumann' findet sie auf der Insel eine reiche Schülerzahl.

Clara Schumann befaßt sich intensiv mit Roberts und Johannes' Musik. Härtel ist an sie mit der Bitte herangetreten, einen Nachlaßband der Werke Schumanns zu revidieren. Clara fühlt sich zu dieser Aufgabe nicht mehr in der Lage und übergibt Brahms den Auftrag. Brahms sendet ihr im Gegenzug immer wieder ungedruckte Neukompositionen zur Begutachtung. Er hat zuletzt großartige Kammermusik geschrieben, ein Streichquintett, ein Klaviertrio.

Im Laufe des Winters bessert sich Clara Schumanns Befinden ein wenig. Im Januar 1893 berichtet sie von einer großen Zahl Privatschüler, froh darüber, zumindest wieder unterrichten zu können. Die Frage, ob sich unter den Schülern einige finden, die ihre Art des Klavierspiels der Nachwelt weitergeben werden, beschäftigt sie jetzt am meisten: „Zwar habe ich unter den Schülern wohl noch Anhänger, wie lange wirds aber dauern? Kommen sie erst in die Öffentlichkeit, dann müssen sie mit dem Strome schwimmen". Ihre Hoffnungen setzt sie auf ihre momentane Lieblingsschülerin, die zwanzigjährige Ilona Eibenschütz, die zugleich eine Brahms-Studentin ist und bis in die Mitte unseres Jahrhunderts im Sinne der Schumann-Tradition als anerkannte Pianistin wirkt.

Ihre Nervenschmerzen sind schier unerträglich, selbst die Musik wird ihr zur Qual. Dennoch nimmt sie nach wie vor Anteil am aktuellen Musikgeschehen, verfolgt Eibenschütz' erste Erfolge in England sowie die Auftritte einer weiteren Schülerin, der talentierten Engländerin Fanny Davies, befaßt sich mit einem Aufsatz des norwegischen Komponisten Edvard Grieg über Robert, spielt trotz Gichtknoten in den Händen Brahms vor, der sie im Februar 1895 zum letzten Mal besucht. Der plötzliche Tod Anton Rubinsteins erschüttert sie, letzte Freuden sind ihr Eugenies Aufstieg als Pädagogin, Julchen Schumanns Ausbildung zur Klavierlehrerin und die Niederschrift einiger improvisierter Präludien, ein letztes Aufflammen ihrer kompositorischen Kräfte.

Zum Skelett abgemagert sitzt sie im Rollstuhl, verweigert das Essen, wird spazierengefahren, aufopfernd gepflegt von Marie. Im Frühjahr 1896 erleidet sie mehrere Schlaganfälle. Am 20. Mai stirbt Clara Schumann.

Johannes Brahms schreibt in memoriam der geliebten Freundin die „Vier ernsten Gesänge" op.121, Lieder für eine Baßstimme und Klavier nach Bibelpassagen in Martin Luthers Übersetzung. Der Tod in seiner Unabänderlichkeit, aber auch die Liebe als größtes Geheimnis von Leben und Tod, sind Thema der Gesänge. Der Komponist, der bereits ein Jahr später der Freundin nachfolgt, überreicht den Töchtern Schumann seine Gesänge als Totenopfer für die geliebte Mutter. Die Freunde, Brahms, Joachim, Stockhausen, Mendelssohn, geleiten die Pianistin am sonnigen 23. Mai zur letzten Ruhe.

Kurz nach ihrem Tod beginnt eine wahre Heiligenverehrung Clara Schumanns. Ihre Protegés Niels Wilhelm Gade und Eugene D'Albert sprechen in tiefer Ehrfurcht von Clara Schumann. Ihre Schüler, vor allem Fanny Davies, Ilona Eibenschütz, Natalie Janotha und Florence May, die sich in ihrer Brahms-Biographie der Lehrerin erinnert, schwärmen plötzlich vom genialen Unterricht der einst wegen ihrer unerbittlichen Strenge so gefürchteten Pädagogin. Ihre Kinder und Enkelkinder errichten das Bild einer vollkommenen Mutter und Künstlerin. Marie Schumann veranlaßt die Herausgabe der Briefe Claras und Johannes', außerdem beauftragt sie den Literaturwissenschaftler Berthold Litzmann, die Biographie der Mutter zu schreiben; zensierend und Litzmanns Arbeit kritisch überwachend, sorgt sie dafür, daß das Image der sich für Familie und Kunst aufopfernden Pianistin erhalten bleibt. Eugenie Schumann prägt in ihren 1925 erschienen Erinnerungen den Mythos der „teuren, herrlichen Mutter". Im Laufe der Jahre musikwissenschaftlicher Schönfärbung der Biographien Robert und Clara Schumanns, gerät die zweite Lebenshälfte der Pianistin in Vergessenheit, zur Legende wird dagegen die Brautzeit der Clara Wieck, die bis heute weiter tradiert wird.

Die Opfer einer Legendenbildung werden allmählich ihrer Anonymität entrissen: Die standfeste Elise Schumann stirbt 1928 in hohem Alter; im Jahr darauf verscheidet Marie, bis zum Ende im Dienst der Mutter stehend. 1938 ist Eugenie tot, die sich noch zuletzt mit dem Phänomen 'Clara Schumann' auseinandersetzt. Der „lebendig begrabene" Ludwig Schumann stirbt, völlig erblindet und wahnsinnig, 1899 in der Heilanstalt Colditz.

Zeittafel

1819   Clara Wieck am 13. September in Leipzig geboren.

1824   Beginn des Klavierunterrichts bei ihrem Vater, dem Pianofabrikanten und Musikpädagogen Friedrich. Scheidung des Vaters von seiner ersten Frau, der Pianistin Marianne Tromlitz.

1827   Debüt als Pianistin.

1828   20. Oktober: Erster öffentlicher Auftritt im Leipziger Gewandhaus. Bekanntschaft mit Robert Schumann. Zweite Heirat des Vaters.

1831   Tournee durch Mitteldeutschland. Begegnung mit Johann Wolfgang von Goethe und Louis Spohr. „Quatre Polonaises" op.1.

1832   Tournee nach Paris. Bekanntschaft mit Frédéric Chopin. „Caprices en forme de Valse" op.2.

1833   Musiktheorie bei Musikdirektor Heinrich Dorn. „Romances variés" op.3.

1834   Tournee durch Norddeutschland.

1835   Beginn des Liebesverhältnisses mit Robert Schumann gegen den Willen des Vaters. Freundschaft mit Felix Mendelssohn.

1836   „Quatre Pièces caractéristiques" op.5, „Soirées Musicales" op.6.

1837   Tournee durch Berlin, Hamburg, Bremen. Heiratsantrag. Tournee nach Wien. „Souvenir de Vienne" op.9.

1838   Ernennung zur k. u. k. Kammervirtuosin. Bekanntschaft mit Franz Liszt. Auseinandersetzungen mit dem Vater.

1839   Zweite Paris-Tournee. Konzertreise durch Norddeutschland. Gerichtsverhandlungen zur Heiratserlaubnis. „Trois Romances" op.11.

1840   1. August: Gerichtsentscheid. 12. September: Heirat mit Robert Schumann. Liedkompositionen.

1841	Im Frühjahr erstes Konzert als Clara Schumann. 1. September: Geburt der Tochter Marie.
1842	Tournee durch Norddeutschland nach Kopenhagen. Bekanntschaft mit Johann Heiberg, Hans Christian Andersen; Freundschaft mit Niels Wilhelm Gade, den sie protegiert. Urlaub in Böhmen.
1843	25. April: Geburt der Tochter Elise. Konzert mit ihrer Halbschwester Marie Wieck. Versöhnung mit dem Vater.
1844	Rußland-Tournee. Übersiedlung nach Dresden. Freundschaft mit Fanny Hensel-Mendelssohn.
1845	11. März: Geburt der Tochter Julie. Freundschaft mit Ferdinand Hiller. „Quatre Pièces fugitives" op.15.
1846	8. Februar: Geburt des Sohnes Emil. Wien-Tournee. Freundschaft mit Jenny Lind.
1847	Tod Emil Schumanns (22. Juni), Fanny und Felix Mendelssohns. Trio für Pianoforte, Violine und Cello op.17.
1848	20. Januar: Geburt des Sohnes Ludwig. „Drei Lieder für gem. Chor nach Geibel" o.O.
1849	Flucht aus Dresden während des Maiaufstandes. 16. Juli: Geburt des Sohnes Ferdinand.
1850	Übersiedlung nach Düsseldorf.
1851	Urlaub in der Schweiz. 1. Dezember: Geburt der Tochter Eugenie. Konflikte mit dem Düsseldorfer Orchester.
1853	Freundschaft mit Joseph Joachim und Johannes Brahms; Konflikte Robert Schumanns mit dem Düsseldorfer Musikverein. Kündigung. Holland-Tournee. „Variationen über ein Thema von Robert Schumann" op.20. Drei Romanzen für Klavier.
1854	Robert Schumann leidet an Schizophrenie, Einweisung in die Heilanstalt bei Endenich.

11. Juni: Geburt des Sohnes Felix. Tournee durch Norddeutschland.

1855   Zweite Holland-Tournee. Urlaub mit Brahms im Rheinland.
Die letzte Komposition: eine Klavierromanze.

1856   Wien-Tournee. Konzertreise durch England.
Bekanntschaft mit William Sterndale Bennett.
29. Juli: Tod Robert Schumanns.
Urlaub mit Brahms in der Schweiz.
Beginn ihrer Liebesbeziehung. Unterbringung der älteren Kinder in Internaten.

1857   Zweite England-Tournee. Bekanntschaft mit Anton Rubinstein.
Übersiedlung nach Berlin.

1858   Krise mit Brahms. Konzertreise durch Österreich.

1859   England-Tournee.

1862   Paris-Tournee. Übersiedlung nach Lichtental bei Baden-Baden.

1864   Zweite Rußland-Tournee.

1865   England-Tournee. Probleme mit Ludwig Schumann.

1866   Konzertreise durch Österreich.

1867   Julie schwer erkrankt. Tournee durch Norddeutschland.

1868   England-Tournee. Streit mit Brahms. Endgültiges Ende ihrer Liebesbeziehung. Konzertreise nach Wien.
Ausbruch von Ludwigs Geisteskrankheit. Holland-Tournee.

1869   Julie heiratet Graf Marmorito.

1870   Ludwig kommt in eine Heilanstalt. Ferdinand zieht in den Deutsch-Französischen Krieg.

1872   England-Tournee. Tod von Claras Mutter. Tod von Julie.

1873   Schumann-Feier in Bonn. Ferdinand heiratet Antonie Deutsch.
Felix erkrankt schwer. Tod von Friedrich Wieck.
Übersiedlung nach Berlin.

1877	Tod des Enkelsohns Duaddo. Elise heiratet Louis Sommerhoff.
1878	Berufung zur Klavierlehrerin ans Frankfurter Konservatorium. Übersiedlung nach Frankfurt. Verleihung der goldenen Medaille für Kunst. Felix erkrankt schwer.
1879	Tod Felix Schumanns.
1880	Errichtung des Schumann-Denkmals in Bonn. Ferdinand wird drogenabhängig.
1881	England-Tournee.
1882	Italien-Reise.
1887	Clara Schumann übernimmt die Erziehung von Ferdinands und Antonias Kindern.
1888	Letzte England-Tournee.
1891	Letzter öffentlicher Auftritt. Tod Ferdinands.
1896	20. Mai: Tod Clara Schumanns.

Bibliographie

Allgemeine Musikalische Zeitung, Jg. 1798-1848, Leipzig 1828-1848, Nachdr. Amsterdam 1964-66.

Ludwig Börne: *Briefe aus Paris,* Wiesbaden 1986.

Beatrix Borchard: *Clara Schumann. Ihr Leben,* Frankfurt am Main 1994.

Beatrix Borchard: *Robert Schumann und Clara Wieck. Bedingungen künstlerischer Arbeit in der ersten Hälfte des 19. Jahrhunderts,* Weinheim/Basel 1985.

Eleonore Büning: Gewimmel, Getümmel, Gedrängel, in: *Die Zeit,* 24.5.1996.

Frédéric Chopin: Briefe, hg. v. Krystyna Kobylanska, übers. v. Caesar Rymarowicz, Frankfurt am Main 1984.

Das wilhelminische Bildungsbürgertum. Zur Sozialgeschichte seiner Ideen, hg. v. Klaus Vondung, Göttingen 1976.

Der Komet. Ein Unterhaltungsblatt für die gebildete Lesewelt, 2. Jg. 1831.

Deutsche Städte vor 100 Jahren, Augsburg 1990.

Didaskalia 1825.

Alfred Dörffel: *Geschichte der Gewandhauskonzerte zu Leipzig,* Leipzig 1884.

Annette von Droste-Hülshoff: *Sämtliche Werke,* München [3]1989.

Joseph von Eichendorff: *Werke,* Bd.I, München o.J.

Norbert Elias: *Mozart. Zur Soziologie eines Genies,* hg. v. Michael Schröter, Frankfurt am Main 1991.

Frauenemanzipation im deutschen Vormärz, hg. v. Renate Möhrmann, Stuttgart 1989.

Heinrich Heine: *Sämtliche Werke,* hg. v. Hans Kaufmann, München 1964.

Georg Herwegh: *Werke in einem Band,* hg. v. Hans Georg Werner, Berlin/Weimar 1967.

Freia Hoffmann: *Instrument und Körper. Die musizierende Frau in der bürgerlichen Kultur,* Frankfurt am Main. 1991.

Werner Hofmann: *Das irdische Paradies. Motive und Ideen des 19. Jahrhunderts,* München [3]1991.

Johann Nepomuk Hummel : *Ausführliche theoretisch-practische Anweisung zum Piano-Forte-Spiel, vom ersten Elementarunterricht an bis zur vollkommensten Ausbildung,* Wien 1928.

Gustav Jansen: *Die Davidsbündler. Aus Robert Schumanns Sturm- und Drangzeit,* Leipzig 1883.

Max Kalbeck: *Johannes Brahms*, 8 Bde., Berlin 1904-1914.

Herwig Knaus: *Musiksprache und Werkstruktur in Robert Schumanns „Liederkreis"*, München 1974.

Wolfgang R. Krabbe: *Die deutsche Stadt im 19. und 20. Jahrhundert. Eine Einführung*, Göttingen 1989.

Herbert Kraft: *„Mein Indien liegt in Rüschhaus"*, Münster 1987.

Catherine Lépront: *Clara Schumann. Künstlerleben und Frauenschicksal*, München 1989.

Berthold Litzmann: *Clara Schumann. Ein Künstlerleben. Nach Tagebüchern und Briefen*, 3 Bde., Leipzig [8]1925, Nachdr. Wiesbaden 1971.

Winfried Löschburg: *Von Reiselust und Reiseleid. Eine Kulturgeschichte*, Frankfurt am Main 1977.

Rudolf Louis: *Die deutsche Musik der Gegenwart*, München/Leipzig 1909.

Neue Zeitschrift für Musik, hg. v. Robert Schumann, Leipzig 1834-1850.

Edward Neill: *Niccolò Paganini*, München/Leipzig 1990.

Reine-Marie Paris: *Camille Claudel. 1864-1943*, übers. v. Annette Lallemand, Frankfurt am 1989.

Udo Rauchfleisch: *Robert Schumann. Leben und Werk. Eine Psychobiographie*, Stuttgart/Berlin/Köln 1990.

Eva Rieger: *Frau, Musik und Männerherrschaft. Zum Ausschluß der Frau aus der deutschen Musikpädagogik, Musikwissenschaft und Musikausübung*, Frankfurt am Main 1980.

Robert Schumann und seine Dichter, Katalog zum 4. Schumannfest 1991, Düsseldorf 1991.

Elisabeth Rössl: *Leopoldine Blahetka. Eine Pianistin und Komponistin der Biedermeierzeit*, Wien 1986.

Friedrich Rückert: *Werke*, hg. v. Conrad Beyer, Leipzig o.J.

Reinhard Rürup: *Deutschland im 19. Jahrhundert. 1815-1871*, Göttingen 1984.

Friedrich Schlichtegroll: *Mozarts Leben*, Grätz 1794, Nachdr. Kassel u.a. 1974.

Clara Schumann: *Mein liebes Julchen. Briefe von Clara Schumann an ihre Enkeltochter Julie Schumann. Mit Auszügen aus Julie Schumanns Tagebüchern und einem Bericht über ihre Begegnung mit Johannes Brahms*, hg. v. Dietz-Rüdiger Moser, München 1990.

Clara und Robert Schumann: *Briefwechsel. Kritische Gesamtausgabe*, Bd. I, Bd. II, hg. v. Eva Weissweiler, Frankfurt am Main 1984, 1987.

Eugenie Schumann: *Claras Kinder*, Nachdr. [1]1925, Köln 1995.

Eugenie Schumann: *Erinnerungen,* Stuttgart 1948.

Robert Schumann: *Gesammelte Schriften über Musik und Musiker,* 4 Bde., Leipzig 1854.

Gustav Sichelschmidt: *Allein mit meinem Zauberwort. Annette von Droste-Hülshoff. Eine Biographie,* Düsseldorf 1990.

Wilhelm Tappert: Die Frauen und die musikalische Komposition, in: *Musikalisches Wochenblatt,* hg. v. E. W. Fritsch, Leipzig 1871.

Wilhelm Wasielewski: *Robert Schumann,* Dresden 1926.

Eva Weissweiler: *Clara Schumann. Eine Biographie,* Hamburg 1990.

Friedrich Wieck: *Briefe aus den Jahren 1830-1838,* hg. v. Käthe Walch-Schumann, Köln 1968.

John Williamson: *The Music of Hans Pfitzner,* Oxford 1992.

Kurt von Wolfurt: *Tschaikowsky,* Zürich ²1978.

Karl H. Wörner: *Robert Schumann,* München/Zürich 1987.

306

Ausgewähltes Personenregister

Absalon, Bischof, um 1170, Gründer Kopenhagens (1167) 83

d'Agoult, Marie Catheríne Sophie, Gräfin, 1805-1876,

Autorin, Lebensgefährtin Franz Liszts, Mutter seiner drei Kinder Blandine, Cosima, Daniel 175

d'Albert, Eugene, 1864-1932, Komponist, Protegé Claras 282, 299

Altgelt, Pastor, Pensionswirt Ludwig Schumanns 228

Andersen, Hans Christian, 1805-1875, dän. Dichter 84, 86

Arnim, Bettina von, 1785-1859, Dichterin, Freundin der Schumanns 36, 147, 171, 181, 193ff., 256

Arnim, Gisela von, 1827-1889, Schriftstellerin, Tochter Bettina von Arnims 193

Auber, Daniel, 1782-1871, frz. Komponist 66

Bach, Johann Christian, 1735-1782, sog. „Londoner Bach", Organist, Komponist, kgl. Musikmeister des engl. Hofs 199

Bach, Johann Sebastian, 1685-1750 8f., 44f., 56, 59, 108, 134, 171, 181, 199, 211, 216, 276

Baden, Großherzogin von 293

Balakirew, Mili Alexejewitsch, 1837-1910, russ. Komponist 282

Balzac, Honore de, 1799-1850, frz. Schriftsteller 133

Banck, Carl, 1811-1889, Komponist 63

Bargiel, August Adolf, 1783-1841, Musiker, 2. Ehemann von Marianne Tromlitz-Wieck 63

Bargiel, Marianne Tromlitz-Wieck, 1797-1872, Pianistin, Mutter Claras 17, 21f., 27, 58, 167, 169f., 180, 189, 197

Bargiel, Woldemar, 1828-1897, Komponist, Dirigent, Claras Halbbruder 15, 174, 194, 232, 250f., 255, 277, 293

Bayern, Ludwig II., König von, 1845-1886, Gönner Richard Wagners 274

Beethoven, Ludwig van, 1770-1827 8f., 19, 31, 44, 52, 54, 61, 64, 68ff., 102f., 116, 132, 134, 150, 171, 173, 178, 180f., 191, 197, 210, 213, 216, 221, 238, 256, 267, 276, 291

Bellini, Vincenzo, 1812-1835, ital. Opernkomponist 58, 132

Chamisso, Adalbert von, 1781-1838, Dichter 70, 75, 94

Chopin, Frédéric, 1810-1849, Pianist, Komponist, Freund Franz Liszts 8, 38ff., 48f., 53, 56, 58, 60, 74, 81, 132, 196, 220, 253, 276

Claudel, Camille, 1864-1943, frz. Bildhauerin 195, 202

Corelli, Arcangelo, 1653-1713, ital. Komponist 136

Cristiani, Lise, 1827-1853, frz. Cellistin 187

Czerny, Carl, 1791-1857, österr. Komponist 8, 23, 30f., 39, 211

David, Ferdinand, 1810-1879, Violinist u. Komponist 85, 89, 101, 249

Davies, Fanny, 1861-1934, engl. Pianistin, Schülerin Claras 265, 298f.

Debussy, Claude, 1862-1918, frz. Komponist, Impressionist 281f.

Deutsch-Schumann, Antonie, 1853-1926, Ehefrau Ferdinand Schumanns 247f., 251, 261, 270, 283, 287, 288, 294

Dickens, Charles, 1812-1870, Schriftsteller 199

Diabelli, Antonio, 1781-1858, ital. Komponist, Verleger 8, 23

Dietrich, Albert Hermann, 1829-1908, Violinist, Komponist, Freund Roberts 147, 166f.

Donizetti, Gaetano, 1797-1848, ital. Komponist 59, 80

Dorn, Heinrich Ludwig Edmund, 1804-1892, Dirigent, Komponist 54

Dowland, John, 1562-1626, engl. Komponist 83

Droste-Hülshoff, Annette, Freiin von, 1797-1848, Dichterin 117ff.

Dürer, Albrecht, 1471-1528, Maler 25

Dumas, Alexandre (d.J.), 1824-1895, frz. Schriftsteller 254

Eibenschütz, Ilona, 1873-1967, Pianistin, Schülerin Claras 298f.

Eichendorff, Joseph, Freiherr von, 1788-1857, Dichter 18, 32, 94, 97, 104f., 157, 171, 184, 193

Elgar, Edward, 1857-1934, engl. Komponist 291

Esmarch, Professor, Arzt Clara Schumanns 261

Euler, Notar, Bekannter der Schumanns aus Düsseldorf 130

Fauré, Gabriel, 1845-1924, frz. Komponist 282

Fechner-Wieck, Clementine, 1805-1893, zweite Ehefrau Friedrich Wiecks 29f., 87

Field, John, 1782-1837, irischer Pianist, Komponist 23, 50

Fillunger, Marie, 1850-1930, österr. Sängerin, Lebensgefährtin Eugenie Schumanns 259, 261, 294

Forberg, Cellist im Düsseldorfer Orchester 144

Frege, Livia, 1818-1891, Sängerin 86

Freiligrath, Ferdinand, 1810-1876, Schriftsteller, Freiheitssänger 110

Fricken, Ernestine von, 1816-1844, zeitweise Verlobte Roberts 57f.

Fricken, Ignaz, Hauptmann Freiherr von, 1787-1850, Adoptivvater Ernestine von Frickens 57f.

Gade, Niels Wilhelm, 1817-1890, dän. Komponist, Protegé Clara Schumanns 8, 13, 82f., 85, 173, 299

Geibel, Emanuel, 1815-1884, Dichter 94, 99, 108, 113

Glinka, Michail, 1804-1857, russ. Komponist, Begr. der nationalruss. Musik 89f.

Goethe, Johann Wolfgang von, 1749-1832 26, 36f., 70, 92, 117, 128, 152f., 162, 235, 270

Grieg, Edvard, 1843-1907, norweg. Komponist 298

Grillparzer, Franz, 1791-1872, österr. Dichter 64, 67, 117

Grimm, Jakob, 1785-1863, Philologe, Bekannter Claras Grimm, Hermann, 1828-1901, Kunsthistoriker, Sohn von Wilhelm Grimm 181

Grimm, Otto Julius, 1827-1903, Komponist, Freund Claras 152, 167, 208, 222f.

Grimm, Wilhelm Carl, 1786-1859, Philologe, Bruder von Jakob Grimm, Bekannter Clara Schumanns 181

Händel, Georg Friedrich, 1685-1759 136, 199, 204

Härtel, Raimund, 1810-1888, Verleger, ab 1832 Geschäftsführer bei Breitkopf & Härtel 142, 148, 169, 196, 222, 225f., 231, 267, 275, 288, 297

Hahn-Hahn, Ida, Gräfin von, 1805-1880, Schriftstellerin 116

Handley, Delphine (eigtl. Adolphine von Schauroth), um 1830, engl. Komponistin, Freundin Mendelssohns 51

Halevy, Jaques Fromental, (Pseudonym f. Elias Lévy), 1799-1862, frz. Komponist 66

Hanslick, Eduard, 1825-1904, österr. Musikkritiker 104, 183, 209

Haydn, Joseph, 1732-1809, österr. Komponist 24, 132, 276

Hebbel, Friedrich Christian, 1813-1863, Dichter, Dramatiker 120

Heiberg, Johann Ludwig, 1791-1860, dän. Dichter 83f.

Heine, Heinrich, 1797-1856, Dichter 41f., 66, 94, 96, 99, 122, 132ff., 296

Hellmesberger, Georg, 1800-1880, österr. Violinist 142

Hensel-Mendelssohn, Fanny, 1805-1847, Komponistin, Freundin Clara Schumanns 27, 72, 106, 137, 296f.

Henselt, Adolph, 1814-1889, Komponist 8, 59, 69, 76, 90

Herz, Mitglied des Düsseldorfer Musikvereins 149

Herz, Henri, 1806-1888, frz. Pianist, Komponist 8, 23, 30f., 43f.

Herzogenberg, Elisabeth von, 1848-1892, Ehefrau von Heinrich von Herzogenberg, Freundin Claras 241, 267, 297

Herzogenberg, Heinrich von, 1843-1900, Komponist 233, 241, 267, 288

Hildebrand, Professor, Maler, Freund der Schumanns aus Düsseldorf 130, 137

Hiller, Ferdinand, 1811-1885, Komponist, Freund Claras 43, 100f., 124, 126f., 130ff., 169, 209, 282, 289

Hindemith, Paul, 1895-1963, Komponist 278

Hölderlin, Johann Christian Friedrich, 1770-1843, Dichter 202

Hoffmann, Ernst Theodor Amadeus, 1776-1822, Dichter, Komponist 53

Hugo, Victor, 1802-1885, frz. Dichter der Romantik 133

Hummel, Johann Nepomuk, 1778-1837, Komponist, Pianist 21ff., 132

Humperdinck, Engelbert, 1854-1921, Komponist, Schöpfer der Märchenoper „Hänsel und Gretel", Assistent Richard Wagners 278, 282

Janotha, Natalie, 1856-1932, poln. Pianistin, Komponistin, Schülerin Claras 257ff., 299

Jean Paul (Pseudonym f. Johann Paul Friedrich Richter), 1763-1825, Schriftsteller, Lieblingsautor Roberts 31, 55, 163

Joachim, Joseph, 1831-1907, ungar. Violinist, Komponist, Freund Clara Schumanns 13, 142ff., 146ff., 152, 163, 168f., 171, 173, 176f., 181ff., 188, 192, 195, 207ff., 214f., 219, 232, 248, 250f., 252, 262, 264, 279, 288f., 297, 299

Kalkbrenner, Friedrich, 1788-1848, Pianist, Komponist 21, 23, 29ff., 39, 42f.

Kauffmann, Angelika, 1741-1807, Malerin 38

Kerner, Justinus, 1786-1862, Dichter 94

313

315

Antje Olivier
Mendelssohns Schwester
Fanny Hensel
Musikerin Komponistin Dirigentin

222 Seiten mit zahlr. Abb.
gebunden mit Schutzumschlag

Sie stand bisher ganz im Schatten ihres Bruders Felix, obwohl sie die
gleiche Musikerziehung erhielt wie er. Ihr Vater, der Berliner Bankier
Abraham Mendelssohn, sah den Komponistenberuf für sie 'nur als
Zierde' vor. Trotz all dieser Hemmnisse schuf Fanny Hensel über 400
Werke, die erst seit einigen Jahren zugänglich sind. Sie komponierte
herrliche Lieder für Singstimme und Klavier, Chorwerke, ein
Oratorium, Kantaten und - natürlich - Klaviermusik.
Eingebettet ist ihr Leben in das Berliner Großbürgertum der ersten
Hälfte des 19. Jahrhunderts. Zum Freundeskreis gehörten Henriette
Herz, Rahel Varnhagen, Goethe, Alexander und Wilhelm von
Humboldt, Clara Schumann, Ignaz Moscheles, Franz Liszt und viele
mehr. Sie alle kamen nach Berlin, um bei Fannys „Sonntagsmusiken",
dem Treffpunkt der gesamten Musikprominenz, aufzutreten oder als
Zuhörer dabei zu sein.
Fanny Hensel, die Enkelin des berühmten Moses Mendelssohn: Die
Biographie der bedeutenden Musikerin, Komponistin und Dirigentin,
deren Schaffen jetzt aus dem Schatten des Bruders herausgetreten ist.
Beide starben im selben Jahr. Ihr Todestag jährte sich am 14. Mai 1997
zum 150. Male.

Droste Verlag Düsseldorf

Antje Olivier/Sevgi Braun

Apolls Töchter

Große Sängerinnen und Interpretinnen auf den Bühnen
der Welt

300 Seiten mit zahlr. Abb.
gebunden mit Schutzumschlag

Seit dreihundert Jahren stehen sie auf den Bühnen und Konzertpodien
Europas und der Neuen Welt, wurden verdammt, kritisiert, vergöttert.
Frauen als Sängerinnen oder virtuose Interpretinnen haben sich
zunächst nur als Ausnahmeerscheinungen ihren Platz unter Tausenden
männlicher Künstler erobern können. Doch es gab nicht nur eine
Jenny Lind, die als „Schwedische Nachtigall" in die Geschichte einging,
und es gab nicht nur Clara Schumann, deren Ruhm bis heute letztlich
immer noch aus ihrer Ehe mit Robert Schumann herrührt. Es gab
Instrumentalistinnen, die auf „verbotenen" Instrumenten spielten und
in den Konzertsälen Europas Furore machten. Es gab Primadonnen
der Rossini-Ära, die den Kastratenkult mit Bravour ablösten. Und bis
in unser Jahrhundert hinein reißt die Kette der hochbegabten und
genialen Künstlerinnen nicht ab; denken wir nur an die Cellistin
Jacqueline du Pré, die Sängerin Kathleen Ferrier oder die Geigerin
Ginette Neveu. Die Popularität amerikanischer Interpretinnen ist
ungleich größer, als sie nicht nur der „Klassik" zuzuordnen sind: ob
die Jazzsängerin Billie Holiday, ob Ella Fitzgerald oder die
Komponistin, Sängerin und Choreographin Meredith Monk. Die biographischen Skizzen vergessener und bekannter Interpretinnen machen
neugierig auf die Vielzahl Frauen, die die Bühnen eroberten und heute
gefeierte, bejubelte Künstlerinnen der internationalen Musikwelt sind.

Droste Verlag Düsseldorf

Walter Gödden
Sehnsucht in die Ferne
Annette von Droste-Hülshoffs Reisen
durch die Biedermeierzeit

309 Seiten mit zahlr. Abb.
gebunden mit Schutzumschlag

Reisen Anno dazumal: Nervenprobe, Tortur sondergleichen. Aber
auch Glücksgefühl und Aufatmen, wenn die engen Stadtmauern endlich zurückblieben und die Miseren des Alltags. Biographisches
Neuland tat sich auf.

Auch die vermeintlich stockbiedere Annette von Droste-Hülshoff war
viel unterwegs, insgesamt mehr als neun Jahre ihres Lebens, die sie ins
Paderborner Land führten, an den Rhein, zu ihrer Schwester an den
Bodensee. Welchen Stellenwert hatten die Reisen für die Autorin? War
auch sie eine frühe, vom Drang der Welterkundung beseelte Literatur-
Touristin? Hegte sie, wie viele ihrer literarischen Kolleginnen, reise-
schriftstellerische Ambitionen? Reiste sie überhaupt gern?

Walter Göddens Buch „Sehnsucht in die Ferne" zeichnet die Reisen
der Droste minutiös nach und stellt sie in den Kontext ihrer Epoche.
Dabei geht es nicht nur um die Reiseschriftstellerin, kulturgeschicht-
liche Zusammenhänge und das Persönlichkeitsprofil der Autorin, sondern um ganz praktische Dinge: Wie ging das Reisen vonstatten? Wie
lange war man mit der Extrapost oder einer „Dampfgöttin" auf dem
Rhein unterwegs? Wie teuer war das Reisen? Konnte sich die Droste
überhaupt leisten, soviel unterwegs zu sein? Und wie stand sie zum
technischen Fortschritt, der immer mehr in das Alltagsleben eingriff –
in einer Epoche, in der die bald allgegenwärtige Herrschaft der
„Zeitmaschi-nen" begann. Aus solchen Blickwinkeln entpuppt sich das
ach so geruhsame Biedermeier als eine Zeit, die durchsetzt war von
Spannungen und innerer Zerrissenheit.

Droste Verlag Düsseldorf